高等院校经济管理类"十三五"规划系列教材

采购管理

CAIGOU GUANLI

主　编　王　皓　肖炜华　邓光君
副主编　刘　钢　寇　飞　吴　婷　袁　哲　彭永芳
参　编　郭俊维

华中科技大学出版社
http://www.hustp.com
中国·武汉

图书在版编目(CIP)数据

采购管理/王皓,肖炜华,邓光君主编. —武汉：华中科技大学出版社,2019.1(2023.6重印)
高等院校经济管理类"十三五"规划系列教材
ISBN 978-7-5680-4269-7

Ⅰ.①采… Ⅱ.①王… ②肖… ③邓… Ⅲ.①采购管理-高等学校-教材 Ⅳ.①F253

中国版本图书馆 CIP 数据核字(2019)第 016059 号

采购管理
Caigou Guanli

王　皓　肖炜华　邓光君　主编

策划编辑：曾　光
责任编辑：柯丁梦
封面设计：孢　子
责任监印：朱　玢
出版发行：华中科技大学出版社(中国·武汉)　　电话：(027)81321913
　　　　　武汉市东湖新技术开发区华工科技园　　邮编：430223
录　　排：华中科技大学惠友文印中心
印　　刷：武汉邮科印务有限公司
开　　本：787mm×1092mm　1/16
印　　张：16.25
字　　数：411 千字
版　　次：2023 年 6 月第 1 版第 5 次印刷
定　　价：46.00 元

本书若有印装质量问题，请向出版社营销中心调换
全国免费服务热线：400-6679-118　竭诚为您服务
版权所有　侵权必究

前言

采购管理是物流系统的重要环节,在物流系统的优化中起着重要的作用,无论是生产企业还是商业流通企业,都不能忽视采购管理。

采购管理是应用型本科物流管理专业的一门主干专业课。通过学习本课程,学生能够认识采购与采购管理的基本概念、流程及特点,掌握采购的组织架构设置、采购需求的预测方法、采购计划的制订方法及采购预算的编制方法,并能根据实际熟练运用不同的采购方式、与供应商采购洽商的技巧、采购合同的制定及履行、与供应商关系的管理、采购成本控制等方法,进而提高采购的绩效。基于此,本书根据作者多年采购管理教学和实践经验,并参考了大量的参考文献,编著此书,以求全面阐述采购管理的基本原理、程序与方法,为采购从业者进行采购管理提供思路与方法指导。

本书共分为十章,其中:第一章介绍了采购的概念、作用、分类、基本原则、基本流程,以及采购管理的概念、内容、地位及发展趋势;第二章介绍了采购组织的概念及类型,采购组织设计的原则、类型、步骤,以及采购组织的职责、采购人员的素质;第三章介绍了采购需求管理的概念、重要性及对企业战略的贡献,采购需求分析的方法;第四章介绍了采购计划的概念、分类、作用,采购计划及订单计划的编制,采购预算的含义、编制依据,采购预算编制的流程及内容,采购物资的分类、实施对策及规格说明;第五章介绍了集中采购和分散采购的优缺点和适用范围、招投标采购的步骤、询价采购的适用条件和操作程序、电子采购的方法;第六章详细介绍了供应商选择标准、供应商选择方法,以及结合实际选择最适宜的采购谈判方式;第七章介绍了采购合同履行的概念、原则,采购订单管理的概念、内容,进货管理的内容,采购结算的概念、流程、管理及工具,退货处理流程及管理;第八章的内容为供应商关系管理的概念、重要性,供应商关系管理的实施步骤,供应商绩效考核的原则,供应商考核指标的计算方法,对供应商进行细分的方法;第九章为采购成本概念及构成、采购成本的基本分析方法和成本控制方法;第十章为采购绩效评估的内容、采购绩效管理的方法及其在实际采购工作中的应用等。

本书的编写特点如下:

(1) 内容丰富、新颖、实用,体现现代物流需求。在编写过程中,广泛吸收了当前采购管理的成果、技术,参阅了大量同类教材、专著、网上资料,并结合编者的教学和工作实践,讲述采购管理的常用方法和原理。

(2) 为了更好地体现理论与实践的结合,书中提供了大量的图片、案例供读者分析和研读,以便加深和拓展学习者的视野,并巩固、运用所学知识。

(3) 紧密结合本课程的教学基本要求,内容完整、系统,重点突出,力求更准确地解读问题点。在注重采购管理知识的同时,与其他物流专业课程的内容相结合,强调知识的应用性,具有较强的针对性。

本书由王皓、肖炜华(江西省高等院校物流类专业教育教学指导委员会委员)、邓光君担任主编,刘钢、寇飞、吴婷、袁哲、彭永芳担任副主编,郭俊维也参加了部分章节的撰写,王皓负责全书结构设计、草拟写作提纲和统稿、定稿工作。

在编写本书的过程中,各编者参考了大量有关书籍和资料,在此向相关作者表示衷心的感谢!另外,要感谢华中科技大学出版社各编辑的辛勤付出。

由于时间仓促和编者水平所限,书中难免存在疏漏之处,真诚希望广大读者不吝赐教,以便我们进一步修改完善。

王　皓
2018 年 6 月

目录

第一章 采购与采购管理概述 (1)
- 知识点一 采购概述 (1)
- 知识点二 采购管理概述 (12)

第二章 采购组织架构 (24)
- 知识点一 采购组织的类型 (24)
- 知识点二 采购组织的设计 (30)
- 知识点三 采购组织的职责和人员素质 (36)

第三章 采购需求分析 (46)
- 知识点一 采购需求管理概述 (46)
- 知识点二 供应市场分析 (51)
- 知识点三 采购需求预测 (56)

第四章 采购计划与预算编制 (70)
- 知识点一 采购物资的分类及规格说明 (70)
- 知识点二 采购计划 (75)
- 知识点三 采购预算 (82)
- 知识点四 影响采购计划和预算的因素 (86)

第五章 采购方式管理 (96)
- 知识点一 集中采购与分散采购 (96)
- 知识点二 联合采购 (99)
- 知识点三 询价采购 (103)
- 知识点四 专题采购 (107)
- 知识点五 采购方式的选择 (124)

第六章 采购洽商 (133)
- 知识点一 供应商选择标准与方法 (133)
- 知识点二 采购谈判 (140)
- 知识点三 采购合同的概念和形式 (145)
- 知识点四 采购合同的内容和订立原则 (147)
- 知识点五 采购合同争议的解决办法 (151)

第七章 采购合同的履行 (160)
- 知识点一 订单管理 (160)

知识点二　进货管理 …………………………………………………… (165)
　　知识点三　采购结算 …………………………………………………… (170)
　　知识点四　采购退货 …………………………………………………… (173)
第八章　供应商关系管理 ……………………………………………………… (181)
　　知识点一　供应商关系管理概述 ……………………………………… (181)
　　知识点二　供应商绩效考核 …………………………………………… (185)
　　知识点三　供应商关系管理策略 ……………………………………… (190)
第九章　采购成本管理 ………………………………………………………… (204)
　　知识点一　采购成本定义与构成 ……………………………………… (204)
　　知识点二　采购成本分析 ……………………………………………… (207)
　　知识点三　采购成本控制 ……………………………………………… (215)
第十章　采购绩效管理 ………………………………………………………… (226)
　　知识点一　采购绩效评估方案的制订 ………………………………… (227)
　　知识点二　采购绩效评估的实施 ……………………………………… (236)
　　知识点三　采购绩效的改进途径 ……………………………………… (240)
　　知识点四　采购人员绩效评价 ………………………………………… (244)

参考文献 …………………………………………………………………………… (250)

第一章　采购与采购管理概述

◆ 学习目标

①理解采购的概念、作用、分类、基本原则及采购管理的概念；
②掌握采购的基本流程，采购管理的内容、地位及发展趋势；
③能够结合实际选择最适宜的采购方式。

一汽的采购管理

中国第一汽车集团公司（简称一汽）采购部负责集团公司的采购政策、采购标准的制定及监督，负责集团公司采购系统的系统管理，同时负责集团公司成本中心的零部件、原材料、设备、设备备件的采购工作。

一汽采购部门当时的状况如下：①采购资源分散，不能形成集团公司整体优势；②采购管理分散，采购政策和标准不统一，采购行为不规范，造成物资资源"散、乱、差"的局面；③没有统一的计算机辅助采购监控管理系统，无法实现高层次的集中采购；④计算机网络硬件落后，满足不了物资采购系统集中管理发展的需求，部分人员的管理素质及使用计算机的能力还有待进一步提高。

针对以上问题，一汽采购部门采取了以下措施：①根据生产部门的需求制订合适的采购计划；②根据企业的发展战略，制订相应的采购战略；③对所需采购物资进行 ABC 分析，确定每种物料的采购策略；④建立供应商绩效考核指标，对现有的供应商进行评估和认证，优化供应商名册；⑤建立采购质量认证体系，保证采购过程质量，优化采购流程，采用电子采购或 JIT 采购；⑥建立绩效考核制度；⑦与表现良好的供应商建立战略伙伴关系。

思考题：
(1) 一汽采购部门存在哪些问题？
(2) 一汽采购部门采取了哪些措施来提高采购管理的效率？

知识点一　采 购 概 述

采购是物流管理中一项非常重要的活动，是连接供应商与生产商之间的桥梁，是企业生产活动顺利进行的重要保障。

一、采购的基本概念

原始社会，人类为满足自身生活的需求，基本上是依靠自己生产，因此原始社会是"自给自足"的时代。为了生存，人类自己打野兽，野兽的肉可以吃，野兽的皮毛可以做衣物。随着人类社会的不断发展和进步，生产出现了剩余，人类满足自己需求的方式不再是简单地依赖自己生产，于是出现了购买的方式。开始是物物交换，货币出现以后，于是用货币作为媒介来交换物资，也就是现在最广泛采用的购买方式。

但是，"购买"和"采购"在概念上是不一样的。比如学生在食堂里对打饭的师傅说："我'采购'三两饭。"那肯定会引起哄堂大笑，这时只能说："我'购买'三两饭。"又比如，在路上碰到一个采购员，询问他到哪儿去，干什么。如果他说"我到江南去'采购'一批药材"和说"我到江南去'购买'一批药材"，你就会理解成不同的意思：说"采购"的话，你可能就理解为他要到江南各地到处跑跑，选购许多不同品种的药材；说"购买"的话，你可能会理解为他要到江南某地某个药店去购买一批药材。这二者的意思实际上差别很大。

采购应当包含着两个基本意思：一是"采"，二是"购"。"采"即采集、采摘，是从众多的对象中选择若干之意；"购"即购买，是通过商品交易手段把所选定的对象从对方手中转移到自己手中之意。所以，所谓采购一般是指采购人或采购实体基于生产、销售、消费等目的，从多个对象中选择购买自己所需要的物资或劳务的交易行为。这里所说的对象，既可以是市场、厂家、商店，也可以是物资。因此，说"到江南去采购一批药材"，一般是要到江南各地各个药店去选购一批药材的意思。

一般而言，采购有狭义的采购和广义的采购之分。狭义的采购是指通过商品交换和物流手段从资源市场取得资源的过程，指企业根据需求提出采购计划、审核计划，选好供应商，经过商务谈判确定价格、交货时间及相关条件，最终签订合同并按要求收货付款的过程。广义的采购指除了以购买的方式占有物资之外，还可以用下列各种途径取得物资的使用权，如租赁、借贷及交换来达到满足需求的目的。

(1) 租赁是一方以支付租金的方式取得物资的使用权，使用完毕或租期期满后将物资归还给物主的一种非永久性行为。企业在生产经营中经常租赁的物资有车辆、设备、仪器、周转材料等。

(2) 交换就是通过以物易物的方式取得物资的所有权和使用权，但是并没有支付物资的全部价款。这种交换有很多好处，企业不仅可以取得自己想要的物资，还可以盘活自己闲置或多余的物资。

(3) 外包指企业将一些与企业核心业务关联性不强的业务包给别的专业公司，以取得专业优势，从而降低成本的一种新型采购方式。这种方式的优势很明显，即能有效地减少资金的占用率，化解投入大量资金建设生产线或购买各种物资所引起的高额投资风险，可以大大缩减产品的获利周期，有利于提高企业的核心竞争力。

从学术上看，采购一般包含以下三个方面的基本含义：

(一) 采购是从资源市场获取资源的过程

采购能够为需求者提供生产或生活所需但是自己缺乏的资源。这些资源，既包括生活资料，也包括生产资料；既包括物质资源（如原材料、设备、工具等），也包括非物质资源（如信息、软件、技术等）。资源市场由能够提供这些资源的供应商组成，从资源市场获取这些资源都是通过采购的方式来进行。采购的基本功能就是帮助人们从资源市场获取他们所需要的各种资源。

(二) 采购是商流过程和物流过程的统一

采购是将资源从供应者手中转移到用户手中的过程。在这个过程中，一方面要实现将资源的所有权从供应者手中转移到用户手中,另一方面要实现将资源的物质实体从供应者手中转移到用户手中。前者为商流活动,通过签订买卖合同、结算货款等形式完成;后者为物流活动,主要通过包装、运输、储存、加工、装卸搬运、配送等手段来实现物资空间位置和时间位置的转移,使物资能快速、准确地到达用户的手中。采购过程实际上是这两个过程的完整结合,缺一不可,只有这两个过程都完全实现,采购过程才算完成。

(三)采购是一种经济活动

采购是企业经济活动的主要组成部分,必须遵循经济规律,追求经济效益。在整个采购活动过程中,一方面,通过采购获取资源,保证企业生产的顺利进行,这是采购的效益;另一方面,在采购过程中也会发生各种费用,这就是采购成本。追求采购经济效益的最大化,就要不断降低采购成本,以最少的成本去获取最大的效益。而要做到这一点,科学采购是必然要求。

二、采购的作用

随着市场经济的发展、技术的进步、竞争的日益激烈,采购已由单纯的物资买卖发展成为一种可以为企业节省成本、增加利润、获取服务的职能,在企业的产品开发、质量保证、供应链管理及经营管理中起着极其重要的作用。

(一)采购是保证企业生产经营正常进行的必要前提

企业的生产经营活动必须在原材料、零配件、产品等齐备的基础上进行,而原材料、零配件、产品按时到达生产经营的地点必须首先通过企业的采购活动实现,因此,采购是保证企业生产经营正常进行的必要前提。

(二)采购是保证质量的重要环节

采购活动通过对市场上所购买物资的信息进行分析,对提供同类物资的供应商进行比较选择,并可对拟购物资在其他用户上的使用情况进行调查等手段来保证所采购物资的质量。

(三)采购是控制成本的主要手段之一

采购通过对市场上同类物资的比较,通过不同供应商之间的竞争,可以有效降低所采购物资的价格,同时,根据所采购物资的数量合理选择采购的方式,也可有效降低采购过程中的订货费、保管费、购进费等费用。

(四)采购可以帮助企业洞察市场的变化趋势

采购部门与市场的接触可以为企业内部各部门提供有用的信息,主要包括价格、物资的可用性、新供应源、新产品及新技术等信息,这些信息对企业中其他部门都非常有用。供应商所采用的新营销技巧和配送体系很可能对营销部门大有好处,而关于投资、合并、兼并对象及当前的潜在顾客等方面的信息,对营销、财务、研发和高层管理都有一定的意义。

(五)采购是科学管理的开端

生产型企业的生产活动的一般流程为采购→仓储→生产→仓储→销售→配送,而流通型企业的商业活动的流程为采购→仓储→销售→配送。无论是生产型企业还是流通型企业,采购活动都是所有生产经营活动的开端,因而也是企业进行科学管理的开端,有利于帮助企业实现管理的规范化、科学化、现代化。

(六)采购决定着企业产品周转的速度

如上所述,采购是企业生产经营活动的开端,采购时间的长短决定着企业产品周转的时间。采购时间越短,企业产品周转的时间就越短,那么单位时间(如一年)内企业产品周转的速度就越快;反之,采购时间越长,企业产品周转的时间就越长,那么单位时间内企业产品周转的速度就越慢。因此,采购对企业产品的周转速度具有深刻的影响。

(七)做好采购工作可以合理利用物资资源

从企业物资整体需求来考虑采购工作,根据每种物资的需求时间和数量分批进行采购,在保证企业生产和销售的前提下可以尽量降低库存成本,减少资金积压和风险,并提升企业的整体效益。

三、采购的分类

采购可以按采购技术、采购环节、采购政策、决定采购价格的方式、采购主体、采购对象、采购形态等分类。

(一)按采购技术分类

按采购技术可将采购划分为传统采购和现代采购两类。

1. 传统采购

传统采购是企业的一种常规业务活动过程,即企业根据生产或销售进度,首先由各需求单位在月末、季末或年末编制需要采购物资的申请计划,然后由物资采购供应部门汇总成企业物资计划采购表,报经主管领导审批后,组织具体实施,最后,所需物资采购回来后验收入库,以满足企业生产或销售的需要。

传统采购存在市场信息不灵、库存量大、资金占用多、库存风险大等不足,可能经常出现供不应求的情况,影响企业生产经营活动的正常进行,或者库存积压、成本居高不下,影响企业的经济效益。

2. 现代采购

现代采购是指运用现代科学的采购技术和方法,通过计算机网络实现信息收集、供应商选择、采购合同的签订、采购绩效的评估,以及采购活动之后的运输、库存活动,全过程使用信息化、网络化的方式,最大限度地满足企业生产经营的需要,降低采购物流成本,实现采购目标。

现代采购的技术和方法主要有订货点采购、MRP(material requirement planning,物料需求计划)采购、JIT(just in time,准时化)采购、ERP(enterprise resource planning,企业资源计划)采购、供应链采购、电子采购等。

(1)订货点采购。订货点采购是指根据物资的再订货点安排物资需求计划,一旦存货量低于再订货点即进行补充采购。订货点采购的基本原理就是在库存运行中,设定一些订货控制点,进行有控制的订货进货,使得仓库的库存量能在最好地满足生产或用户需求的条件下实现库存量最小化。

(2)MRP采购。MRP采购主要应用于生产企业,它是生产企业根据生产计划和主产品的结构及库存情况,逐步推导出生产主产品所需要的零部件、原材料等的生产计划和采购计划的过程。采购计划中规定了采购品种、数量、采购时间及采购物资回来的时间,计划比较精确、严格。MRP采购是以需求为依据,以满足库存为目的,市场响应灵敏度及库存水平比订货点方法高。

（3）JIT采购。JIT采购由准时化生产管理思想演变而来，它是根据用户的需要将合适的物资以合适的数量和价格，在合适的时间送达合适的地点。它以需求为依据，改造采购流程和采购方式使之完全适合需求的品种、时间、数量，做到既能灵敏地响应需求的变化，又能使库存向零库存趋近，是一种比较科学、比较理想的采购模式。

（4）ERP采购。ERP采购基于以职责为核心的流程设计，基于高度共享的基础信息平台应用。以往通过电话能完成的工作，现在都要在ERP系统中记录，提高了业务的可追溯性，减少了业务操作中的人为因素。ERP系统可随时查询任意时间与某供应商发生的采购业务，并可以查询该笔业务进行的状态，包括库存接收的数量、退货的数量、发票的数量等。ERP系统按照设定的指标对供应商的状态进行分析，包括供应商供货质量分析、数量分析等，并从中总结规律，制订相应的供应商管理策略，如设定相应的配额和询价优先级等。ERP系统完备的控制体系能够做到流程有序、审批严格、监督有方。

（5）供应链采购。供应链采购是一种供应链机制下的采购模式。在供应链机制下，采购不再由采购者操作而是由供应商操作，采购者只需要把自己的需求信息向供应商及时传递，由供应商根据用户的需求，不断及时、连续、小批量补充库存，以保证既能满足采购者需要，又使总库存量最小。供应链采购对信息系统和供应商操作的要求都比较高，是一种科学的、理想的采购模式。

（6）电子采购。电子采购是由采购方发起的一种采购行为，是一种不见面的网上交易，如网上招标、网上竞标、网上谈判等。企业之间在网络上进行的这种招标、竞价、谈判等活动定义为B2B电子商务采购。电子采购比一般的电子商务和一般性的采购在本质上有了更多的概念延伸，它不仅仅完成采购行为，还有效地整合了企业资源，帮助供求双方降低了成本，提高了企业的核心竞争力。

（二）按采购环节分类

按采购环节可将采购划分为直接采购和间接采购两类。

1. 直接采购

直接采购是指需求企业直接向物资生产厂商进行采购。

直接采购的采购环节少、手续简便、时间短，采购意图表达准确，信息反馈快，易于采购方与供应方交流、合作，并有利于促进供应商进行售后服务的持续改进。目前，绝大多数企业均使用此类采购环节，在实现自身需要的基础上通过减少中间环节来降低物资的采购价格，从而降低企业的采购成本。

2. 间接采购

间接采购是指通过中间商实施采购行为的方式，也称委托采购或中介采购，主要包括委托流通企业采购和调拨采购，一般适用于核心业务规模大、盈利水平高的企业。委托流通企业采购是依靠有资源渠道的贸易公司、物流公司等流通企业实施，或依靠专门的采购中介组织执行。调拨采购是计划经济时代常用的一种采购方式，是由上级机关组织完成的采购活动。目前除非物资紧急调拨或执行救灾任务、军事任务，否则一般均不采用调拨采购。

间接采购的特点：可充分发挥各类企业自身的核心能力；减少流动资金占用，增加资金周转率；分散采购风险，减少物资的非正常损失；减少交易费用和时间，从而降低采购成本。

(三)按采购政策分类

按采购政策可将采购划分为集中采购和分散采购两类。

1. 集中采购

集中采购是指企业在核心管理层建立专门的采购机构,统一组织企业下属各经营单位所需物资的采购进货业务。

集中采购的特点:量大、过程长、手续多;集中度高、决策层次高;支付条件宽松、优惠条件增多;专业性强、责任大。

2. 分散采购

分散采购是由企业各下属单位,如子公司、分厂、车间或分店实施的满足自身生产经营需要的采购。

分散采购的特点:批量小或单件,且价值低、开支小;过程短、手续简、决策层次低;问题反馈快、针对性强、方便灵活;占用资金少、库存空间小、保管简单、方便。

(四)按决定采购价格的方式分类

按决定采购价格的方式可将采购划分为招标采购、询价采购、比价采购、议价采购、定价采购、公开市场采购等六类。

1. 招标采购

招标采购是通过招标的方式,邀请所有的或一定范围的潜在的供应商参加投标,采购实体通过某种事先确定并公布的标准从所有投标者中评选出中标供应商,并与之签订合同的一种采购方式。

招标采购分为传统招标采购和电子招标采购两种,随着电子商务技术的不断发展,电子招标采购以周期短、实施成本低的特点成为大多数企业实施招标采购方式的首选。

2. 询价采购

询价采购是指采购人员选取信用可靠的厂商,将采购条件讲明,询问价格或寄以询价单并促请对方报价,比价后则现价采购。

3. 比价采购

比价采购是指在买方市场条件下,在选择两家或两家以上供应商的基础上,由供应商公开报价,加以比价后,从中选定合适的供应商进行采购。供应商所供应物资的价格高低是采购方衡量的关键因素。

4. 议价采购

议价采购是指采购人员与厂家谈判,讨价还价,谈定价格后方进行采购。

5. 定价采购

定价采购是指厂家凭市场经验对采购物资定好采购价格,根据事先定好的采购价格进行采购。

一般企业购买的物资数量巨大,无法由一两家厂商全部提供时,为了控制同一种物资的采购成本,常使用此种采购方式。

6. 公开市场采购

公开市场采购是指采购人员在公开交易或拍卖场所随时机动式的采购。以这种方式进行采购,价格变动非常频繁。

在实际的采购活动中,企业很少单独使用以上的某种采购方式,通常是把以上六种采购方式中的几种结合起来进行,以期最大限度地降低采购物资的价格。

(五)按采购主体分类

按采购主体可将采购划分为个人采购、团体采购、企业采购、政府采购等四种。

1. 个人采购

个人采购是指为满足家庭或个人的需要而进行的采购。

个人采购一般是单一品种、单个决策、随机发生的,有很大的主观性和随意性的采购活动。即使采购失误,也只影响个人,造成的损失不会太大。

2. 团体采购

团体采购通常是指某些团体通过大批量地向供应商订购,以低于市场价格获得物资或服务的采购行为。

3. 企业采购

企业采购是指企业供应部门通过各种渠道,从外部购买生产经营所需物资的有组织的活动。

4. 政府采购

政府采购又称统一采购或公共采购,是指各级政府及其所属实体为了开展日常的政务活动,以及为公众提供社会公共产品和公共服务的需要,在财政的监督下,以法定的方式(按国际规范一般应以竞争性招标采购为主要方式)、方法和程序,从国内外市场上为政府部门或所属公共部门购买所需物资、工程和服务的行为。

其中团体采购、企业采购、政府采购可归为集团采购,指两人或两人以上公用物资的采购。

(六)按采购对象分类

按采购对象可将采购划分为原材料采购、半成品采购、成品采购、主要资本设备采购、附属资本设备采购等五种。

1. 原材料采购

原材料采购又称原材料购进,是指生产企业在市场中采购投入产品成本中的原材料。

2. 半成品采购

半成品采购指企业采购半成品,以生产企业的最终产品。

3. 成品采购

成品采购指企业采购成品在市场上销售。商品流通企业多进行此类采购。

4. 主要资本设备采购

主要资本设备采购一般指生产企业在市场上采购保证企业进行某种生产的基本设备。

5. 附属资本设备采购

附属资本设备采购指企业在市场上采购机械工具、办公设备等。

(七)按采购形态分类

按采购形态可将采购划分为有形采购和无形采购两种。

1. 有形采购

有形采购指的是对有形物资的采购,如原材料、辅助材料、半成品、零部件、成品、投资品或固定设备,以及MRO物资(维护和修理运营用品)等。

(1) 原材料。原材料就是未经转化或只有最小限度转化的材料,在生产流程中作为基本的材料存在。在产品的制造过程中,即使原材料的形体发生物理或化学变化,它依然存在于产品里面。通常,原材料是产品的制造成本中比率最高的项目。

(2) 辅助材料(简称辅料)。辅助材料指的是在产品制造过程中除原材料之外,被使用或消耗的材料。有些辅料与产品制造有直接的关系,但在产品制成时,辅料本身已经消失,如化学制品所需要的催化剂;有些辅料虽然还附着在产品上,但因其价值并不高而被视为辅料,如成衣上的纽扣;有些辅料与产品制造过程没有直接的关系,只是消耗性的材料或工具,例如锉刀、钢刷或灭藻剂。包装材料及产生能量所耗用的燃料也属于辅料的范围。

(3) 半成品。半成品指已经经过一次或多次处理,并将在后面的阶段进行深加工的产品。它们在最终产品中实际存在,如钢板、钢丝和塑料薄片。

(4) 零部件。零部件指的是不需要再经历额外的物理变化,但是将通过与其他部件相连接而被包括进某个系统中的产成品,它们被嵌入最终产品的内部,比如灯泡、电池、发动机零件、电子零件、变速箱等。

(5) 成品。成品主要是指用于销售而采购的所有产品,它们在经过可以忽略的价值增值后,与其他的成品和(或)制成品一起销售。例如由汽车制造商提供的附件,如汽车收音机等,汽车制造商并不生产这些产品,而是从专门的供应商那里取得这些产品。百货公司所销售的消费品也属于这个范围。

(6) 投资品或固定设备。投资品或固定设备不会被立刻消耗掉,但其采购价值经过一段时间后会贬值,账面价值一般会逐年在资产负债表中报出。投资品可以是生产中使用的机器,也可以是计算机和建筑物。

(7) MRO物资。MRO物资主要是指为保持企业正常的运转(尤其是辅助活动的进行)而需要的间接材料或用于消费的物资。MRO物资一般由库存供应,包括办公用品、清洁材料、维护材料及备件等。

MRO物资采购

MRO物资采购是通过MRO企业实现非生产性物资的全球采购,所有的活动都依靠网络MRO工业品超市完成。

MRO物资采购的优点:

(1) MRO物资采购流程均采用电子商务,有效地节省了采购时间。

(2) MRO物资是一类有关维修、维护、运行的相关产品,由于是一些易耗品,所以常常在使用中会损坏,从而产生了一些计划外的采购,此时,MRO物资采购简单的流程及相对吻合的广泛产品,减少了企业处理意外事故发生的风险。

MRO物资采购的缺点:

(1) 目前国内做MRO的厂家多数为代理商,产品库存量很少,拥有自己库存的MRO厂家占少数,所以导致有些生产型企业由于缺货的问题,不能使损坏的设备重新投入使用。

(2) 由于MRO理念在中国的发展时间不长,大部分企业将注意力主要集中在直接性生产物资的采购上,MRO采购并未得到充分有效的重视和管理。

2. 无形采购

无形采购是相对有形采购而言的,其采购的是不具有实物形态的劳务和一些专有技术等。劳务采购主要包括企业对服务业的采购,如聘请专业机构提供会计服务、管理咨询、法律咨询、程序设计等服务,此类采购的技术含量高,采购人员需针对企业的不同需求,选择在特定方面有优势的专业服务供应商。对劳务的采购还包括售前和售后服务。无形采购一般不单独进行,而是随着有形采购发生。

技术、服务和工程发包是无形采购最常见的对象。

（1）技术。技术是指能够正确操作和使用机器、设备、原料的专业知识。只有取得技术才能使机器和设备发挥效能,提高产品的产出率或确保优良的品质,降低原料损耗率,减少机器或设备的故障率,这样才能达到减少投入、增加产出的目的。

（2）服务。服务是在合同的基础上由第三方(供应商、承包商、工程公司)完成的活动,包括从清洁服务和雇佣临时劳务到由专业的工程公司(承包商)为化学公司设计新生产设备的范围,以及安装服务、培训服务、维修服务、升级服务和某些特殊的专业服务。

（3）工程发包。工程发包包括厂房、办公室等建筑物的建设与修缮,以及配管工程、动力配线工程、空调或保温工程及仪表安装工程等。工程发包有时要求承包商连工带料,以争取完工时效;有时自行备料,仅以点工方式计付工资给承包商,如此可以节省工程发包的成本。但是规模较大的企业,本身兼具机器制造和维修能力,就有可能购入物资自行施工,在完工品质、成本及时间等方面均有良好的控制和绩效。

四、采购的基本原则

采购过程一般要遵循五个原则,即"5R原则"。R指的是right,5R原则具体指:正确（或合适）的时间,即适时原则;正确（或合适）的地点,即适地原则;正确（或合适）的价格,即适价原则;正确（或合适）的质量,即适质原则;正确（或合适）的数量,即适量原则。

（一）适时原则

现代企业竞争非常激烈,时间就是金钱,采购计划的制订要非常准确:该进的物资如果不依时间进来,会造成停工待料,增加管理费用;太早采购囤积物资,会造成物资的积压、储存场地的浪费,储存时间过长还可能会造成物资的变质。因此,依据生产计划制订采购计划,按采购计划适时的进料,能使生产、销售顺畅,还可以节约成本,提高企业在市场上的竞争力。

（二）适地原则

在同等条件下选择离自己企业最近的供应商,距离越短,运输费用就越低,机动性就越高,协调沟通就越方便,成本自然就越低。

（三）适价原则

在确定采购物资合适的价格过程中一般要经过以下几个步骤:

（1）多渠道询价。多方面打探市场行情,包括市场最高价、最低价、一般价格等。

（2）比价。分析各供应商提供同类物资的性能、规格、品质、要示、用量等,在这个基础上才能建立比价标准。

（3）自行估价。自己成立估价小组,由企业采购、技术、成本会计等人员组成,估算出符合品质要求的、较为准确的所购物资的底价资料。

(4)议价。根据所估算的底价资料,结合市场的行情、供应商用料的不同、采购量的大小、付款期的长短等与供应商议定出双方都能合理接受的价格。

(四)适质原则

一般而言,企业的领导更重视所采购物资的成本,因为直观明了,而物资的品质成本是间接的,常常被企业的领导层所忽略,但采购的物资"价廉物美"才是最佳的选择,偏重任何一头都会造成最终物资成本的增加。

如果采购物资的品质不佳,会造成以下几个方面的负面影响:

(1)所购物资品质不良,经常性地退货,造成各种管理费用增加。

(2)经常退货还会造成生产计划和销售计划经常性地变更,增加生产成本及销售成本,影响交期,降低信誉和产品竞争力。

(3)所购物资品质不良,需增加大量检验人员或延长检验的时间,增加检验的成本。

(4)生产过程中,因所购物资不良造成制程中的不良品增多,以致返修多、返工多,导致时间成本和人员成本增加。

(5)所购物资品质不良,导致成品品质不良率加大,客户投诉及退货增多,付出的代价就高。

(五)适量原则

一次性采购物资数量多,价格就便宜,但并不是一次性采购的数量越多就越好,因为资金的周转率、储存成本都直接影响采购成本,应根据资金的周转率、储存成本、物料需求计划等综合计算出最经济的采购量。

五、采购的基本流程

采购的基本流程一般包括以下几个方面:明确需求、采购决策、编制采购计划、选择供应商、业务谈判、签订采购合同并对合同进行监管、确定采购订单、跟踪订单、物资接收和检验、货款结算、购后工作。采购的基本流程如图1-1所示。

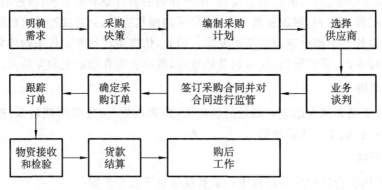

图1-1 采购的基本流程

(一)明确需求

任何采购都产生于企业中某个部门的确切需求。负责具体业务活动的工作人员应该清楚地知道本部门独特的需求:需要什么,需要多少,何时需要。再结合仓库中所需物资的库存信息,以及制造型企业的生产进度计划或商业企业的物资销售计划,制订出详细的物资需求计划,经领导审批后发给采购部门。物资需求计划应详细列出所需物资的型号、技术参数、材质、数量及使用时间等信息。

采购部门还应协助使用部门预测物资需求,特别应督促尽早地预测需求以免出现太多的紧急订单。由于不可能完全准确地了解价格变化和整个市场状况,为了避免供应终端的价格上涨,采购部门有时要发出一些期货订单。采购部门和供应商早期参与合作会带来更多信息,从而可以削减成本,加速产品推向市场的进度并带来更大的竞争优势。

(二) 采购决策

进行采购决策首先要汇集信息,各类采购信息为采购决策和审核请购单提供依据。这些信息包括:

(1) 外部信息,主要有市场供求状况及预期、价格变动及趋势、供应商的多少及其产品的质量、价格、运距与运费、供应可靠性、市场上新材料、新设备、替代品的涌现和供应状况,以及政府对物资使用的政策和法规等。

(2) 内部信息,主要有生产计划任务、物资消耗定额、消耗统计资料、所需物资的性能、用途、进货和供应能力、物流组织状况和资金条件。

(3) 物资信息,主要有物资说明书,包括商务标准、市场等级、设计蓝图、材料说明书、功能说明书等。

在明确以上信息后,做出采购决策,这是采购管理中最主要的内容。在物资需求计划审核后,要进行采购物资品种、采购量、供应商、采购方式、订购批量、采购时间、采购价格、进货方式等方面的决策和确定参与采购的人员。

(三) 编制采购计划

采购计划包括年度采购计划、季度和月度采购计划。年度采购计划一般包括大类物资的年度采购总量,其目的在于与市场供应资源平衡,与企业内的进、存、供能力平衡,与企业的资金、成本、费用等指标平衡。季度和月度采购计划是在年度采购计划的指导下,按具体品种、规格编制的,是具体落实年度采购计划、组织日常采购的任务书。

(四) 选择供应商

选择、确定采购和加工企业,这是做好采购和加工业务的基础。必须选择设备齐全、加工能力强、产品质量好和技术经验丰富的企业。此外,如企业的生产规模、经营信誉等,在选择中均应摸清情况。对于建设工程中使用的金额巨大的大型机电设备和大宗材料等,应采用招标的方式进行采购。

一般而言,数量多、价值高的物资采用招标的方式确定供应商,而数量少、价值低的物资采用比价的方式确定供应商。条件允许的情况下,每一种物资至少寻找两家及以上的供应商,通过供应商之间的竞争降低采购物资的价格并提高供应商的服务水平。

(五) 业务谈判

业务谈判是采购人员与供应商进行具体的协商和洽谈。业务谈判应遵守国家和地方制定的物资政策、物价政策和有关法令,供需双方应本着地位平等、相互谅解、实事求是、搞好协作的精神进行谈判。

（六）签订采购合同并对合同进行监管

签订采购合同前要注意对供应商的法律资格进行审查，准备有效的合同文本，谨防可能存在的合同问题，了解合同通常的必备条款，明白各类型采购合同条款的内容，明确合同成立及合同生效、采购合同签订时间、采购合同签订地点等关键问题。

及时对签订的采购合同进行分类管理，建立采购合同台账平台，按期检查采购合同的执行情况，并将执行过程及时输入数据库，以对供应商做出评价。采购部门要加强与供应商的联系，督促按期交货，对出现的质量、数量、到货时间等问题要及时交涉，同时要与企业内部的其他部门密切配合，为顺利执行采购合同做好准备。

（七）确定采购订单

根据生产计划或销售计划并结合企业的实际库存，生产型企业和商业型企业确定采购订单的信息，包括采购物资的型号、数量、价格、到货日期等。

（八）跟踪订单

订单发送给供应商后，对订单的执行情况进行跟踪，实时掌握订单的执行情况，并做好对应的准备工作，如得知供应商发出物资后，采购方整理仓库为即将到库的物资留出足够的储存空间。

（九）物资接收和检验

采购部门要配合仓库部门按有关合同规定的数量、质量、验收办法、到货时间做好验收工作，核实无误后办理入库手续。

（十）货款结算

财务部门确定仓库接收并检验了订单上所需的物资后，根据采购合同规定的货款支付方式向供应商支付货款。如供应商有违反合同的事实要及时拒付或提出索赔要求。

（十一）购后工作

每一次采购活动结束后，采购部门要与使用部门保持联系，掌握使用情况、使用效果以及服务水平，并考查各供应商的履约情况，相应资料应编列档案登记编号分类保管，以便参阅或事后发生问题的查考，从而决定今后对供应商的选择和调整。档案应该具有一定保管期限的规定。

知识点二　采购管理概述

采购管理是企业为了完成生产和销售计划，在确保可靠质量的前提下，从适当的供应厂商，以适当的价格，适时购入必需数量的物资或服务的一切管理活动。

一、采购与采购管理的区别

采购与采购管理的区别简单地说就是，采购是实施采购行为，而采购管理是对实施的采购行为进行的一系列管理活动。具体而言，采购与采购管理的区别可以从性质、责任人、使命和权利四个方面来分析。

（1）性质：采购的性质是业务活动，采购管理的性质是管理活动。

（2）责任人：采购的责任人是实施具体采购活动的人员，采购管理的责任人是对采购活动进行协调、控制的高层管理人员。

（3）使命：采购的使命就是采购员完成高层管理人员交代的采购物资的任务；采购管理的使命是面向整个企业管理采购活动，使企业的利益最大化。

（4）权利：采购的权利指的是具体实施采购活动的采购人员的权利，仅是高层管理人员分配的有限权利和资源；采购管理的权利是调动整个企业的资源为采购管理活动服务。

二、采购管理的发展阶段

采购管理的发展经历了人治型阶段、法治型阶段、跨部门协作阶段、供应链双赢型阶段等四个阶段。

（一）人治型阶段

为了保证企业的生产与经营，企业对采购的第一要求是保证供应、追求效率、避免推诿扯皮，同时要控制人员成本，因此这个阶段把采责权都放在采购员身上，整体特征为人治型。

采购管理人治型阶段的特征主要表现在以下三个方面：

（1）一条龙，即采购员从接到内部客户的需求开始，开发、选择供应商、谈判、签订合同、跟单、付款，全由一个人负责。

（2）多业务，少管理。包括采购经理在内都在做采购业务，忙于和供应商谈判、催料，对采购流程、战略、人员分工、数据分析等管理工作缺失。

（3）在采购绩效上，采购人员的目标是尽量以低价保证把物资买回来。

（二）法治型阶段

采购管理人治型阶段主要依赖采购人员个人，但随着企业内部管理的发展和外部竞争的压力，采购管理的重要性被充分认识，企业把集采、招标当作重要的采购变革与合规手段，开始建立采购流程、管理制度来规范采购管理，从而获得更好的价格优势。

采购管理法治型阶段的特征主要表现在对内和对外两个方面。

（1）对内：强化管理职能，建设采购管理体系，追求公开、公平、公正的采购系统。

（2）对外：充分寻源，进行招标竞价和定期市场询价控制。

为降低成本，企业开始推行集中采购或成立招标办统一采购。此举强化了管理体系，但其本质仍是价格导向，通过体系来降低供应商价格。而且招标采购可能会被滥用，以低价中标，导致整体优异的供应商无法中标，差的供应商很难从供应队伍中清除，招标后的质量风险加大。

（三）跨部门协作阶段

采购管理法治型阶段后期，随着招标和市场询价的控制，供应商价格已很难再降；而单纯压低价格也会造成质量、服务水平及供应商合作意愿下降等问题。企业开始挖掘自身在成本优化方面的潜力，这一时期驱动由降低成本变为通过研发或工艺的改进来实现产品成本优化与流程优化。

采购管理跨部门协作阶段的特征主要表现为：成本管理开始从外求（供应商降价）转为内求（产品成本设计的优化），从关注价格到关注产品采购到后期使用、维护的总成本（TCO），从后期管理转变为前期管理。这时仅靠采购部已完成不了这个任务，需要跨部门协作来实施产品成本优化与流程优化。主要做法是以降低采购成本为目标，对采购物资的品类进行标准化、通用化，通过实施标准化，物资品类减少，订量倍增，供应商的成本下降，企业的采购、库存、检验成本下降。除标准化、通用化措施外,企业对产品设计进行优化,包括对老产品进行价值分析(VA),以及对新产品做价值工程(VE)。

采购管理跨部门协作阶段的主要问题是如何有效推进跨部门协作,如何推动以研发部门为主的各部门实施标准化和通用化,从而实现产品设计优化及流程优化。

(四)供应链双赢型阶段

随着企业内部优化的完成,企业会把视角放在更广阔视角的供应链优化上,考虑帮助供应商降低成本,利用供应商专业帮助企业降低成本,推动整个供应链降低成本。此阶段的企业大多是管理卓越、目标远大、在行业里谋求领导地位的企业。

采购管理供应链双赢型阶段通过协作优化供应链整体成本,携手发展共创价值,参与企业多为供应链上下游伙伴,包括客户、供应商。这时采购部门的职能重点是支持、辅导、帮助供应商,有的企业甚至将采购部改名为供应商发展部或供应商支持中心以表明决心与方向,将来有可能向采购联盟或产业平台发展。

三、采购管理的内容

采购管理的内容主要包括采购市场分析、采购制度建设、采购组织管理、采购合同管理、采购战略管理、采购流程管理等六个方面。

(一)采购市场分析

采购市场分析包括采购对象的市场供求分析、供应商分析等,进而制订适宜的采购策略和价格策略。

(二)采购制度建设

采购制度建设包括制订采购工作管理目标、供应商选择制度、价格管理制度、采购作业制度等,用制度规范采购程序、采购人员行为,使采购运行机制科学化、合理化。

采购制度

采购制度是指以文字的形式对采购组织工作与采购具体活动的行为准则、业务规范等做出的具体规定。

采购制度居于上层建筑的范围,体现一定的生产力与生产关系的发展要求。企业采购制度的建立不是一蹴而就的,而是一个长期的过程,应由企业管理层所倡导,能被广大的采购员工所认可,在实际工作中,它往往是集体智慧的结晶。

采购制度的内容一般包括采购领导制度和经济责任制度。其中采购领导制度包含集中制、分散制、混合制等内容,经济责任制度包含岗位责任制、采购费用承包制、奖惩制度、监督制度、民主管理制度等内容。

(三)采购组织管理

企业根据采购活动在企业业务中的重要程度及年度采购总金额的大小,结合企业的组织结构,建立适宜的采购组织,将企业采购的各项活动整合起来,进行统一管理。采购组织的设计、建立和运行,必须和物流管理和供应链管理结合起来考虑。

(四) 采购合同管理

采购合同管理包括:加强采购合同签订的管理,建立合同管理机构和管理制度,处理好合同纠纷,信守合同并树立企业良好形象。

(五) 采购战略管理

采购战略管理包括采购品种战略决策、供应商战略决策、采购方式及其选择、跨国采购战略等方面的内容。

(六) 采购流程管理

为了使采购科学化、合理化、透明化,必须对采购流程实施全程监控管理,确保采购流程按照企业制定的标准规范地运行。

四、采购管理的地位

采购管理的地位主要表现在价值、供应、质量、战略等四个方面。

(一) 采购管理的价值地位

采购成本是企业成本管理中的主体和核心部分,采购是企业管理中最有价值的部分。在全球范围内工业企业的产品成本构成中,采购的原材料及零部件成本占企业总成本的比例随行业的不同而不同,大体为30%~90%,平均水平在60%以上。材料价格每降低2%,净资产回报率通常可增加15%。从世界范围来说,对于一个典型的企业,一般采购成本(包括原材料、零部件)要占60%,工资和福利占20%,管理费用占15%,利润占5%。而在现实中,许多企业在控制成本时将大量的时间和精力放在不到总成本40%的企业管理费用及工资和福利上,而忽视其主体部分——采购成本,其结果往往是事倍功半,收效甚微。

(二) 采购管理的供应地位

采购从供应的角度来说,是整体供应链管理中"上游控制"的主导力量。

在工业企业中,利润是同制造及供应过程中的物流和信息流流动速度成正比的。在商品生产和交换的整体供应链中,每个企业既是顾客又是供应商。为了满足最终顾客的需求,企业都力求以最低的成本将高质量的产品以最快的速度供应到市场上,以获取最大利润。从整体供应链的角度来看,企业为了获得尽可能多的利润,都会想方设法加快物资和信息的流动,这样就必须依靠采购的力量,充分发挥供应商的作用,因为占成本60%的物资及相关的信息都来自供应商。供应商提高其供应可靠性及灵活性,缩短交货周期,增加送货频率,可以极大地改进企业的管理水平,如缩短生产总周期、提高生产效率、减少库存、增强对市场需求的应变力等。

此外,随着经济一体化及信息全球化的发展,市场竞争日益激烈,顾客需求的提升驱使企业按库存生产,而竞争的要求又迫使企业趋向于争取按订单设计生产环境。企业要解决这一矛盾只有将供应商纳入自身的生产经营过程中,将采购及供应商的活动看成自身供应链的一个有机组成,才能加快物资及信息在整体供应链中的流动,从而将顾客所希望的库存成品向前推移为半成品,进而推移为原材料,这样既可减少整个供应链的物资及资金负担(降低成本,加快资金周转等),又可及时将原材料、半成品转换成最终产品以满足客户的需要。在整体供应链管理中,"即时生产"是缩短生产周期、降低成本和库存,同时又能以最快的交货速度满足顾客需求的有效做法,而供应商的"即时供应"则是开展"即时生产"的重要保障。

(三)采购管理的质量地位

供应商上游质量控制得好,不仅可以为下游质量控制打好基础,同时可以降低质量成本,减少企业对来货的检验。

采购物资不只是价格问题(而且大部分不是价格因素),更多的是质量水平、质量保证能力、售后服务、产品服务水平、综合实力等。有些物资看起来买得很便宜,但经常维修,经常不能正常工作,这就大大增加了使用的总成本;如果买的是假冒伪劣品,则会蒙受更大的损失。一般企业都根据质量控制的时序将其划分为采购品质量控制、过程质量控制及产品质量控制。

由于产品中60%的价值是经采购由供应商提供,毫无疑问,产品的"生命"由采购品质量控制得到确保。也就是说企业产品质量不仅要在企业内部限制,更多地应控制在供应商的质量过程中,这也是"上游质量控制"的体现。供应商上游质量控制得好,不仅可以为下游质量控制打好基础,同时可以降低质量成本,减少企业来货检验费(降低检验频次,甚至免检)等。经验表明,一个企业要是能将1/4到1/3的质量管理精力花在供应商的质量管理上,那么企业自身的质量(过程质量及产品质量)水平至少可以提高50%。可见,通过采购将质量管理延伸到供应商,是提高企业自身质量水平的基本保证。

采购能对质量成本的削减做出贡献。当供应商交付产品时,许多公司都会做进料检查和质量检查。采购任务的一部分是使企业的质量成本最小化,减少所采购物资的来料检查和质量检查成本,可以通过选择将生产置于完善的控制之下并拥有健全的质量组织的供应商来实现。然而,通常这还不够,因为众多企业的经验表明,造成质量不佳的大多数原因与企业缺少内部程序和组织有关。

(四)采购管理的战略地位

与供应商建立伙伴关系,不但能够减少所采购的物资或服务的价格,而且能够通过多种方式增加企业的价值,这些方式主要有支持企业的战略,改善库存管理,稳步推进与主要供应商的关系,密切了解供应市场的趋势。在不用自己直接投资的前提下,充分利用供应商的能力为自己开发生产专用产品,既节约资金、降低风险,又以最快的速度形成生产能力。因此,加强采购管理对企业提升核心竞争力也具有十分重要的意义。

五、采购管理的发展趋势

采购管理的发展趋势主要表现在作为最后一块利润之源受重视程度越来越高、信息化、集中化、专业化、职能化等五个方面。

(一)作为最后一块利润之源受重视程度越来越高

著名管理大师德鲁克认为改进工艺、降低原材料消耗是企业的第一利润源泉,增加销售量、提高销售利润率是企业的第二利润源泉。现代竞争越来越激烈,再加上客观技术的限制,企业在这两个方面努力的空间也越来越小。因此,企业要在竞争中保持有利位置,获取利润,就必须开发第三利润源泉,也就是通过加强采购管理降低采购成本来实现利润增加。可见,物资采购管理在未来经济发展中扮演着十分重要的角色。

如前所述,从世界范围看,对于一个典型的企业,一般采购成本占60%,是企业所有成本中最大的一部分,并且呈不断增大的趋势。这种增大的趋势说明现代企业利润空间越来越小,暴利经营的时代已经过去,行业竞争空前激烈。在中国的企业中各种物资的采购成本要占到企业销售额的70%,显然,采购成本是企业成本中的核心部分。但在现实中,许多企业在成本控制时将大量的时间和精力放在企业管理费用及工资福利上,而忽略了对采购成本的控制。事实上,如今采购管理正在受到越来越多的有识之士的关注和重视,改善采购成本对于企业而言意义将十分重大。放眼世界,采购管理受重视的程度正向着越来越强的趋势发展。

(二) 采购管理的信息化

网络技术的不断发展和电子商务的不断完善给采购管理提供了广阔的操作平台,特别是企业资源计划(ERP)、供应链管理(SCM)系统的不断完善和发展为采购管理提供了先进的管理工具。基于传统的采购管理信息共享程度低,其中大部分的采购操作和与供应商的谈判是通过电话来完成的,没有必要的文字记录,采购信息和供应商信息基本上由每个采购人员自己掌握,信息没有共享,造成了企业资源的极大浪费,这使得业务的可追溯性差,一旦出了问题难以调查。同时采购任务的执行优劣很大程度上取决于人,人员的岗位变动对业务的影响很大。网络技术的不断发展和电子商务的不断完善给采购管理提供了广阔的操作平台。基于 ERP 管理系统使得采购的基础信息高度共享,如今国际上的大公司几乎无一例外地使用了 ERP 系统和网上采购,我国的知名企业也大多使用了 ERP 管理系统,例如近几年风头正旺的海尔集团、高科技公司联想集团,并且都取得了空前的成功。在使用这样的系统后,采购管理的各项指标得到大幅提高,越来越多的正规企业正在尝试使用该系统。由此可见,采购管理的信息化是一种不可逆转的潮流。

(三) 采购管理的集中化

计划经济时期,采购管理高度集中,那是由于物资极度贫乏。随着改革开放条件下,承包经济不断发展,各生产单位开始抱怨采购部门效率太低不能满足需要,采购部门有时买的价格高于市场价格,采购的质量不稳定,不能及时到货保证生产运行等,这些"借口"给采购集中管理带来很大难度。西门子公司是一个有160多年历史、横跨多个产业的航空母舰式公司,仅信息移动通信公司的年采购额就超过20亿欧元。在很长一段时间里,西门子公司各产业部门根据各自的需求独立采购,这样就形成了不少元部件的需求是重叠的,同时由于购买数量不同,选择的供应商不同,产品的质量、价格与服务差异很大。但西门子的管理层很快就发现了沉淀在这里的"采购成本",于是成立了一个采购委员会来协调全球的采购需求,把各部门所有公司的采购需求汇总起来。这样,西门子公司就可以用一个声音同供应商沟通,大订单在手就可以吸引全球的供应商进行角逐,西门子公司在谈判桌上的声音就可以响亮很多,以至每年物资的采购价格都有20%~25%的下降。全球集约化采购是西门子公司进行采购管理、节约采购成本的关键。之前的分散采购体系毫无疑问并不适合西门子公司,它带来了巨大的浪费,增加了企业的运营成本,而集中采购可以充分发挥西门子公司的采购力,形成批量优势,对整个供应市场产生影响,使集团采购处于有利地位,这是切实降低采购成本的正确举措。集中采购已经成为现代采购管理的发展趋势。

(四) 采购管理的专业化

随着全球一体化的进程,一个迎接重力冲击的现代企业必将要求自身创新以适应国际潮流。这就使得采购管理更加专业化,使得采购管理必须从供应商、厂家、分销商到最终用户之间的物流、信息流和资金流一体化管理。这就要求采购人员了解要购买的物资,了解物资的特点、性能要求，了解市场行情、价格走势，了解市场变化和供应商的实力、供应商报价的合理性，实地考察供应商的保证能力，是否有能力在保证供应的同时保证价格和质量，这些都是非常专业的信息。作为专业的采购人员，基于以上采购管理的要求，必须至少掌握一门符合企业实际需要的采购内容的专业，需要有能力了解市场变化和供应商的表现，因此表达和沟通能力、计算机知识也很重要。也就是说要适应采购管理专业化的要求，必须打造一支业务水平高、职业道德好的采购管理队伍，这是适应采购管理专业化趋势的基础。

（五）采购管理的职能化

过去的采购部门的职能就是执行需求部门的计划，需求部门要什么，采购部门就买什么，需求部门什么时候要、要多少，采购部门就赶紧买来，哪怕放在仓库里一年半载，即使有的产品早已过期或因产品更新换代已成了废物。正是由于采购职能的不清晰才导致了采购管理的被动性。近些年，越来越多的企业采购部门从其他部门独立出来，开始发挥越来越大的作用。采购职能也从原来的被动花钱，到有了节省资金、满足供应、降低库存等一系列目标。采购人员要从资金使用和管理角度、从满足需求的最低成本角度去聪明地花钱。采购要做很好的采购需求分析、采购计划、资金占用计划、控制和形成采购供应战略，管理好战略供应链资源和供应商资源，让采购成为供应链管理强有力的一环，将生产计划、物料计划、采购、仓储、运输集成一个反应迅速、总成本最低、物流速度快、响应市场要求的灵敏的链条。

企业想在激烈的市场竞争中取得优势，过去强调产品、技术，现在强调市场开发、国际化和战略联盟，但都不再是单打独斗，而是需要联合供应链上的每一个成员，形成一条成本低、反应快、服务好的供应链或价值链。这样采购部门就成为企业核心竞争力的一部分，是联结供应商和客户的桥梁，是企业的核心业务部门。采购职能也必将成为企业最重要的职能之一。

胜利油田、海尔、通用的采购比较

从20世纪80年代开始，为了顺应国际贸易高速发展的趋势，以及满足客户对服务水平提出的更高要求，企业开始对采购手段进行优化。在当前全球经济一体化的大环境下，采购管理作为企业提高经济效益和市场竞争能力的重要手段之一，在企业管理中的战略性地位日益受到国内企业的关注，但现代采购理念在中国的发展过程中，由于遭遇的"阻力来源"不同、企业解决问题的方法各异等原因，就被予以不同的诠释。

一、胜利油田

在采购体系改革方面，许多国有企业和胜利油田的境遇相似，虽然集团购买、市场招标的意识慢慢培养起来，但企业内部组织结构却给革新的实施带来了极大的阻碍。

胜利油田每年的物资采购总量约85亿人民币，涉及钢材、木材、水泥、机电设备、仪器仪表等56个大类、12万项物资。行业特性的客观条件给企业采购的管理造成了一定的难度，然而最让企业管理层头痛的却是其他问题。

胜利油田的物资供应管理队伍最多时有9 000多人，庞大的体系给采购管理造成了许多困难。胜利油田每年采购资金的85亿中，有45亿的物资由与胜利油田有各种隶属和姻亲关系的工厂生产，很难将其物资的质量和市场同类物资比较，而且价格一般要比市场价高。例如供电器这一类，价格比市场价贵20%，但由于这是一家由胜利油田长期养活的残疾人福利工厂，只能是本着人道主义精神接受它的供货,强烈的社会责任感让企业背上了沉重的包袱。同样,胜利油田使用的大多数涂料也是由其下属工厂生产,一般只能使用3年左右,而市面上一般的同类型涂料可以用10年。还有上级单位指定的物资,只要符合油田使用标准,价格差不多,就必须购买指定物资。

在这样的压力下,胜利油田目前能做到的就是逐步过渡,拿出一部分采购物资来实行市场招标,一步到位是不可能的。

胜利油田的现象说明,封闭的体制是中国国有企业更新采购理念的严重阻碍。中国的大多数企业,尤其是国有企业,采购管理薄弱,计划经济、短缺经济下粗放的采购管理模式依然具有强大的惯性,采购环节漏洞带来的阻力难以消除。

一些企业的采购行为在表面上认可和接纳了物流的形式,但在封闭的市场竞争中,在操作中没有质的改变。一些采购只是利用了物流的技术与形式,但经常是为库存而采购,而大量库存实质上是企业或部门之间没有实现无缝链接的结果,库存积压的又是企业最宝贵的流动资金。这一系列的连锁反应正是造成许多企业资金紧张、效益低下的局面没有本质改观的主要原因。

二、海尔集团

与大型国有企业相比,一些已经克服了体制问题、全面融入国际市场竞争的企业,较容易接受全新的采购理念。在这类型的企业中,海尔集团走在最前沿。

海尔采取的采购策略是利用全球化网络集中采购,以规模优势降低采购成本,同时精简供应商队伍。据统计,海尔的全球供应商数量由原先的2 336家降至840家,其中国际化供应商的比例达到了71%,目前世界前500强中有44家是海尔的供应商。

对于供应商关系的管理方面,海尔采用的是SBD模式:共同发展供应业务。海尔有很多产品的设计方案是直接交给厂商来做,很多零部件是由供应商提供今后两个月市场的产品预测,并将待开发产品形成图纸。这样一来,供应商就真正成了海尔的设计部和工厂,加快了开发速度。许多供应商的厂房和海尔的仓库之间甚至不需要汽车运输,工厂的叉车直接开到海尔的仓库,大大节约了运输成本。海尔本身则侧重于核心的买卖和结算业务。这与传统的企业与供应商关系的不同在于,它从供需双方简单的买卖关系成功转型为战略合作伙伴关系,是一种共同发展的双赢策略。

实施现代采购以来,海尔的采购成本不断下降。可见,利益的获得是一切企业行为的原动力,成本降低、与供应商双赢关系的稳定发展带来的经济效益,促使众多企业以积极的态度引进和探索先进、合理的采购管理方式。

与胜利油田相似,由于企业内部尤其是大集团企业内部采购权的集中,使海尔在进行采购环节的革新时,也遇到了涉及人的观念转变和利益调整的问题。然而与胜利油田不同的是,海尔在管理中已经建立起适应现代采购和物流需求的扁平化模式,在市场竞争的自我施压过程中,海尔已经有足够的能力去解决有关人的两个基本问题:一是企业首席执行官对现代采购观念的接受和推行力度,二是示范模式的层层贯彻与执行,彻底清除采购过程中的"暗箱"。

三、通用汽车公司

与从计划模式艰难蜕变出来的大型国有企业相比,通用汽车公司的采购体系可以说是含着银匙出世,它没有必要经历体制、机构改革后的阵痛,全球集团采购策略和市场竞标体系自公司诞生之日起就自然而然地融入世界上最大的汽车集团——通用汽车的全球采购联盟系统中。

相对于尚在理论层次彷徨的众多国有企业和民营企业而言,通用的采购已经完全上升到企业经营策略的高度,并与企业的供应链管理密切结合在一起。

据统计,通用汽车在美国的采购量每年为580亿美金,全球采购金额总共达到1 400～1 500亿美金。早在1993年通用汽车就提出了全球化采购的思想,并逐步将各分部的采购权集中到总部统一管理。目前,通用下设四个地区的采购部门:北美采购委员会、亚太采购委员会、非洲采购委员会、欧洲采购委员会。四个区域的采购部门定时召开电视会议,把采购信息放到全球化的平台上来共享,在采购行为中充分利用联合采购组织的优势,协同杀价,并及时通报各地供应商的情况,把某些供应商的不良行为在全球采购系统中备案。

在资源得到合理配置的基础上,通用汽车开发了一整套供应商关系管理程序对供应商进行评估。对好的供应商采取持续发展的合作策略,并针对采购中出现的技术问题与供应商一起协商,寻找解决问题的最佳方案;而对于在评估中表现糟糕的供应商,则请其离开通用的业务体系。同时,通过对全球物流路线的整合,通用汽车将各个公司原来自行拟定的繁杂的海运线路集成简单的洲际物流线路。采购和海运路线经过整合后,不仅使总体采购成本大大降低,而且使各个公司与供应商的谈判能力也得到了质的提升。

这三种在中国市场并存的采购现象,直接反映出在不同的市场机制和管理模式下,企业变革需要面对的一些现实问题。但从另一个角度看,则会发现采购在整个企业物流管理中的重要地位已经被绝大多数的企业所认可。更多的生产企业专注于自己的核心业务,把采购物流业务外包,建立在合作基础上的现代供应链管理,无疑是对传统的采购管理模式的一次革命性的挑战。

从不同采购现象背后,可以看到采购理念在中国发展遇到的现实问题,不仅在于企业对先进思维方式的消化能力,更重要的是在不同的体制和文化背景下的执行是否通畅。而在落实理念的过程中,必须革新中国的企业文化,要求高层决策人员和中层的管理人员应当具备解决系统设计问题的能力,底层的运作人员应能解决系统操作的问题,同时必须有发现问题的能力和正确理解问题的能力。

胜利油田、海尔、通用采购比较的启示:
(1) 传统采购已经不适合企业现代物流管理的需求。
(2) 集中采购可以有效降低大宗物资采购的成本。
(3) 供应商关系的管理是采购管理的核心内容之一。
(4) 电子信息技术在采购管理中得到广泛的应用。
(5) 采购过程中各组织的信息共享可以提高采购的效率。
(6) 采购人员的素质是提高采购管理水平的重要因素。

重要概念

采购　采购管理

本章小结

采购是保证企业生产经营正常进行、保证质量、控制成本、帮助企业洞察市场的变化趋势、科学管理、决定着企业产品周转速度、合理利用物资资源等的重要保障。采购可以按采购技术、采购环节、采购政策、决定采购价格的方式、采购主体、采购对象、采购形态等七种方法分类。采购一般要遵循适时原则、适地原则、适价原则、适质原则、适量原则。采购的基本流程一般包括以下几个方面：明确需求、采购决策、编制采购计划、选择供应商、业务谈判、签订采购合同并对合同进行监管、确定采购订单、跟踪订单、物资接收和检验、货款结算、购后工作。

采购与采购管理的区别可以从性质、责任人、使命和权利等四个方面分析。采购管理的内容包括采购市场分析、采购制度建设、采购组织管理、采购合同管理、采购战略管理、采购流程管理等六个方面。采购管理的地位主要表现在价值、供应、质量、战略等四个方面。采购管理的发展趋势主要表现在作为最后一块利润之源受重视程度越来越高、信息化、集中化、专业化、职能化等五个方面。

复习思考题

一、填空题

1. 广义的采购指除了以购买的方式占有物资之外，还可以用下列各种途径取得物资的使用权，如（　　）、（　　）、（　　）来达到满足需求的目的。
2. 按采购技术分类可将采购划分为（　　）和（　　）。
3. 按决定采购价格的方式分类可将采购划分为（　　）、（　　）、（　　）、（　　）、（　　）、（　　）等六种类型。
4. 按采购对象分类可将采购划分为（　　）、（　　）、（　　）、（　　）、（　　）等五种类型。
5. 采购一般要遵循（　　）、（　　）、（　　）、（　　）、（　　）等五种原则。
6. 采购与采购管理的区别可以从（　　）、（　　）、（　　）、（　　）四个方面来分析。
7. 采购管理的内容包括（　　）、（　　）、（　　）、（　　）、（　　）、（　　）等六个方面。
8. 采购管理的地位主要表现在（　　）、（　　）、（　　）、（　　）等四个方面。

二、单项选择题

1. （　　）是企业将一些与企业核心业务关联性不强的业务包给别的专业公司，以取得专业优势，从而降低成本的一种新型采购方式。
   A. 外包　　　　　　B. 交换　　　　　　C. 租赁　　　　　　D. 承包
2. （　　）指采购人员与厂家谈判，讨价还价，谈定价格后方进行采购。
   A. 询价采购　　　　B. 比价采购　　　　C. 议价采购　　　　D. 定价采购
3. （　　）不属于集团采购。
   A. 个人采购　　　　B. 团体采购　　　　C. 企业采购　　　　D. 政府采购
4. （　　）指的是在产品制造过程中除原料之外，被使用或消耗的材料。
   A. 半成品　　　　　B. 辅助材料　　　　C. 投资品　　　　　D. 零部件
5. （　　）不属于MRO物资。
   A. 办公用品　　　　B. 维护材料　　　　C. 备件　　　　　　D. 建材
6. （　　）不属于无形采购。
   A. 技术　　　　　　B. 服务　　　　　　C. 工程发包　　　　D. 辅助材料
7. 不属于采购战略管理的是（　　）。
   A. 采购品种战略　　B. 供应商战略　　　C. 采购人才战略　　D. 跨国采购战略
8. 以下说法不正确的是（　　）。

A. 采购成本是企业成本管理中的主体和核心部分
B. 采购从供应的角度来说,是整体供应链管理中"下游控制"的主导力量
C. 采购物资不只是价格问题(而且大部分不是价格因素),更多的是质量水平、质量保证能力、售后服务、产品服务水平、综合实力等
D. 采购不但能够减少所采购的物资或服务的价格,而且能够通过多种方式增加企业的价值

三、判断题

1. "购买"和"采购"在概念上是一样的。(　　)
2. 采购是商流过程和物流过程的统一。(　　)
3. 订货点采购属于传统采购。(　　)
4. 分散采购的特点是支付条件宽松,优惠条件增多,专业性强,责任大。(　　)
5. 在实际的采购活动中,采购主体一般只使用一种采购方式。(　　)
6. 政府采购属于集团采购。(　　)
7. 工程发包属于有形采购。(　　)
8. 采购就是采购管理,两者含义一致。(　　)

四、简答题

1. 简述采购的作用。
2. 简述采购应遵循的基本原则。
3. 简述采购的基本程序。
4. 采购管理的内容包含哪些方面?
5. 简述采购管理的地位。
6. 简述管理的发展趋势。

五、案例分析

案例1

惠普公司采购模式的转变

在经过几十年的高速发展之后,惠普公司近几年来的发展速度有所减缓,似乎开始在向人们暗示惠普公司"分而治之"的经营战略的确有其隐含的不利因素,其中较明显的一点就是由于各部门分散采购,惠普采购的办公设备、文具用品及各项服务都是惊人地昂贵,因此公司每年在这些项目上的开销都是一个天文数字。

惠普公司对这个问题早有察觉。调查发现,惠普公司的采购行为过于分散,过于随便,缺乏统一的规划与控制,许多雇员自己跑到附近的电脑与办公用品公司去随意采购所需物资拿回来报销,而不是到与惠普公司有供应协议的供应商那儿去采购,致使采购成本居高不下。

因此,惠普公司立即着手探讨建立一个基于网络的采购系统,全面实现采购的决策与实施过程无纸化。作为这个过程的一个副产品,惠普公司得以对它庞大的供应商资料库中的十万个供货点进行筛选,只留下最可靠的、最高效的、能够进行网上交易的少数大型供应商。

在各种各样的软件选择方案中,公司的电子采购组最终选定了 Ariba 采购系统,并于1999年9月正式启动。在4个多月的试运行时间里,这套系统先后接待了100多个用户。运行的结果使惠普公司的管理层确信:Ariba 网上采购方案将能让公司每年在MRO(维护、修理与运行)项目上的支出减少6 000万到1亿美元。

案例1思考题：
(1) 惠普公司在采购管理中存在哪些问题？
(2) 惠普公司采取了哪些措施来降低采购成本？

案例2

药品的电子采购

为了提高医院药品采购透明度，纠正药品销售中的不正之风，保证药品质量，降低药品采购价格，减轻群众不合理负担，国内许多省市政府和卫生系统纷纷推行药品公开招标采购。由于药品集中招标采购，多家医院同时招标，参与竞标的药品经销商和厂家数量众多，招标药品种类繁杂，再加上招标步骤必须遵循法律法规，程序严格，因此招标工作本身工作量非常巨大，如使用传统的人工方式处理，不仅耗力、费时、效率低，人为因素也难以排除。同时，药品是一种特殊的商品，具备严格、统一、完善的技术标准、名称、质量体系，而且流通量大，单位价值高，因此非常适合采用电子商务方式进行采购。而电子采购具有以下优势：①提高了通信速度；②加强了信息交流；③降低了成本；④加强了联系，提高了服务质量；⑤服务时间延长；⑥增强了企业竞争力。因此，卫生部门决定采用电子招标采购的方式解决困扰已久的问题。

案例2思考题：
(1) 简述电子采购的优势。
(2) 简述电子采购的程序。

第二章 采购组织架构

◆ **学习目标**

①理解采购组织的概念、采购组织设计的原则；

②掌握采购组织的类型、采购组织设计的类型、采购组织设计的步骤、采购组织的职责、采购人员的素质；

③能够结合企业物流实际对采购组织进行设计。

国美电器与沃尔玛采购组织结构的比较

多年来，国美电器始终坚持"薄利多销、服务争先"的经营策略并建立了相对应的采购组织结构。为保证国美的价格优势，国美经营业务实行总部统一管理、统一订货、同购分销，并采用大单采购、买断、包销、订制等多种营销手段。这种规模化发展策略最大限度地降低了经营成本，使费用分摊变薄，以求得更实效、更迅速地扩展国美电器公司的连锁之路。

沃尔玛在中国的经营始终坚持本地采购，提供更多的就业机会，支持当地制造业，促进当地经济的发展，并建立了与之相对应的采购组织结构。目前，沃尔玛中国销售的产品中本地产品达到95%以上，与近2万供应商建立了合作伙伴关系。沃尔玛挑选供应商的标准：一是物美价廉，要能够及时交货；二是供应商要遵守纪律；三是供应商要达到一定规模。沃尔玛对任何一个供应商的采购量一般不超过给供应商50%的供货生意，避免独家供应带来的问题。

思考题：

(1) 简述国美电器所采用的采购组织结构及相应的特点。

(2) 简述沃尔玛所采用的采购组织结构及相应的特点。

知识点一 采购组织的类型

采购组织是指为了完成企业的采购任务，保证生产经营活动顺利进行，由采购人员按照一定的规则组成的一种采购团队。

采购组织的定位非常依赖于管理层对于采购职能所持的看法：当管理层将采购视为一个重要的竞争因素且对企业具有战略重要性时，采购组织负责人就很有可能直接向最高领导汇报，从而使采购组织在企业组织中处于比较高的地位；但当管理层将采购职能主要看作业务活动时，就会造成采购组织部门在企业组织等级中处于相当低的地位。

企业的采购组织必须考虑不同的企业组织结构的特点及其适用的采购模式，同时还要充分考虑企业的战略和竞争环境。伴随着企业组织结构的演变，采购组织结构也经历了分权式采购组织—集权式采购组织—混合式采购组织—虚拟采购组织等阶段。

一、分权式采购组织

分权式采购组织指企业把与采购相关的职责和工作分别授予各个经营单位来执行。这样，各个经营单位自己负责完成自身的采购任务，无须向企业总部汇报。在这种制度下，企业总部没有统一集中的采购部门，而是在企业总部下属的各个经营单位设立相应的采购中心，按照规定完成所属经营单位的采购任务。

分权式采购组织如图 2-1 所示。

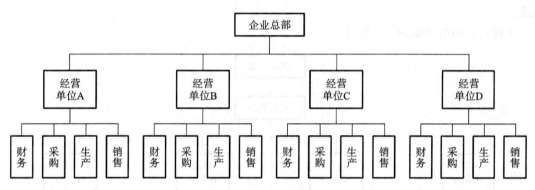

图 2-1　分权式采购组织

（一）分权式采购组织的优点

分权式采购组织具有如下优点：

（1）可以自主、灵活地处理各项作业，增加物资采购的多样性。

（2）采购速度快，对客户需求的反应速度快。

（3）可进行区域性物资采购，仓储管理方便。

（4）各经营单位的管理者对本单位所有的采购活动负完全责任，也对本单位的财务后果负责，因此积极性较高。

（二）分权式采购组织的缺点

企业下属不同的经营单位可能会与同一个供应商就同一种物资进行谈判，结果达成了不同的采购情境。当供应商的能力吃紧时，同一企业下属的不同经营单位相互之间会成为真正的竞争者，从而降低企业整体采购的效益。

分权式采购组织的缺点具体表现在以下几个方面：

（1）采购数量分割，难以与供应商形成长期稳定的关系，不利于获得优惠的价格和服务。

（2）采购作业分散，人员配备增加，使得整个采购成本增加，企业采购运作效率下降，不利于采购专业人才的培养。

（3）采购分散，不利于企业统一核算，采购活动的协调和监控较为困难。

（三）分权式采购组织的适用条件

分权式采购组织比较适合以下五类物资的采购：

（1）批量比较少的物资的采购。

（2）价值比较低的物资的采购。

(3)市场上供应资源比较有保障的物资的采购。
(4)距离总部较远,如异地或异国物资的采购。
(5)研发过程中试验性物资的采购。

二、集权式采购组织

集权式采购组织指企业将采购相关的职责或工作集中授予一个部门,一般是企业总部来执行,在组织结构上是为了建立综合的物资管理体系而设立的管理责任一元化结构。在这种制度下,各经营单位都无采购权利,各经营单位所需物资的采购均由企业总部统一设置的采购部门来执行。

集权式采购组织如图 2-2 所示。

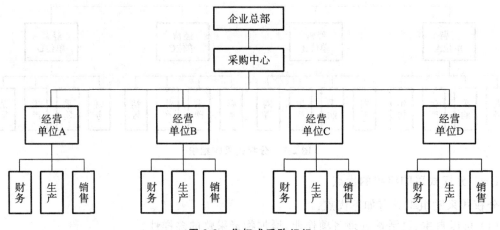

图 2-2　集权式采购组织

(一)集权式采购组织的优点

集权式采购组织的优点主要表现在规模经济效益、业务活动的协调、业务活动的控制等三个方面。

1. 规模经济效益

集权式采购组织的规模经济效益主要表现在以下几个方面:
(1)货量的集中可形成价格的批量折扣或优惠。
(2)与采购部门打交道促使供应商去争取拿到一个企业需求的全部或比例可观的订单。
(3)通过与供应商在较长的生产周期中共同分摊经常性管理费用而获得相对低廉的价格。
(4)可根据主要物资种类来聘用专业技术人员。
(5)可聘用专业的辅助工作人员,如为大量海外订购任务聘用办理进出口手续方面的专业人员。
(6)行政开支成本较低,比如,一次处理价值 10 万元人民币的订单比 10 次处理每次 1 万元人民币的订单更合算。

2. 业务活动的协调

集权式采购组织可以协调企业的采购业务活动,具体包括以下几个方面的活动。
(1)统一的采购政策。

(2) 遵循统一采购程序步骤。
(3) 消除了一个组织机构中多个部门竞相采购物资的现象。
(4) 采用企业统一的技术规范,使标准化工作易于推进。
(5) 方便确定订单数量和送货日期。
(6) 可以协调备用服务,特别是库存控制和生产进程。
(7) 可以系统地进行对从事采购工作的员工的培训。
(8) 协助配合进行关于货源、货量和供方表现方面的深入研究。
(9) 对供应商来说,与一个集中的采购部门联系比与大批单独的经营单位的采购部门联系要方便得多。

3. 业务活动的控制

集权式采购组织对业务活动的控制主要表现在以下几个方面:
(1) 采购部门可成立独立的成本中心,即一个成本可以落实的单位,也可以成立独立的利润中心,即一个自负盈亏的单位。
(2) 预算控制可同时针对采购部门和供应的总开支。
(3) 由集中采购取得的统一采购价格,有助于成本统一。
(4) 通过减少废品,降低因多余库存量带来的资本利息损失等。
(5) 可贯彻即时采购(JIT)和企业生产资源计划(ERP)等措施。

(二) 集权式采购组织的缺点

集权式采购组织的缺点主要表现在以下两个方面:
(1) 采购流程较长,手续较多,耗费时间较多,不利于进行紧急、临时的采购。
(2) 采购绩效很难评估,容易出现采购物资与使用单位所需不符的现象。

(三) 集权式采购组织的适用条件

集权式采购组织比较适合以下四类物资的采购:
(1) 大宗和批量的物资。
(2) 价格较高的物资。
(3) 关键的零部件。
(4) 保密性强的物资。

三、混合式采购组织

混合式采购组织指在企业级的层次上存在着采购部门,企业下属的经营单位也有相应的采购部门。混合式采购组织集合了集权式采购组织和分权式采购组织的特点,采购活动通过混合式采购组织实行决策集中、执行分散的协调运用,实现整个组织的有效运作。

在混合式采购组织结构下,企业在总部设立总的中心采购部,其主要工作是实现对企业各经营单位共同所需物资,采购金额或数量较大、国外采购的物资及政策性和技术性的采购;企业同时在下属的各经营单位设置采购部门,主要对本经营单位单独需要的物资、采购金额或数量较低的物资、需求较紧急的物资实施采购。

混合式采购组织如图 2-3 所示。

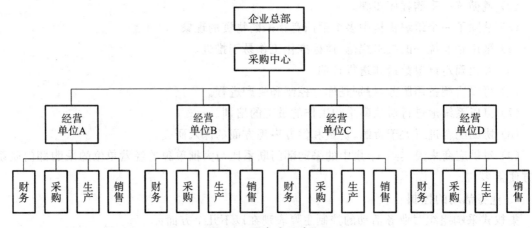

图 2-3 混合式采购组织

(一)混合式采购组织的分工

企业总部的中心采购部与各经营单位的采购部的分工一般如下:

(1) 企业总部的中心采购部通常处理与采购程序和方针相关的工作。

(2) 企业总部的中心采购部定期对各经营单位的采购工作进行审计。

(3) 企业总部的中心采购部对战略采购品进行详细的供应市场研究,各经营单位的采购部门可以参考使用。

(4) 企业总部的中心采购部协调、解决各经营单位之间的采购工作。

(5) 企业总部的中心采购部不进行战术采购活动,此类采购活动完全由各经营单位的采购部门组织实施。

(6) 企业总部的中心采购部可对各经营单位采购部门的人力资源进行管理。

混合式采购组织集合了集权式采购组织和分权式采购组织的特点,通过二者的有机结合,在采购方式的选择上更能因地制宜、有的放矢,为企业带来更高的效益。

(二)混合式采购组织的优点

混合式采购组织有利于企业根据特殊需要和业务重点,对所采购的各类物资有选择性地采用不同的组织进行管理,灵活性较强,还可以根据外部环境和业务活动的变化及时进行调整。

(三)混合式采购组织的缺点

混合式采购组织的缺点主要表现在以下两个方面:

(1) 混合式采购组织结构不够规范,容易造成管理上的混乱。

(2) 所设各经营单位的采购部门之间差异很大,不利于协调与合作,也不利于树立完整的企业形象。

(四)混合式采购组织的适用条件

混合式采购组织一般适合企业规模较大、企业下属各经营单位分布地域比较广且设立在不同地域及采购物资的种类差别较大的物资的采购。

四、虚拟采购组织

虚拟采购是以计算机网络技术进行采购的运作与管理,有效完成采购任务的方式,即多个具有互补资源和技术的企业,为了实现资源共享、风险共担、优势互补等特点的战略目标,在保持自身独立性的条件下,建立的较为稳定的合作伙伴关系。虚拟采购是利用日益完善的通信网络技术及手段,将分布于全球的企业采购资源虚拟整合为一个大型物流支持系统,以快速、精确、稳定地完成采购的任务,满足企业的相应生产或商业运作需求。

虚拟采购组织的实质就是采购信息集成平台,以获取采购领域的规模化效益为目的,以先进的信息技术为基础,以共享此采购信息为纽带而构建的企业间的动态联盟。

（一）虚拟采购组织的优点

虚拟采购组织的优点表现在以下四个方面：

（1）建立采购信息集成平台,合作企业实现相互间的信息共享。

（2）合作企业可在采购信息集成平台上实施电子采购,实现采购的网上交易,提高采购活动的效率。

（3）组织结构具有动态性,能够快速反应市场的变化,快速接受新的信息,灵敏性较高,尤其对复杂的采购项目具有独特的优势。

（4）通过有效地利用信息技术和网络技术,各成员企业及各个环节的人员都能参与到采购的项目中来,可以有效促进整个组织的创新意识,有利于专业人员的培训。

（二）虚拟采购组织的缺点

虚拟采购组织的缺点表现在以下三个方面：

（1）对企业的信息化程度要求较高,参与企业必须在信息化建设方面投入较大的资金。

（2）对虚拟组织中人员素质的要求较高,参与企业需要花大力气对参与人员进行培训。

（3）稳定性较差,一般在采购项目完成后联盟便解散。

（三）虚拟采购组织的组成要素

虚拟采购组织的参与企业必须具有与采购相关的核心能力或服务、计算机网络技术、彼此间的信任和合作等三个方面的要素。

1. 具有与采购相关的核心能力或服务

企业与其他企业之间建立虚拟的采购组织,必须具备与采购相关的核心能力或服务,这样才能为其他企业所用,满足其他企业相应的需求,在此基础上实现与其他企业的相互协作,实现资源共享。

2. 计算机网络技术

计算机网络技术的应用与发展是虚拟采购组织赖以生存的基础,通过计算机网络技术可以把分布在全球不同地方的优秀的资源集合起来构成相应的采购组织,通过相互间的协同,实现采购的规模效益。

3. 彼此间的信任和合作

参与虚拟采购组织的企业可以是没有竞争关系的企业,也可以是有竞争关系的企业,但为了企业的生存和发展,为了实现自身效益目标,这些企业彼此之间相互合作、相互信赖,为竞争而合作,靠合作来竞争,从而达成虚拟采购组织的共同利益。

（四）虚拟采购组织的适用条件

虚拟采购组织适合信息化程度比较高的企业的采购活动,以及创新性较强的采购项目。

知识点二　采购组织的设计

采购组织的设计指将采购组织内部的部门专业化、具体化，也就是将采购部门应负责的各项功能组织起来，并以分工方式建立不同的部门来加以执行。

采购组织的设计是企业管理层一项重要的工作，必须根据企业的规模、采购在企业业务中的地位、企业所采用的采购方式等因素确定。

一、采购组织设计的原则

采购组织的设计一般需遵循统一原则、闭环原则、精简原则、高效原则、责权利三结合原则等。

（一）统一原则

任何一个采购组织要想顺利地完成所负责的采购任务，都必须遵守上下一心、齐心协力、遵循统一的原则。一般而言，统一原则主要包括目标统一原则、战略匹配统一原则和指挥统一原则。

（二）闭环原则

为保证采购业务执行过程中的决策、计划、执行和监控的有效性，采购组织内部的沟通机制（如信息流）应形成闭环管理。

（三）精简原则

精简原则的出发点是"人尽其才"，即设计采购组织机构时，其岗位应按照刚好的原则为准，有效规避岗位重复、人员闲置等不良现象。最终的目的是让组织内每一名成员都能最大限度地发挥潜能。

（四）高效原则

采购处于企业经营环节的前端，其效率关系到企业的整体运营效率。所以，采购工作要高效开展，该组织机构必须以高效运转为基本设置目标。

（五）责权利三结合原则

当企业责权利不统一的时候往往会出现有责无权、责任难以落实，甚至滥用职权等不良现象，因此，采购组织必须实现责权利的对等与统一。绝大多数成功的企业都会在采购组织中实施责权利相互制衡的管理方式。

二、采购组织设计的类型

采购组织根据不同的标准可以设计不同的类型，一般可以分为按层级设计、按采购地区设计、按采购物资的类别设计、按采购物资的价值或重要性设计、按采购功能设计、混合式设计等六种。

（一）按层级设计

按层级可以将采购组织设计分为直线式采购组织、直线职能式采购组织、事业部式采购组织及矩阵式采购组织等四种类型。

1. 直线式采购组织

直线式采购组织是由一个上级主管直接管理多个下级的组织结构形式,采购部门是多个下级组织之一。

直线式采购组织如图 2-4 所示。

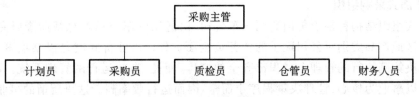

图 2-4　直线式采购组织

直线式采购组织的优势在于"直接指挥",可以做到:①有利于加强管理控制的强度;②有利于加强管理责任的力度;③实现有效交流沟通,使管理符合实际;④能够实现个性化管理。

直线式采购组织最直接有效,可以提高管理效率,避免采购组织内部互踢皮球、不负责任、擦边溜号等低效率的管理。例如厂长与车间主任之间、科长与科员之间等,都是典型的直线式管理关系。

直线式采购组织适合于中小型企业的采购管理,由采购经理直接管理采购员。

2. 直线职能式采购组织

直线职能式采购组织是在直线式采购组织结构的基础上,再加上相应的职能管理部门,帮助采购经理决策,承担管理职能的组织结构形式。

直线职能式采购组织中的职能管理部门相当于直线式能力的扩大,这些职能机构都是具有某种职能的一个组合体,帮助上级来管理下级,能克服原来直线式采购组织结构中管理者受个人能力限制而管理不宽、不大、不深入的缺点,在职能人员的协助下,可以对下级管理得更宽、更韧、更深入。

直线职能式采购组织如图 2-5 所示。

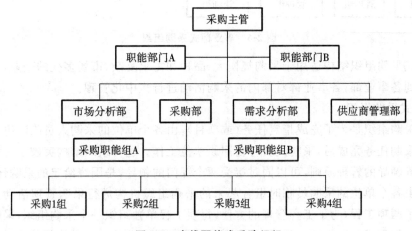

图 2-5　直线职能式采购组织

直线职能式采购组织结构适用于大型的、复杂的采购管理系统。现在一般的企业事业单位、政府机构大量采用的管理组织形式就是直线职能式。例如采购管理科,如果采用直线职能式采购组织,在由科长和采购员组成直线式管理关系的基础上给科长配几个职能人员,如需求分析员、市场分析员、供应商管理员、采购计划员、采购统计员、财务管理员等,帮助科长进行各个职能管理的具体工作,协助科长做好采购管理工作,由科长对采购员下达科学具体的工作指令。

3. 事业部式采购组织

事业部式组织结构首创于美国通用汽车公司,由通用汽车公司副总裁斯隆研究设计,事业部一般按地区或产品类别对公司赋予的任务负全面责任。事业部式就是以某项事业为核心组成的一个从决策到执行的管理全过程都齐全的精悍、便捷、高效运行的管理系统。事业部式的基本特点是以事业为核心、管理决策程序小而全,因而运行效率高。这里所谓的事业,是指某种专一化的业务职能,如专营某种产品,或者专营某个市场,或者专司某种职能。企业只对事业部的发展方向、规模、业绩、主要财务、主要人事等进行大方向控制,不参与具体事务的管理和控制。

事业部式采购组织又称分权制采购组织或部门化采购组织,即专司采购管理的事业部,专门进行采购管理,包含采购有关的各种事务处理、审批、决策在内的一个小而全、效率高的组织机构,在这个机构内,权力相对集中,所有的采购事务处理、决策等全都可以在内部解决,避免了跨部处理、逐级上报审批等烦琐手续,可以节省大量处理时间,提高工作效率。

事业部式采购组织如图 2-6 所示。

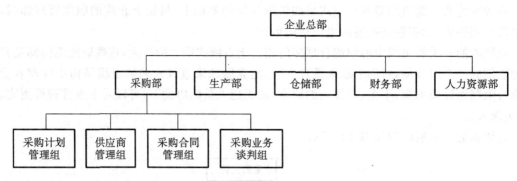

图 2-6 事业部式采购组织

事业部式采购组织结构适用于采购规模大、品种和需求复杂、市场多变的企业,企业总部将采购权分散到各事业部,各事业部对部内的采购活动进行集中化管理。

4. 矩阵式采购组织

矩阵式采购组织是为了完成指定任务(或项目),由各个单位的采购人员临时组成的一个组织机构。当采购任务完成后,采购人员各自回原单位工作。这种组织结构突破了一名采购人员只受一个主管领导的管理原则,可以同时接受两个部门的领导,是围绕给定的采购任务(一般是临时性的),由各个单位的采购员临时组合起来的采购组织机构进行采购管理活动。例如某企业同时承接了两项工程,为了工程管理的方便,每项工程单独组织一个采购组织,采购任务 1 和采购任务 2 分别组成采购管理小组,这个小组的成员都是企业的各个职能部门临时抽出来组成的,采购小组全权负责本项目任务的采购工作。在采购任务执行过程中,来自各个职能部门的人员受小组直接领导,同时也受原部门的职能业务指导,在协助本项目完成后,项目的采购任务也结束,小组解散,成员回到各自原来的部门。

矩阵式采购组织如图 2-7 所示。

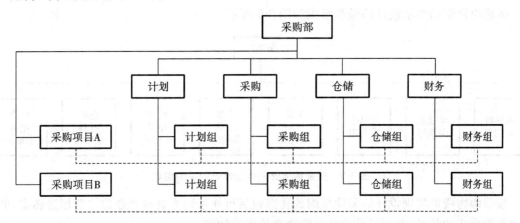

图 2-7　矩阵式采购组织

矩阵式采购组织的优点是采购任务的目的性很强，组织具有柔性化，能够提高企业的采购效率，降低采购成本。

矩阵式采购组织的缺点是双重领导容易导致职能部门之间意见不一致，影响业务活动的正常进行。

矩阵式采购组织主要适合于生产复杂、需要采购多种物资的采购。

（二）按采购地区设计

按物资采购的来源分设不同单位，如国内采购部、国外采购部。这种采购部门的划分主要是因为国内、外采购的对象及交易的手续有巨大的差异，因而对采购人员的工作要求也不尽相同，所以应分别设立部门加以管理以区别对待。采购人员须就相同物资比较国内、外采购的优劣，规定物资应划归为哪一个部门办理。国外的不同国家之间、国内的不同地区之间在采购的环境、法规等方面也存在较大差异，因此，在把采购组织划分为国内、国外两个的基础上还应进一步进行细分。

按采购地区设计的采购组织如图 2-8 所示。

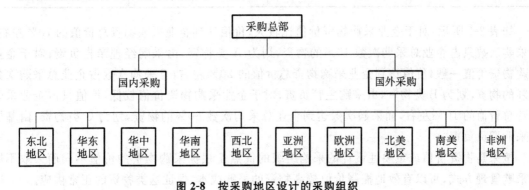

图 2-8　按采购地区设计的采购组织

（三）按采购物资的类别设计

不同的物资有不同的特点，按采购物资的类别可将采购组织划分为不同的部门，分别负责主要物资、一般物资、周转物资及其设备、零部件、工程发包、维护和保养物资等类别，将采购工作分由不同单位的人员办理。

按采购物资的类别设计的采购组织如图2-9所示。

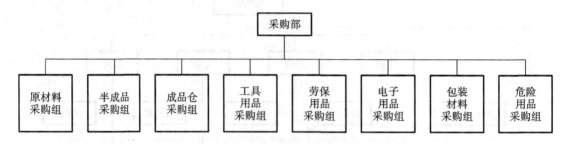

图 2-9　按采购物资的类别设计的采购组织

按采购物资的类别设计的采购组织的优点包括可使采购人员对经办的物资相当熟悉,能够达到熟能生巧的效果,有利于采购员采购物美价廉的物资。

按采购物资的类别设计的采购组织的缺点主要表现为当企业采购物资的类别比较多时,设立的部门会比较多,会增加采购人员的数量并提高组织的管理成本。

按采购物资的类别设计的采购组织一般适合采购物资种类繁多的企业。

(四) 按采购物资的价值或重要性设计

采购次数少但价值高的物资由采购管理人员负责,反之,则授予基层采购人员负责。

这种建立采购部门的方式,可以让采购管理人员对重要物资的采购全力以赴,达到降低成本的目的,并让采购管理人员有多余的时间对采购部门的人员与工作绩效加以管理。具体物资的价值与对应承办人员的关系如表2-1所示。

表 2-1　物资的价值与对应承办人员的关系

物资类别	物资价值(占总价值)	采购次数(占总次数)	承办人员
A	70%	10%	采购经理
B	20%	30%	采购主管
C	10%	60%	采购职员

如表2-1所示:对于企业采购物资价值比较大、价值达到企业采购物资总价值的70%左右,且采购次数只占企业总采购次数10%的物资,划为A类物资,由采购经理亲自负责;对于企业采购物资价值一般,价值达到企业采购物资总价值的20%左右,且采购次数占企业总采购次数30%的物资,划为B类物资,由采购主管负责;对于企业采购物资价值较低,价值只占企业采购物资总价值的10%左右,而采购次数达到企业总采购次数60%的物资,划为C类物资,由基层的采购职员负责。

按采购物资价值或重要性设计的采购组织的优点是根据采购物资的价值不同而采取不同的采购管理方式,可以有效地控制价值较高物资的采购成本,保证这类物资的正常供应。

按采购物资价值或重要性设计的采购组织的缺点是管理层对价值较低但采购次数较多的物资关注度不够。这类物资的价值虽然低,但并不意味着这类物资在生产中的重要性低。由于管理层重视不够,这类物资的采购过程可能因控制不佳而给企业的正常生产或商业运行带来负面影响。

（五）按采购功能设计

根据采购功能的不同,可将采购组织划分为供应商开发、议价招标、比价议标、决标签约、稽催履约等不同部门。

按采购功能设计的采购组织如图 2-10 所示。

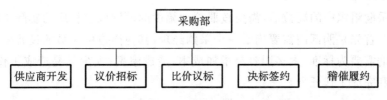

图 2-10　按采购功能设计的采购组织

按采购功能设计的采购组织结构适合于采购量大、采购物资品种少、交货期长的企业,借此可将采购工作专业化,以避免由一位采购人员担任全部有关作业可能造成的不利情况。

（六）混合式设计

不同的企业有不同的特点,一般企业以物资、地区、价值、业务等为基础,可以形成不同的混合式组织形式,也就是综合运用上面各种采购组织的设计方法。

混合式设计的采购组织如图 2-11 所示。

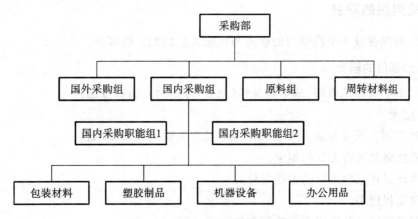

图 2-11　混合式设计的采购组织

总之,不同的企业要充分分析企业自身的特点,考虑企业内外部的影响因素,建立适合本企业的采购组织结构。同时要注意的是,企业的采购组织建立之后短期内虽然是稳定的,但从长期看并不是一成不变的,随着企业所面临的内外部环境的变化,要不断调整企业的采购组织结构,以便更好地适应环境,完成采购任务,最终实现企业的目标。

三、采购组织设计的步骤

进行采购组织的设计可以从以下三个方面进行。

（一）确定企业的采购组织结构类型

首先了解企业自身的性质、规模以及相应的管理水平,然后结合各类采购组织的特点,选择适合企业自身的组织结构。

(二) 进行采购组织中岗位的设置

在选定采购组织类型后,根据该类型下的采购组织结构,以及其相应的管理职能,设定各个岗位,依据职责清晰的原则,明确每一个岗位的责任和权利,做到权责分明、权责统一。

(三) 进行岗位中人员的设置

在确定了采购组织中的岗位后,需要按照管理幅度的原则以及相应的实际工作量来配备相应的人员数量。首先采购部门需要确定一个采购经理,其他岗位中人员的设置要使人员的数量以能满足工作的需要为标准:太多则容易增加成本,造成浪费;太少又易造成工作的延误,难以满足工作要求和完成工作任务。

知识点三 采购组织的职责和人员素质

采购组织的职责指与采购工作直接或间接相关的活动,主要涉及采购部门的职责及采购人员的职责等部分。

采购人员的素质指采购人员的天资、思想、品德、知识、能力的总称,即采购员应具备的基本条件。

一、采购组织的职责

采购组织的职责分为采购部门的职责与采购人员的职责两部分。

(一) 采购部门的职责

采购部门的职责需从战略、战术和操作(业务)等三个方面来考虑。

1. 战略层次

战略层次方面主要涉及企业发展和地位的长期采购决策事项,如:

(1) 采购战略与运营方针的制定。

(2) 采购计划和采购预算的审核与修订。

(3) 采购流程规划。

(4) 长期采购协议和供应商战略的制定。

(5) 自制与采购决策。

(6) 重大采购与投资决策。

(7) 关联企业价格和供应政策的制定。

(8) 采购物流控制。

2. 战术层次

战术层次方面需要关注对采购具有较长时间(如 1～3 年)影响的采购职能、流程和供应商选择因素,如:

(1) 供应商协议。

(2) 供应商开发。

(3) 选择与认证的程序与标准。

(4) 价值分析和成本控制。

3. 业务层次

业务层次方面主要是与采购洽商、合同履行和采购预算控制等操作性业务相关的活动,如:
(1) 订购过程诸环节的实施。
(2) 交货控制。
(3) 供应商绩效监控与考评。
(4) 预算控制和采购纠纷的解决。

某企业采购部门制订的各项具体工作

1. 贯彻执行企业制定的各项战略、方针、规划、政策及综合性计划。
2. 负责企业采购业务方面的管理,完成企业下达的采购指标及业务目标。
3. 负责建立完整、严密的采购管理制度,规范采购工作流程、工作规范及各项采购业务标准,并监督检查执行情况。
4. 负责协助企业制订采购部门的年、季、月、周阶段工作计划及各个专项工作计划,并组织实施。
5. 筛选合作的供应商。
6. 负责年度采购指标的分解并组织实施日常采购工作,谨慎选择适合本企业客户群的物资。
7. 负责组织配置采购部门的各类资源,在优化物资结构的基础上,开发并统筹采购适销对路的物资。
8. 负责监督各类物资的进、销、存工作,加强存货的监控调配,降低企业营运成本。
9. 负责与供应商的日常事务联络及相关问题的处理。
10. 定期召开采购部门例会,检查督促各岗位工作职责的执行情况及工作计划的完成情况,最大限度地减少或避免因滞销、过期物资造成的经济损失。
11. 定期评估考核采购部门人员业绩及业务素质,定期安排有关采购业务及采购管理技能等方面的培训。
12. 对企业各项采购成本及采购部门办公费用的控制。
13. 负责进行采购部门各项业务数据及相关资料的统计分析及维护,定期向相关部门及人员提供统计分析结果。
14. 负责各类采购协议、合同及供应商资料等采购业务方面档案管理。
15. 负责处理采购部门发生的各类突发事件。

(二) 采购人员的职责

采购人员的职责分为采购经理的职责和采购员工的职责两部分。

1. 采购经理的职责

(1) 主管企业物资采购工作,确保质量、环境管理体系在采购部门的正常运行。
(2) 对物资采购过程的文件编制、供方评价、选择、进货验收等工作实施控制。
(3) 对物资搬运、贮存、发放及标识负监督检查责任。

（4）对供应商提供的物资负有验证、标识、贮存保护责任。
（5）严格遵守库房管理制度，做到账、卡、物一致，对易燃易爆品、危险品做好维护与贮存。
（6）负责对采购过程中发现的不合格、不适用物资的处置工作并保存记录。
（7）对物资供应不及时，质量不符合要求，盲目采购，影响公司生产或造成的超储、积压浪费负责。

海尔公司采购经理岗位职责

1. 参与模块供应商交互；
2. 模块商合同谈判及签订；
3. 组织招标；
4. 产销协调；
5. 参与模块商定性部分评估；
6. 供应商动态优化。

2. 采购员工的职责

（1）熟悉所负责物资的规格型号，熟悉所负责物资的相关标准，并对采购订单的要求、交期进行掌控。
（2）熟悉所负责物资的市场价格，了解相关物资的市场来源，降低采购成本，每月提交物资价格跟踪情况表及市场调查报告。
（3）遵循适价、适时、适量的采购原则，组织生产、仓管、财务人员对供应商进行评审和考核，并及时更新相关的合格供应商一览表。
（4）配合需求部门将物资采购到位，确保生产顺利进行，并做好物资交货异常信息反馈日报表。
（5）对重点物资进行重点跟进并及时解决到货异常。
（6）追踪物资审查决议的执行情况，积极跟踪供应商品质改善，将供应商回复的结果及时反馈到仓管部。
（7）追踪外发加工产品全部回仓及跟进外发余料库存情况。
（8）跟催相关部门对样品的确认结果并在当日内回交供应商。
（9）协助财务中心做好对账工作。
（10）定期或不定期向采购主管汇报工作。
（11）服从上级临时安排的其他工作。

二、采购人员的素质

采购人员的素质应从思想品德素质、知识素质、能力素质等三个方面综合考虑。

（一）采购人员的思想品德素质

采购工作没有固定规则可循，加上采购行为稽查困难，使得采购工作是"良心工作"。因此，觉悟高、品行端正是一个采购员应有的基本素质，只有思想品德高尚，才能大公无私、克己奉公，处处为企业大局着想,不贪图个人小利。在实际工作中,许多采购人员拿回扣,要好处费,或借采购之机游山玩水,造成企业采购费用开支过大,或采购物资质量低劣,给企业造成巨大损失。因此,对采购人员的思想品德素质要求应放在首要位置,具体应包含以下几个方面的内容:

(1) 牢记依法治国的理念,遵守国家、行业在采购方面的法律法规。

(2) 胸怀坦白,大公无私。

(3) 有很强的工作责任心和敬业精神。

(4) 树立良好的职业道德,把企业的利益放在首位,严格把好采购关。

(5) 良好的心理素质。采购工作是一项重要、艰巨的工作,要与企业内外方方面面的人打交道,经常会受到来自企业内外的"责难",采购人员应具有应付复杂情况和处理各种纠纷的能力,在工作中被误解时,能在心理上承受得住各种各样的压力。

(二) 采购人员的知识素质

在采购工作中,一方面采购人员要与不同类型的供货商打交道;另一方面,采购的物资品种繁多、规格不一,且市场上物资的供求变化快。为此,采购人员应该具备承担采购任务所需要的相关知识。这些知识包括政策、法律知识,市场学知识,业务基础知识,社会心理,文化基础知识,自然科学知识等内容。

(1) 政策、法律知识。政策、法律知识包括国家出台的各种相关法律、价格政策、专营方向,维护国家与企业利益。

(2) 市场学知识。了解消费者需要,掌握市场细分策略以及产品、价格、渠道、促销方面知识,才能合理地选择采购物资的品种,从而保证采购的物资适销对路。

(3) 业务基础知识。业务基础知识包括谈判技巧、物资知识(物资功能、用途、成本、品质)、签约的基本知识等。这是做好采购工作的关键,将有助于与供应商的沟通,能主动进行价值分析,开发新来源或替代品,有助于降低采购成本。

(4) 社会心理。了解客户的心理活动,把握市场消费者的心理需求,从而提高采购工作的针对性。

(5) 文化基础知识。这是其他知识的基础,一个文盲是干不好采购工作的。

(6) 自然科学知识。自然科学知识包括自然条件、地理、气候、环境变化以及数理知识和计算机知识,将现代科技知识用于采购过程,把握市场变化规律,从而提高采购工作的效率与准确性。

(三) 采购人员的能力素质

知识不等于能力,国外心理学家研究表明,要办好一件事,知识起的作用只有四分之一,而能力起的作用占四分之三,可见能力更为重要。因此,要做好采购工作,采购人员也应具备相应的能力,这些能力包括分析能力、协作能力、表达能力、预测能力。

(1) 分析能力。首先,采购人员能够分析企业产品在市场上的需求状况及其发展趋势;其次,采购人员能够分析供货商的销售心理以及消费者的购买心理,从而在采购工作中做到知己知彼、有的放矢;采购人员还应具有成本分析和价值分析能力,会精打细算,单纯追求物资的品质,会增加购买物资的价格,而盲目追求价廉,则必须支付品质低劣的代价或伤害与供应商的关系。因此,采购人员对于供应商的报价,要结合其所提供物资的品质、功能、服务等因素综合进行成本分析和价值分析,以便买到最适宜的物资。

(2) 协作能力。采购过程是一个与人协作的过程，一方面采购人员要与企业内部各部门打交道，如：与财务部门打交道解决采购资金、报销等问题；与仓储部门打交道，了解库存现状及变化等。另一方面采购人员要与供应商打交道，如询价、谈判等，采购人员应处理好与企业内部各方面及与供应商的关系，为以后采购工作的开展打下基础。

(3) 表达能力。采购人员是用语言文字与供应商沟通的，因此，必须做到正确、清晰地表达欲采购物资的各种条件，如规格、数量、价格、交货期限、付款方式等。如果口齿不清，说话啰唆，只会浪费时间，导致交易失败。因此采购人员必须锻炼表达技巧，培养表达能力。

(4) 预测能力。在市场经济条件下，物资的价格和供求在不断发生变化，采购人员应根据各种产销资料及与供应商打交道中供应商的态度等方面来预测将来市场上该种物资供给情况，如物资的价格、数量等。

采购人员管理办法解析

采购人员对企业的成本控制起着相当重要的作用。若是采购人员尽心尽力，货比三家，想方设法压缩供应商报价中的水分，确保所采购的物资物美价廉，则对企业的成本控制起到相当大的促进作用；反之，若采购人员为图个人私利，以牺牲企业的利益为代价，放任供应商，则大大增加企业的营运成本。

1. 采购人员灰色交易原因分析

采购人员产生腐败的原因主要表现在以下五个方面。

(1) 不同人群态度带来的心理上的反差。采购人员在工作期间，常常是感受到两种完全不同的对待态度：一种是总是赔着笑脸的供应商，一种是上司和同事那种猜疑（采购这个职务很容易让其他同事产生猜疑之心）的态度。这一反一正，就像是冰火两重天，在采购人员的心里产生了很大的反差，也就很容易导致对企业、对领导、对同事的厌恶之心，对个人私利的膨胀起到了直接性的促进作用。

(2) 出于对企业现有监控体系的挑战。几乎每个企业都会制定针对采购的监控体系（或者说是规章制度），但是，人的天性是好斗的，加上人的逆反心理，越是严格的规章制度，往往越能激起员工的对抗心理。

(3) 对管理人员的不满。在企业严格的层级管理中，有不少员工认为为企业工作就是为领导工作，在领导的对下管理中，难免有很多方面会触及采购人员的物质利益和感情利益。因此，领导就变成了敌人，为了发泄对经理（敌人）的诸多不满，牺牲一些敌人的利益，为自己谋些私利也就是很自然的事情了。

(4) 供应商的诱惑。作为供应商，为了使得自己的利益最大化，自然是想方设法采取种种手段来诱惑采购人员，一次，二次，三次……供应商的态度和这种拉下水走背后交易的出发点也是导致采购贪污腐败的很重要的原因。

(5) 环境因素。人是环境动物，所有的习惯都是由刺激形成的，个人的行为心态很大程度受周边的环境影响，如果周围的风气不好，采购人员更容易产生腐败。

2. 采购人员管理的控制方式

采购人员管理的控制方式可以从以下六个方面进行。

（1）每次不少于三人参加现场谈判，削弱单个采购人员的决定权，并在一定程度上形成互相监督的氛围。因此，组建谈判小组是个很好的方式。把谈判和执行彻底分开，谈判的人不负责执行，执行的人不参与谈判，把权利做有效的分离，用制衡的方式来控制。

（2）对采购人员实施不定期的轮岗制度。一是防止采购人员与供应商形成默契的关系；二是让采购人员能接触更多的品类，增长其经验，为日后的升迁打下基础；三是轮新岗后，一般总会有"新人新作风"，对旧供应商会多要求一些较好的交易条件或促销支持。

（3）建立信息收集系统，鼓励相关人员收集一些与采购项目有关系的信息资料，并及时公开公布，或是抄送给相关的采购人员。采购的腐败大多产生于采购的物资、价格或交易条件等信息的封闭性和不对称，导致采购人员会把一些很正常甚至是有些偏高的采购价格或条件，说成是非常优惠的采购价格或条件。而采取信息共享或是公开后，在相对透明的信息条件下，杜绝采购人员利用信息不对称进行欺骗。

（4）利用采购来管理采购。将一些采购经验丰富的采购人员抽调出来，让其专门负责对采购人员和系统的监控和完善工作。同时，因为是专门的机构和人员在做采购腐败的管理监督工作，这也是转移管理层与采购人员的矛盾，避免因为管理上的矛盾促使采购私利的膨胀。

（5）业绩考核。对于采购人员，必须要有严格的考核体系，进行季度和年度考核。对连续考核不佳的采购人员考虑换岗，企业应适才适用。换岗对采购人员并非坏事，而且对现任的采购人员也可形成一种压力。

（6）合理激励。采购人员的工作压力较大，每天须面对供应商、公司领导、其他同事，甚至顾客的咨询，事务繁忙，难免心浮气躁。应让采购人员自觉地把工作做好，多奖少罚。工作做不好的，应与他们个别谈话，了解背后真正的原因，给予业务改正的机会。俗话说："人非圣贤，孰能无过。"但不能原谅"品德的瑕疵"。创造一个良好的工作氛围，让采购人员能全心全力为企业的发展拼搏。

采购人员管理办法解析的启示：
在制订采购人员管理办法时要注意以下几个方面。
（1）管理层要掌握采购人员进行灰色交易的原因。
（2）采购人员的管理必须从制度上加强。
（3）要重视信息技术在对采购人员管理中所起的作用。
（4）要分别制订针对采购管理人员与采购员的管理办法。
（5）业绩考核与合理激励要相辅相成。

重要概念

采购组织　　　　分权式采购组织　　　　集权式采购组织　　　　混合式采购组织
虚拟采购组织　　采购组织的设计　　　　采购组织的职责　　　　采购人员的素质

本章小结

采购组织结构经历了分权式采购组织—集权式采购组织—混合式采购组织—虚拟采购组织等阶段。

采购组织的设计一般需遵循统一原则、闭环原则、精简原则、高效原则、责权利三结合原则等五个原则;采购组织根据不同的标准可以设计不同的类型,一般可以按层级设计、按采购地区设计、按采购物资的类别设计、按采购物资的价值或重要性设计、按采购功能设计、混合式设计等六种;采购组织的设计一般从确定企业的采购组织结构类型、进行采购组织中岗位的设置、进行岗位中人员的设置三个方面进行。

采购组织的职责分为采购部门的职责与采购人员的职责两部分,其中采购人员的职责又分为采购经理的职责和采购员工的职责两部分。采购人员的素质应从思想品德素质、知识素质、能力素质等三个方面综合考虑。

复习思考题

一、填空题

1. 分权式采购组织指企业把与采购相关的( )和( )分别授予各个经营单位来执行。
2. 集权式采购组织的优点主要表现在( )、( )、( )等三个方面。
3. 混合式采购组织一般适合( )、( )、( )的物资的采购。
4. 采购组织的设计一般需遵循( )、( )、( )、( )、( )等五个原则。
5. 按层级可以将采购组织设计为( )、( )、( )、( )等四种类型。
6. 根据采购功能不同,可将采购组织设计为( )、( )、( )、( )等不同部门。
7. 采购人员的职责分为( )的职责和( )的职责两部分。
8. 采购人员的素质应从( )、( )、( )等三个方面综合考虑。

二、选择题

1. ( )指企业一级的层次上存在着采购部门,企业下属的经营单位也有相应的采购部门。
   A. 分权式采购管理　　　　　　　　B. 集权式采购组织
   C. 混合式采购组织　　　　　　　　D. 虚拟采购组织
2. ( )一般适合企业规模较大、企业组织机构分布地域比较广且设立在不同地域及采购物资的种类差别较大的物资采购。
   A. 分权式采购管理　　　　　　　　B. 集权式采购组织
   C. 混合式采购组织　　　　　　　　D. 虚拟采购组织
3. ( )适合创新性较强的采购项目。
   A. 分权式采购管理　　　　　　　　B. 集权式采购组织
   C. 混合式采购组织　　　　　　　　D. 虚拟采购组织
4. 按采购物资价值或重要性设计的采购组织结构中,采购主管所负责的采购次数占总采购次数的( )。
   A. 20%　　　　B. 30%　　　　C. 40%　　　　D. 50%
5. 按采购物资价值或重要性设计的采购组织结构中,采购经理所负责采购物资的价值占总采购采购物资价值的( )。
   A. 80%　　　　B. 70%　　　　C. 60%　　　　D. 50%
6. ( )不属于采购部门的职责。
   A. 对物资搬运、贮存、发放及标识负监督检查

B. 筛选合作的供应商
C. 负责建立完整、严密的采购管理制度
D. 负责监督各类物资的进、销、存工作

7. （　　）不属于采购经理的职责。
A. 对物资采购过程的文件编制、供方评价、选择、进货验收等工作实施控制
B. 对供应商提供的物资负有验证、标识、贮存保护责任
C. 对重点物资进行重点跟进并及时解决到货异常
D. 负责对采购过程中发现的不合格、不适用物资的处置工作并保存记录

8. （　　）不属于采购人员的职责。
A. 熟悉所负责物资的市场价格，了解相关物资的市场来源，降低采购成本
B. 追踪物资审查决议的执行情况，积极跟踪供应商品质改善
C. 协助财务中心做好对账工作
D. 负责对采购过程中发现的不合格、不适用物资的处置工作并保存记录

三、判断题
1. 集权式采购组织适合市场上供应资源比较有保障的物资的采购。（　　）
2. 混合式采购组织所采购物资的种类差别较大。（　　）
3. 虚拟采购组织稳定性较差，一般在采购项目完成后联盟便解散。（　　）
4. 事业部式采购组织结构又称集权式采购组织结构。（　　）
5. 采购次数少但价值高的物资由基层采购人员负责。（　　）
6. 采购部门应贯彻执行企业制定的各项战略、方针、规划、政策及综合性计划。（　　）
7. 采购经理应熟悉所负责物资的规格型号，熟悉所负责物资的相关标准，并对采购订单的要求、交期进行掌控。（　　）
8. 采购员对物资搬运、贮存、发放及标识负监督检查责任。（　　）

四、简答题
1. 简述分权式采购组织的适用条件。
2. 简述虚拟采购组织的优点。
3. 采购组织的设计一般需遵循哪些原则？
4. 简述采购组织设计的步骤。
5. 简述采购部门的职责。
6. 简述采购人员的职责。

五、案例分析
案例1

Devillier 集团的采购组织结构

Devillier 集团的总部设立在英国，它涉足四个特定的工作领域，每一个领域作为一个运营分部。这些分部分别是建筑和民用工程设计、铁路和运输服务、专业工程设计以及设备管理等。分部的总经理负责每个分部的业务业绩，与集团执行总裁允诺一个五年存续业务计划。Devillier 集团的总营业额是 98 亿英镑，其中 88% 是在英国创造的，余下的 12% 主要在法国和德国创造。集团已任命一位新的运营总裁来审视现行的组织结构，自然也包括采购部门。现有采购职能的组织结构包括如下几个：

(1) 集团采购部。集团采购部经理被公认为缺少采购方面的经验，其任命是在两年前签发的，那时从没有协商过集团的采购战略。集团采购部已经存在对集团采购概念的阻力，尤其是来自分部的总经理们。他们争论如果他们是利润中心，则必须允许按照他们认为合适的方法去控制开支。目前只有两部分交易获得实施：第一部分是差旅费，但是全部差旅开支中只有15%是通过集团的合同；第二部分是车辆购买费，去年有1 500辆新汽车、客车和货车通过反向拍卖程序购买。第二部分的成本比以前的成本节约了30%，并且把250万英镑计入集团利润账中。

(2) 建筑和民用工程设计部。这个分部主要从事大型工程项目，包括新建的建筑物、高速公路、桥梁和管道架设。分部中的每家公司设有一个首席采购员和支持人员。实际上，多数的采购由评估师和数量勘查员进行。采购是交易型的并且订单是与众多的供应商签订的，而这些供应商是以逐个项目为基础来进行选择的。分部的总经理已经公开表示不会支持集团的集中采购，因为集团采购部不会对他的分部的需要做出反应。

(3) 铁路和运输服务部。该分部只有两家公司，每家公司有一个采购经理。在集团中这是最先进的一个分部，它的总经理非常支持集团采购。除了IT、车辆和办公设备外，其开支不同于集团中的其他分部。

(4) 专业工程设计部。这个分部是通过收购一个极其专业的工程设计集团后，于三年前成立的。这个设计集团曾服务于一级方程式汽车赛，并为先进的核工业研究项目进行工程设计和研究，分部所属公司中没有一个正式的采购机构，但是分部盈利情况非常好，取得了40%的资本回报率。分部总经理的观点是，技术和资金的能力比"削减几个百分点的采购价格"更重要。

(5) 设备管理部。这个分部是集团中成长较快的分部，预期未来五年会实现每年20%的增长。它在取得中央和地方政府以及私营公司的外包合同中实现业务增长。费用开支是基于采购大量的服务业务，包括保安、建筑物维护、电话呼叫中心等，而有趣的是，采购的服务中还包括采购职能本身（也就是采购作为一种服务业务，也被外包了）。目前，该分部的采购董事的职位空缺。无论是对于集团还是分部，这可能是一个重大的进步。这个决定是在没有集团采购执行经理的参与下做出的。

案例1思考题：
(1) 简述Devillier集团的采购组织结构模式。
(2) 简述Devillier集团的采购组织结构的特点。

案例2

防止采购腐败

某公司规模比较大，年总采购额200多亿人民币，公司总部的采购部共有300多人，负责质量认证、订单执行、商务认证（确认价格、采购比例等）各100多人，其中商务认证人员的权力比较大，公司管理层采取了以下几个措施来防止其腐败。

(1) 集体决策。100多人按物资不同分为10个团队，每个团队有1个负责人和9个成员，每个成员分管若干物资。但是对于增加某供应商，调整某个物资的采购比例，都必须整个团队举手表决，支持的人数超过三分之二才算通过，如果没有经过团队表决，任何领导的指示都不算数。

(2) 业务轮换。每个团队内部工作人员负责的物资每1~2年轮换一下，比如说某成员负责6种不同的物资，每年换2种，基本上3年就全部换一遍。由于团队内物资和供应商比较相似，而且由于换了以后工作人员还在，所以基本上不影响工作。

(3) 业务监督。公司设有专门的采购稽查部(公司经理直接管理,不属于采购部)。对于采购量和采购金额比较大的物资,不是独家供应的一般都要电子招标。严格的是,电子招标过程不允许采购人员参加,就是为了防止招标过程中价格泄漏。

(4) 定期培训。定期对采购人员进行培训,从思想品德、知识、能力等方面不断提高采购人员的综合素质。

案例2思考题:

(1) 该公司采取了哪些措施来防止采购腐败?

(2) 结合案例谈谈采购人员应具备哪些素质,以便更好地在采购岗位上工作。

第三章 采购需求分析

◆ 学习目标
①理解采购需求管理的概念、重要性,以及对企业战略的贡献;
②掌握采购需求分析的方法、供应市场的结构;
③能够根据需求预测方法,结合数据进行需求预测。

麦当劳的采购需求管理

麦当劳的《全面供应链管理》手册规定从源头步骤选土开始,详细记录地段和土壤的资料,其后每一环节——养土、选种、播种、种植、灌溉、施肥、防虫也一一详细记录,再加上完善的产品回收计划,包括定期模拟测试,万一有问题发生,可用最短的时间有效地找到每一片菜的来源并及时解决。

在生菜的生产工厂,麦当劳则实行的是药品企业的苛刻要求——GMP(良好生产规范)。在麦当劳的生菜供应商——上海莱迪士食品公司,进入车间之前,记者被要求穿上棉袄、消过毒的工作服和雨靴,戴上头套、口罩,就像是即将进入手术室的外科医生一般,然后洗手,再进入一个小屋接受风淋(全身被风吹),最后进入一个消毒池,经历这些之后才能够真正进入车间。

汉堡中的牛肉同样要经过层层把关才能进入餐厅。从被屠宰的那刻起,每一批牛肉都有一个温度记录仪,全程记录每分钟的温度。新鲜牛肉会立即在零下18摄氏度时被冷冻,在整个物流过程中全程保鲜。为了防止在装卸货时温度发生变化,麦当劳的物流配送中心在冷餐库和冷冻库外面都有一个预冷间,作为收货和装货时的温度缓冲区。预冷间设计了专用的卸货平台,使运输车在装卸货物时能恰好封住对外开放的门,从而隔离外界温度和灰尘。

思考题:
(1)麦当劳如何保证其采购原材料的质量?
(2)麦当劳在原材料采购需求管理方面有什么可以借鉴的地方?

知识点一 采购需求管理概述

采购是物流管理中一项非常重要的活动,是连接供应商与生产商之间的桥梁,是企业生产活动顺利进行的重要保障。

一、采购需求分析的概念

要进行采购,首先要分析弄清采购管理机构所代理的全体需求者们究竟需要什么、需要多少、什么时候需要的问题,从而明确应当采购什么、采购多少、什么时候采购以及怎样采购的问题,得到一份确实可靠、科学合理的采购任务清单。这个环节的工作,就叫作采购需求分析。

需求分析是采购工作的第一步,是制订采购计划的基础和前提。在极简单的情况下,需求分析是很简单的。例如,在单次、单一品种需求的情况下,需要什么、需要多少、什么时候需要的问题非常明确,不需要进行复杂的需求分析也就清楚了。

在较复杂的采购情况下,需求分析就变得十分的必要了。例如,一个汽车制造企业,有上万个零部件,有很多的车间、很多的工序,每个车间、每个工序生产这些零部件,都需要不同品种、不同数量的原材料、工具、设备、用品,在各个不同时间需求各个不同的品种。这么多的零部件,什么时候需要什么材料,需要多少;哪些品种要单独采购,哪些品种要联合采购;哪些品种先采购,哪些品种后采购;采购多少。如果对这些问题不进行认真的分析研究,就不可能进行科学的采购工作。

采购部门在进行采购之前,需要弄清下面几个问题:

(1) 必须了解、分析采购部门所代理的全体需求者究竟需要什么、需要多少、什么时候需要的问题。

(2) 明确应当采购什么、采购多少、什么时候采购以及怎样采购的问题。

(3) 最终得到一份确实可靠、科学合理的采购任务清单的过程。

二、需求管理对企业的战略贡献

需求管理对于企业采购质量、采购成本、响应速度及风险控制等重要竞争要素都有影响,而这些竞争要素决定着企业的核心竞争力。

(一) 需求管理对提高采购质量的影响

当前,企业越来越倾向于外包,企业产品的质量受供应商影响很大。需求管理将需求转化为规格,向供应商传达准确的信息,是确保供应商向企业供给质量合适产品的基础。

对于采购而言,如何管理好采购需求,对于采购的成功则有着事半功倍的作用,对整合采购量提升议价能力、更高的响应时效、内部用户的满意度提升等都有明显的效果。然而,需求具有很大的不确定性、随意性、不准确、不清晰等特点,沟通需求要花费很多的时间和精力,这就导致很多采购人员听之任之,等需求找上门来再说。这样往往导致供应商提交产品后,在使用过程中发现产品规格与实际需要存在差异,甚至存在质量问题。这就越发造成了恶性循环,采购工作陷入被动执行的局面,被需求部门追着跑,内部需求部门对采购的工作越来越不满意。

(二) 需求管理对降低采购成本的影响

在采购过程中,降低成本的方法较多,如通过合理利用采购杠杆向供应商施加压力,或者与供应商合作进行所有权总成本优化,而需求管理对降低采购成本的战略贡献也不容忽视。在采购过程中,不必要的需求会给企业带来数额巨大的额外的成本开支,这可通过使用内部标准化及价值分析/价值工程(VA/VE)等方法来降低企业的采购成本支出。

在产品/服务设计阶段就充分考虑未来采购、制造、储运等环节的运作成本,提高原料、工艺和服务的标准化程度,减少差异性带来的后续成本。这是一种技术含量更高的战略采购,是整体供应链优化的充分体现,大大降低了整个采购环节的成本。

（三）需求管理对提高企业响应速度的影响

在明确需求时，如果采购供应部门及时参与，就不会出现紧急需求，也有利于更好地向供应商解释采购方的需求，这为供应商及时供货创造了良好的条件。另外，也可以实施供应商早期介入，在产品开发阶段就邀请核心供应商参与企业的团队，从而大大缩短企业产品的上市时间。

（四）需求管理对规避采购风险的影响

如果企业在明确需求的环节出现了问题，那么必须与供应商重新进行沟通，改变既定的规格，这会导致采购方违约。即使能够与供应商在一个良好的关系框架内处理问题，也可能会对企业产品的质量、成本及交付等重要目标产生很大的负面影响。

三、采购供应部门在需求管理中的重要性

在明确需求时，企业内部的用户包括研发与生产部门，当然要发挥重要作用。但明确需求是一个跨职能的过程，作为采购管理部门，在明确需求时应发挥以下作用：

（一）尽快介入明确需求的过程

为了提高效率，采购供应部门应及时了解需求，以便恰当地规划和管理采购过程。例如，当出现对同种产品的多项需求时，采购供应部门可以将这些采购集中起来，以获得有吸引力的谈判价格并确保这些需求纳入供应商的生产流程中。如果要采购一种新产品，早期通知单应给予采购供应部门比较充裕的时间，以调查潜在供应市场并让供应商在新产品首次被需要之前做好安排。

（二）提供商品知识及商业意识

采购供应部门应通过自己对供应市场上各种产品成本的了解做出抉择，在说明的制订过程中尽力而为。采购管理人员通常都与供应商有密切的联系并参与供应市场的监管，他们比使用者更了解当今供应市场的发展，知道什么样的选择是有价值的。所以，制订说明的团队应当具有市场发展和选择方面的知识。

（三）促进供应商早期介入

采购供应部门还可促使供应商介入说明的制订过程。在准备新的说明时，供应商具有使用者在公司内部无法得到的经验和专有知识，这一点是非常重要的。供应商可能会针对某一设计问题提出一种新想法或一种新视野，这对提升企业的创造力和创新能力具有积极意义。它们还会提供改进质量、缩短提前期、降低成本等方面的想法。

供应商早期介入大大降低产品成本

统计资料表明，70%~80%的产品成本决定于设计的早期阶段，而将优秀的协作供应商纳入这一阶段进行共同设计将有助于改善成本和质量，加快产品开发的速度。供应商参与新产品开发已经被证实能够降低开发周期，消除供应商和客户企业的制造问题以及提高产品质量。

以无锡明捷利电气公司为例，探讨该企业是如何通过协同供应商进行产品开发而显著高效地降低企业总体成本的。无锡明捷利电气公司是一家集科研、技术开发和生产为一体的高新技术企业，主要致力于工业电机、汽车电子、继电器及控制设备的生产与开发。产品销及全国32

个省、市、自治区并远销欧洲、非洲、中东、东南亚国家及地区。公司年营业额约 26 亿元人民币。随着企业经营规模的不断壮大,明捷利公司在研发、设备、品质投入的资金量也在快速增长,但在与世界级同行进行了标杆比较后,发现其单位产值研发及综合质量成本平均高出约 35%!为此公司设立了"战略总成本优化"项目,该项目侧重点之一就是如何通过协同供应商参与研发过程来降低成本和质量缺陷率,其目标是将总成本降低 20%。

四、采购需求分析方法

（一）运用采购需求表

进行采购,首先需要解决采购什么、采购多少、什么时候采购的问题。而要解决这个问题,就是要解决采购员所代理的全体需求者们究竟需求什么、需求多少、什么时候需要的问题。在企业中,解决这个问题的传统做法是让企业各个单位层层上报"采购需求计划表"。有的单位是定期报,即这个星期报下个星期的计划,这个月报下个月的计划,今年报明年的计划;有的单位是不定期地报,什么时候想起来需要买什么东西就填一张"请购单",把它交到采购部。采购部收齐了这些采购需求计划表、请购单以后,需要把所有需要采购的物资分类整理统计出来,这样就弄清了用户需求什么、需要多少、什么时候需要的问题。此操作过程虽然可以达到解决问题的目的,但存在以下几个弊病:

（1）兴师动众,往往要麻烦很多人,造成了人力资源的浪费。

（2）只要有一个部门的采购计划表没到齐,采购部就不能进行需求的整理统计,就不能得出统一的需求计划,往往贻误最佳采购时机。

（3）交上来的表往往不准确、不可靠,给采购的效果带来许多不稳定因素。

（二）统计分析

在采购需求分析中,用得最多、最普遍的就是统计分析。统计分析的任务就是根据一些原始材料来分析求出客户的需求规律。在实践中,统计分析通常有以下两种方法:

（1）对采购申请单汇总统计。现在企业采购常要求各下属单位每月提交一份采购申请表,提出每个单位下个月的采购品种数量。然后采购部门把采购申请表汇总,得出下个月总的采购任务表,再根据此表制订下个月的采购计划。

（2）对各下属单位销售日报表进行统计。对于流通企业来说,每天的销售就是用户对企业物资的需求,需求速率的大小反映了企业物资消耗的快慢,因此由每天的销售日报表就可以统计得到企业物资的消耗规律。消耗的物资需要补充,也就需要采购,因此物资消耗规律也就是物资采购需求的规律。

（三）采用 ABC 分析法

一个企业生产除了需要原材料外,还有办公用品、生活用品等,因此需要采购的物资品种很多。但是这些物资的重要程度都是不一样的:有的特别重要,而且绝对不能缺货,一旦缺货将造成不可估量的损失;有些物资则相对不那么重要,即使缺货,也不会造成多大的损失。

面对这样的情况,采用 ABC 分析法就是一种比较有效的方法。它将所面对的成千上万的物资品种进行 ABC 分类,并且按类别实行重点管理,从而可以用有限的人力、物力、财力为企业获得最大的效益。

ABC分析法在实际运用的过程中,通常可以参照以下步骤进行。①为确定ABC分类,先得进行统计分析,选定一个合适的统计期。在选定统计期时,应遵循:比较靠近计划期、运行比较正常、通常情况取过去一个月或几个月这几个基本原则。②分别统计出所有物资在该统计期中的销售量(或者采购量,下同)、单价和销售额,并对各种物资制作一张ABC分析卡,填上品名、销售数量、销售金额。③将ABC分析卡按销售额由大到小的顺序排列,并按此顺序号将各物资填上物资编号。④把所有ABC分析卡依次填写到ABC分析表中,并进行累计统计。

(四)物资消耗定额管理

物资消耗定额管理也是一种需求分析的好方法。通过物资消耗定额,就可以根据产品的结构零部件清单或工作量求出所需要的原材料的品种和数量。所谓物资消耗定额,是在一定的生产技术组织的条件下,生产单位产品或完成单位工作量所必须消耗的物资的标准量,通常用绝对数表示,如制造一台机床或一个零件消耗多少钢材、生铁,有的也可用相对数表示,如冶金、化工等企业里,用配料比、成品率、生产率等表示。在实际操作中,物资消耗定额管理通常有以下三种方法:

(1) 技术分析法。技术分析法具有科学、精确等特点,但在操作过程中,通常需要经过精确计算,工作量比较大。在应用中,通常可参照以下步骤:

- 根据产品装配图分析出产品的所有零部件;
- 根据每个零部件的加工工艺流程得出每个零部件的每个加工工艺;
- 对于每个零件,考虑从下料开始一直到后面所有各道加工并完成形成零件净尺寸C为止的所有切削的尺寸留量c;
- 每个零件的净尺寸C加上所有各道切削尺寸留量c之和,就是这个零件的物资消耗定额T: $T = C + \sum c_i (i = 1, 2, 3, 4, \cdots)$。

(2) 统计分析法。统计分析法是根据以往生产中物资消耗的统计资料,经过分析研究并考虑到计划期内生产技术组织条件的变化等因素而制订定额的方法。采用统计分析法以大量详细可靠的统计资料为基础。例如制订某种产品的物资消耗定额,根据过去一段时间仓库的领料记录和同期间产品的产出记录进行统计分析,就可以求出每个产品的平均物资消耗量,这个平均消耗量就可以看成是该产品的物资消耗定额。

(3) 经验估计法。经验估计法是根据技术人员、工人的实际生产经验,参考有关的技术文件和考虑到企业在计划期内生产条件的变化等因素制订定额的方法。这种方法简单易行,但缺乏较严密的科学性,因而通常精确度不高。

(五)推导分析

所谓推导分析,就是根据企业生产计划来进行需求分析,求出各种原材料、零部件的需求计划的过程。推导分析不能够凭空想象,也不能靠估计,一定要进行严格的推算。推算所依据的主要资料和步骤过程如下:

(1) 制订主产品生产计划。这个计划主要是根据社会对主产品的订货计划以及社会维修业所提出的零部件的订货计划共同生成。

(2) 制订产品的结构文件。制订产品的结构文件就是要推导分析出装配主产品需要哪些零件、部件、原材料,哪些要自制,哪些要外购,自制件在制造过程中又要采购什么零件、部件、原材料等。这样逐层分析得出主产品的结构层次。每一个层次的每一个零部件都要标出需要数量、是自制还是外购以及生产提前期或采购提前期。所有自制件都要分解到最后的原材料层次，这些原材料层一般是最底层，都是需要采购的。

由主产品结构文件可以统计得出一个完整的资料，即为了在某个时间生产出一个主产品需要分别提前多长时间采购一些什么样的部件、零件和原材料，需要采购多少。把这些资料形成一个表，就是主产品零部件生产采购一览表。

（3）制订库存文件。到仓库保管员处调查了解主产品零部件生产采购一览表中所有各个部件、零件、原材料的现有库存量以及消耗速率，从而得到主产品零部件库存一览表。

知识点二　供应市场分析

现代企业的生产经营活动日益受到环境的作用和影响，供应管理活动也不例外，既受到外部宏观环境和供应市场的制约，也受到企业内部部门间协调配合程度的影响。所以，企业要制订供应策略，首先必须全面、客观地分析供应环境的变化。

一、供应市场分析的重要性

市场由商品的购买者（采购商）以及提供这些商品的供应者（供应商）构成。从采购商的角度来看，供应市场是潜在的提供企业所需资源的场所，尽管它只是企业外部环境的一部分，但它对企业采购职能的履行，进而对企业的生存具有直接的影响。供应市场是采购商制订企业供应战略和进行供应商管理的起点，并对采购商内部生产、经营等产生重要影响。

在科技发达的现代社会，唯一不变的就是变化。产业转移、技术更新、产品生命周期缩短等，这一切一方面改变了供应市场的分布格局，整体上降低了产品的制造成本，另一方面也对采购商采购战略的制订、采购策略的实施以及采购管理提出了新的要求。如果企业未能适时对其供应市场进行跟踪和分析，将可能在采购活动中遇到生产中断、供应延迟、产品质量下降以及采购成本超支等问题。而这很可能是因为采购活动遇到拉长的供应提前期、物资短缺、物流瓶颈等一系列本可事先预料的问题。

供应市场分析是指为了满足企业目前及未来发展的需要，针对所采购的物资，系统地进行供应商、供应价格、供应量、供应风险等基础数据的搜集、整理和分析，从而为企业的采购决策提供依据。

过去，很多企业重视产品销售市场环境分析，忽视对供应环境的研究。随着供应管理在企业价值链中地位的提高，越来越多的人开始认识到供应环境分析的重要性和必要性。供应环境分析的必要性体现在以下三个方面。

（1）增强企业供应工作的适应性。
（2）保证企业供应决策的正确性。
（3）提高企业竞争力的现实性。

供应市场分析可以分为对供应商所在国家或地区的宏观经济分析、供应行业及其市场的中观经济分析和供应厂商的微观经济分析三个层次。

二、供应市场的结构

(一) 各类市场结构

通常认为,市场结构可以根据市场中买卖双方数量的多少分为卖方垄断市场、买方垄断市场、卖方寡头垄断市场、买方寡头垄断市场、完全竞争市场。

1. 卖方垄断市场

卖方垄断市场即一个供应商和多个购买者构成的市场。该供应商是供应市场中某类产品的唯一销售者,且不存在直接的替代产品。该供应商同时决定了其产品的生产数量和销售价格,基本上不用考虑竞争因素。卖方垄断可以分为自然垄断、政府垄断和控制垄断三类:自然垄断往往来自显著的规模经济,如供电企业;政府垄断则是基于政府给予的特许经营,如奥运标志、铁路、邮政及其他共用设施;控制垄断包括专利拥有、某种产品所需的自然资源等。

面对卖方垄断市场,采购企业基本上没有任何的讨价还价能力,只能接受供应商的报价。但是,采购企业可以在产品设计时,尽量避免使用某些被垄断的产品或原材料。

2. 买方垄断市场

买方垄断市场即单一的采购企业和多个供应商构成的市场。在这种市场中,采购企业成了产品的唯一购买者,因而控制了产品的价格。这可能是由于该产品没有其他的用途,或者是由于其他用途并不经济。这里的采购企业成为买方垄断者,从另一方面看,它也是垄断型的供应商,因为没有任何其他企业提供用其采购的产品所生产的产品,如烟叶收购、铁路专用的机车和车辆的采购。

在买方垄断市场里,采购企业拥有绝对的说话权,能够主动掌握采购的价格,但是,一般也受到政府的管制。这类采购企业同时也将成为其他企业的独家供应商。

3. 卖方寡头垄断市场

卖方寡头垄断市场即少数供应商和大量采购企业所构成的市场。少数的供应商提供相同或类似的产品,行业里存在明显的规模经济,市场进入障碍明显。价格由行业领导者或行业联盟控制,同时也受到政府的管制和行业内部竞争状况的影响。卖方寡头垄断企业的数量越多,决策越独立,寡头垄断就越容易向完全竞争的市场转变。

当前的家电市场和汽车市场,以及中东的石油市场就是较为典型的卖方寡头垄断市场。这类市场对于采购企业来说其实并没有很多选择,各供应商所提供的产品之间并没有特别明显的差别,要想选择到合适的供应商,必须对此类市场进行长期的跟踪和观察,把握其市场规律,从而将其选择为企业的战略供应商。

4. 买方寡头垄断市场

买方寡头垄断市场即少数采购企业和大量供应商所构成的市场。在这种市场里,买方对于产品的定价有很大的影响,因为所有的卖方都为了能接到某项供应业务而展开激烈的竞争。采购企业也非常明了自己所处的位置,通常还能够主动利用这种位置在采购中获得好处。医药供应市场、汽车工业中零部件的供应市场就是这样的。

5. 完全竞争市场

完全竞争市场即由大量的采购企业和大量的供应商所构成的市场。这种市场具有如下一些明显的特征:

（1）市场中采购企业和供应商的数量都很多，并且规模都不是很大，没有任何一家企业能通过购买或供应行为影响市场上的供求关系，产品的市场价格受该市场里所有的采购企业和供应商的共同影响而确定，可以说每家企业都是市场价格的被动接受者。

（2）市场上的产品是同质的，即任何一个供应商提供的产品都是无差别的，这也决定了没有哪个供应商能够控制产品的供应价格。

（3）各种资源都可以完全自由流动而不受任何限制，这包括：第一，劳动可以毫无障碍地在不同地区、不同部门、不同行业、不同企业之间流动；第二，任何一个生产要素的所有者都不能垄断要素的投入；第三，新资本可以毫无障碍地进入，老资本可以毫无障碍地退出，这也决定了整个市场里可以有很多的供应商和采购企业。

（4）市场信息是完全和对称的，采购企业与供应商都可以获得完备的市场信息，双方不存在相互欺骗。

这些条件是非常苛刻的，所以，现实中的完全竞争市场是罕见的，比较接近的是农产品市场、专业产品市场和期货市场。但是现实中是否存在着真正意义上的完全竞争市场并不重要，重要的是在这种市场里，采购企业和供应商才能不受干扰地进行真正的交易。

在当今经济环境下，无论是卖方还是买方，寡头垄断是最为常见的市场状况，完全垄断非常少见，绝对完全竞争也是不存在的。不同的供应市场决定了采购企业在市场交易中不同的地位，相应也要采取不同的采购策略和方法。从产品设计的角度出发，尽量避免选择卖方垄断市场中的产品，如不得已，就应该与该供应商结成合作伙伴的关系；对于卖方垄断性竞争市场中的产品，应尽可能地优化已有的供应商并发展成为伙伴性的供应商；对于卖方寡头垄断市场中的产品，应尽最大可能与供应商结成伙伴型的互利合作关系；在完全竞争市场中，应把供应商看成商业型的供应业务合作关系。

（二）市场中的五种竞争力

由美国哈佛商学院管理学教授迈克尔·波特建立的五种力量模型从潜在盈利能力的角度分析了某一产业的吸引力。这里，我们可以将这一分析框架用于供应市场分析。

波特的五种力量模型指出，市场中的竞争力分别来自当前的竞争者、潜在的新市场进入者、购买者、潜在替代产品以及要素供应者之间的相互作用。这一模型可以帮助采购企业确认供应市场的结构，明确特定供应商的市场竞争力，以及相对于同一市场中的其他购买者采购企业的市场竞争力。对于市场竞争力强度的评价能使采购企业更好地了解自己在供应市场中所处的位置，这将为以后同供应商的谈判打下基础。

1. 供应商之间的竞争

供应商之间竞争的激烈程度取决于市场中同类供应商的数量、规模和经营政策等因素。为了确定市场中供应商之间竞争的激烈程度，需要明确以下几个问题：

（1）同类产品是否只有少数几家供应商？

（2）大部分的市场份额是否被少数几家供应商所占有？

（3）产品供应的增长速度是否较慢？

（4）各主要供应商是否已经充分利用了其生产能力？

（5）在该类产品的供应市场中有没有差异化的产品或服务可供选择？

如果在某项采购中，你对上述大部分问题的回答都是"是"，那么该类产品的供应商之间的竞争还不够激烈,甚至可能是寡头垄断市场。在这样的市场中,采购企业的议价能力比较低,不大可能从供应商处获得较多的折扣。相反,如果你对大部分问题的回答都是"否",那么该类产品的供应商之间存在激烈的竞争,采购企业能够从供应商处获得较多的价格折扣和让利。

2. 新供应商进入市场的可能性

新供应商进入市场有助于促进供应市场的竞争,并增强采购企业的市场地位。如果采购企业能获得有关新供应商进入供应市场可能性的信息,这将非常有利于采购企业制订采购战略或谈判战略。

一般来说,新供应商进入一个供应市场要具备众多条件,如初始投资、特定技术、政策支持、转换成本、专业人才、其他特殊条件等。如果已有供应市场的进入门槛非常高,则新供应商进入的可能性就非常小。我国加入WTO后,按照我国加入WTO的承诺,越来越多的市场将向国外企业开放,在这种情况下,新供应商进入某一特定市场的可能性还是非常大的。

3. 替代产品或服务的可得性

按照价值分析的理论,我们采购的其实是某种功能,而不是物品本身,只要采购的物品能够实现某种功能即可,这种能够实现同样功能的物品就是现有产品的替代品。市场中存在替代产品或服务会对市场竞争产生重大影响。比如,目前电动车已经很大程度上挤占了摩托车和自行车的市场,它们同样都是日常生活的代步工具。

4. 供应商的议价能力

供应市场中的供应商本身还有其供应商。当前的市场竞争已不单纯是企业和企业之间的竞争,而是供应链与供应链之间的竞争。面对供应链的复杂性,我们还要考查供应商面对其上游的供应商时有多大的议价能力,以便确定供应商的赢利水平、最终产品的价格以及其他条件的影响。如果,供应商面对其供应商的议价能力很弱的话,那么整个供应市场的竞争也不会激烈。

5. 同类采购企业的议价能力

任何一家企业在采购时,还要考虑竞争对手的采购议价能力。这就意味着,采购企业要确认同类产品有哪些采购企业,尤其是向同一家供应商采购的企业。在市场需求大于供给时,价格和提前期会因为购买者的增多而产生变化,这时就必须确认同类采购企业的议价能力。这些竞争企业可能是与采购企业销售同类产品的竞争对手,也可能与采购企业没有任何直接的关系。对于这些购买者,采购企业要大致掌握他们采购产品的数量和频率,以及他们是否可以找到替代产品。

同时,采购企业也要意识到自身存在的优势,还要明确本企业相对于同类采购企业的议价能力,从而考虑本企业在市场中处在什么样的采购地位,在总采购量中的份额如何,本企业是否对市场中已有的供应商具有特殊的吸引力等。

通过对上述五种力量的分析,采购企业可以在尽可能短的时间里全面了解自身所处供应市场的供给和需求状况以及竞争状况。

了解了现有的以及潜在的供应商和同类产品采购企业的数量,采购企业可以确定市场集中度水平,即市场被少数同类采购企业或供应商主导的程度。对于采购企业来说,最好能够对市场的短期及长期变化趋势做出正确的预测。

三、进行供应市场分析

供应市场分析可能是周期性的,也可能是以某个采购项目为基础来进行的。供应市场分析可以是用于收集关于特定行业的发展趋势及其发展态势的定性分析,也可以是从综合统计和其他公共资源中获得大量数据的定量分析。大多数的供应市场分析同时包括了这两个方面,即定性分析和定量分析相结合。此外,供应市场分析可以是短期(如一个月)分析,也可以是长期(如一年)分析。

一般来说,供应市场分析并没有严格的步骤,有限的时间、资金、人力等因素通常会对分析过程产生一定的影响,随着采购项目的不同,分析方法也会有所不同。所以,我们很难提供一种标准的步骤,但以下几个步骤是做任何一个供应市场分析都会用到的。

1. **确定分析目标**

要解决什么问题,问题解决到什么程度,解决问题需要多少时间,需要多少信息,信息精确到什么程度,如何获取这些信息,谁负责获取这些信息,如何处理这些信息等,这都是在做市场分析之前需要明确的。可以说,没有明确的分析目标,整个分析过程将是一团乱麻,就算能得到重要的信息,也未必能够给决策带来帮助。

2. **成本效益分析**

分析成本中所包含的内容,以及可能获得的收益,并计算可能获得的收益是否大于所付出的成本。

3. **方案可行性分析**

分析整个方案所需要的人力、物力、财力是否可以获得,所策划的分析方案有没有被执行的可能性等。不可执行性的方案是华而不实的,对企业来说没有任何意义。

4. **方案的实施**

再好的方案,如果只是放在文件架上,或者虽然执行了,但是不能被有效地执行,那都是一纸空文。好方案是能够通过有效执行产生效果的。

5. **撰写总结报告和评估**

供应市场分析及信息收集结束后,要对所获得的信息进行归纳、分析和总结,在此基础上提出总结报告,并就不同的供应商选择方案进行比较。对分析结果的评估应该包括对预期问题的解决程度,对分析方案和分析结果是否满意等。

供应链环境下采购的重要性

国际采购专家——瑞士的阿尔伯特·J.盖瑟尔在《采购与利润》一书中写道:"采购者应对生产总成本的一半负责。因此,公司的成功明显地受到了采购者在工作表现、发展潜力、谈判技巧、创造力、协同工作能力以及在商业过程中积极配合能力等方面的影响。"

采购位于企业内部的起始位置,同时又是整条供应链的关键环节。它是企业与外部供应商联系的纽带,又是企业自身运作的动力。企业越来越关注成本问题,而有效地控制采购成本对企业意义重大。研究表明,在企业的产品成本结构中,采购成本占企业总成本的50%至70%。由于采购占用企业大量资金,如果发生采购上的差错或者不及时,将会造成生产运营的减缓甚至停滞,最终影响企业的生存和发展。在供应链竞争日益激烈的今天,采购作业已因上升到战略层面而更加受到企业的重视。

知识点三 采购需求预测

采购需求预测是指企业的决策者在商品采购市场上调查取得的资料的基础上,经过分析研究,并运用科学的方法来测算未来一定时期内商品市场的供求及其变化趋势,从而为商品采购决策和制订商品采购计划提供科学的依据,实现销售利润等一系列目标的过程。

一、采购需求预测的作用

在企业生产流程中,时间主要耗费在采购时间和产品生产制作时间上,这直接影响着企业商品的生产周期和流动资金量。由于在一定时间和技术条件下商品的生产时间是一个相对确定的量,因此,采购时间和采购量也就成了决定商品流通、资金回流的关键所在。众所周知,采购量决定库存量,而采购量的过多或过少必然导致库存的堆积、资金停滞,或者库存不足,影响生产,拖延交货时间。无论哪一种情况都将导致企业的损失。因此,科学合理的采购预测具有重要的意义,具体如下:

(1) 缩短产品生产周期;
(2) 提高企业管理水平;
(3) 提高交货准时率,有利于维护企业与客商之间长期合作关系。

二、采购需求预测的主要步骤

采购需求预测是为了制订物流管理计划而对需求时间、地点、库存单位、装运流量等所进行的预测或估计。精确的采购需求预测可以促进物流信息系统和生产设施能力的计划和协调,并且通过物流需求预测可以确定产品是如何向配送中心和仓库或者零售商进行分配的。为明确责任,衡量需求预测的效果,开展采购需求预测需要建立一套包括组织、程序、动机以及人事等方面完善预测的行政管理体制,以支持预测活动的顺利开展,在此基础上选择预测技术,实施预测过程并对其过程实行有效监控。采购需求预测的一般步骤包括如下几步:

(一) 确定需求性质

经预测的需求可以分为从属需求和独立需求。从属需求具有垂直顺序特征,如采购和制造情况,零部件的采购是为了装配成制成品,此时零部件的需求取决于制成品的装配计划。水平从属需求是一种特别情况,需求的项目并非完成制造过程所需要,而有可能是完成营销过程所需要,如在每个装运项目中包括了附属物、促销项目或经营者手册等,那么对附属物的需求预测就取决于装运项目的计划。因此,对如零部件等的从属需求的预测可直接通过基本项目的需求估计来确定而无须分别进行预测。独立需求预测则是两个项目的需求毫无关系,如对洗衣机的需求有可能与对洗衣粉的需求无关,洗衣粉的需求预测对改善洗衣机的需求预测将不起任何作用。这类项目主要包括大多数最终消费品和工业物资,必须单独预测。

独立需求与相关需求

20世纪60年代中期,美国IBM公司的约瑟夫·奥列基博士提出把产品中的各种物料分为独立需求(independent demand)和相关需求(dependent demand)两种类型的概念,并按需求时间的先后(优先级)及提前期(以完工或交货日期倒计时计)的长短,确定各物料在不同时段的需求量和订单下达时间。

把由市场决定而不是由企业决定的外部需求,也就是企业出售的产品,称为"独立需求件",其用量与需求时间由市场或客户决定。把组成出售产品所需的一切相关物料称为"相关需求件",用产品结构描述了各种物料相互之间数量和时间的关系。相关需求件的用量和需求时间由运行MRP得出。

在一些情况下,相关需求件也可能是独立需求件,如产品中某个零部件作为维修备件单独出售。又如ATO(订单组装)类型,采用多层MPS(主生产计划),模块化产品结构中的一些基本组件也具有独立需求和相关需求的双重性质。

(二)确定预测目标

明确预测的目标是进行有效预测的前提。有了明确具体的预测目标,才能有的放矢地收集资料,否则就无法确定调查什么,向谁调查,更谈不上怎样进行预测。并且预测目标的确定应尽量明细化、数量化,以利于预测工作的顺利开展。

(三)确定预测内容,收集资料进行初步分析

预测的内容即影响物流需求的因素,一般包括某时期的基本需求水平、季节因素、趋势值、周期因素、促销因素以及不规则因素六个方面。预测者必须认识到不同因素对需求所具有的潜在影响,并能适当地予以处理,对于特定项目具有重大意义的成分必须予以识别、分析并与适当的预测技术相结合。某时期的基本需求水平是以整个展延时间内的平均值表示的,是对没有季节因素、周期因素和促销因素等成分的项目的适当预测。季节因素通常建立在年度基础上,对消费零售层而言,在某几个季度对某物品的需求量较大,而在另几个季度需求量较小。对批发层次而言,这种季节因素先于消费需求大约一个季度。趋势值是指在一个展延的时期内,定期销售的长期一般运动。它可以为正、为负或不确定方向,人口或消费类型的变化决定趋势值的增减,销售量随时间而增加是正的趋势值,反之,则为负的趋势值。通常情况下,由于人们消费习惯的变化,趋势方向会改变许多次。周期因素(如商业周期),一般来说,每隔3~5年就有一次经济从衰退到扩张的波动,许多大宗商品的需求就与商业周期联系紧密。在某些行业,厂商的市场营销活动会引发需求波动,对销售量具有很大影响。促销期间销售量增加,此后随着利用促销逐渐售出库存后销售量下降。从预测的角度,有规则的促销因素类似季节因素,而不规则的促销因素则必须对它进行跟踪并结合时期进行分析。不规则因素,是随机的或无法预测的因素。在展开一项预测的过程中,其目标是要通过跟踪和预计其他因素,使随机因素降低到最低程度。在了解预测内容的基础上,根据预测目标收集资料进行初步分析,观察资料结构及其性质,并以此作为选择适当预测方法的依据。

(四)选择预测方法

在需求预测中有两种方法,即经验判断法和数学模型法。经验判断法由预测者根据所掌握的资料进行数据分析,凭借其专业知识和经验进行预测,这种方法多在掌握的资料不够全面、预测准确度要求不高时使用。在更多情况下使用的是建立数学模型的方法,一般包括时间序列建模和相关性建模两种方法。这种预测相对经验判断法更准确一些。

(五)计算并做出预测

以预测目标为导向,根据选定的预测方法,利用掌握的资料,就可以具体研究,进行定性或定量分析,预测物流的需求状况。

(六)分析预测误差

根据现实的资料对未来进行预测,其中产生误差是难免的。误差的大小反映预测的准确程度,如果预测误差过大,其预测结果就会偏离实际太远,从而失去参考的价值。

(七)提出预测报告

提出预测报告即把预测的最终结果编制成文件和报告,向有关部门上报或以一定形式对外公布,提供和发布预测信息,供有关部门、企业决策时参考、应用。

三、需求预测的方法

需求预测的方法按预测所采用的方法不同分类,可分为定性预测和定量预测。定性预测和定量预测并不是相互排斥的,而是可以相互补充的,在实际预测过程中应该把两者正确地结合起来。其中,定性预测包括德尔菲法、主观概率法、领先指标法等,定量分析包括算术平均预测法、移动平均预测法、指数平滑预测法、一元回归分析预测法等。需求预测的方法可以概括为图3-1所示的情况。

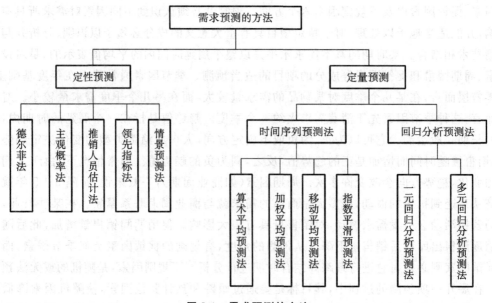

图3-1 需求预测的方法

(一) 定性预测

定性预测是指预测者根据自己掌握的实际情况、实践经验、专业水平,对经济发展前景的性质、方向和程度做出判断。定性预测需要的数据较少,可以不考虑无法定量的因素,也不需要太深奥的理论知识和太烦琐的计算,因此简便易行,得到了广泛的应用。定性预测包括德尔菲法、主观概率法、领先指标法等。

1. 德尔菲法

德尔菲法主要采用函询的方式,依靠专家"背靠背"的判断,使专家的不同意见能够充分发表,经过客观分析和多次征询反馈,使各种不同意见逐步趋向一致,从而得出较为符合事物发展规律的预测结果。

这种方法是美国"思想库"兰德公司在二十世纪四十年代末期发展起来的。它具有比较系统的程序,适用于长期趋势预测,特别适用于其他调研预测法做不到的定量估算和概率估算的场合。其基本做法如下:

第一步,提出预测问题,要求书面答复。调查预测者将调查提纲,预测目标,必要的资料提交专家小组中的每位专家征询意见。

第二步,收集专家意见,集中整理。要求每位专家根据所提供的资料,提出自己的初步预测结果、论据和进一步研究需要的资料。将搜集到的专家的不同意见加以集中整理,再发给组内各个专家,进行第二轮征询,请他们对预测意见加以评论和说明。

第三步,修改预测。将经过评论和说明的意见及补充材料发给原预测者,要求每位专家根据收到的材料,修改自己原先的预测。

第四步,最后预测。经过反复修改后,要求每位专家在前几次预测的基础上,根据所提交的全部材料,提出最终预测及其依据。

每次调查的时间间隔依实际需要而定,一般为一周或十天左右。专家意见以不记名方式经过反复(一般为四五轮)征询后,意见可趋于一致。调查者将反复调查的结果用统计方法整理分析,最后得出比较切合实际的集中的预测答案。

这种方法的优点是集思广益,有助于预测的全面性和可靠性,并且采取的匿名反馈有助于预测人员独立思考,减少心理因素的干扰。但缺点是其主要依靠主观判断,缺乏客观标准。

2. 主观概率法

主观概率是人们凭经验或预感估算出来的概率。预测时,召集所属物流各环节(如计划、采购、仓储和运输等)的业务人员对未来某种物流需求做出估计,然后把大家的推断数据综合处理,形成对未来的预测。这种方法的优点是业务人员最了解物流需求情况和市场动态,所提供的情况和预测的数值比较接近实际;缺点是某些业务人员的自身素质较低,思想狭隘,所做的预测常忽略整个经济形势和市场需求变化趋势,并且业务人员出于自己的业务考虑做出的估计一般比较保守。

例如,请 4 位专家根据目前市场行情来预测某地区来年对手表的需求量。甲预测为 15 万只,乙预测为 12 万只,丙预测为 8 万只,丁预测为 5 万只,一个最有经验且最了解目前情况的人认为,每个人的预测均有一定根据,评定甲的概率为 0.5,乙和丙的概率均为 0.2,丁的概率为 0.1。按这个概率计算来年该地区手表的预测需求量为:

$$(15×0.5+12×0.2+8×0.2+5×0.1)万只=12万只$$

（二）定量预测

定量预测的特点是以大量的历史观测值为主要依据，建立适当的数学模型为预测模型，推断或估计预测目标的未来值。

定量预测分类的方法很多，在需求预测中常用的分类方法有时间序列预测法（包括算术平均预测法、加权平均预测法、移动平均预测法、指数平滑预测法等）和回归分析预测法（包括一元回归分析预测法、多元回归分析预测法等）。在需求预测中，需要选择适当的预测方法，从而得到准确的预测结果。预测的成功与否，取决于预测的方法的选择、预测时间范围的选择和预测结果的精确性和准确性。

1. 时间序列预测法

时间序列预测法是利用过去一段时间的销售量数据或其他数据，运用一定的数学方法，通过现有的需求数据预测未来的发展变化趋势及需求量。这种技术首先要分析确定历史数据的类型和动态，其次选定具体的预测方法，并进行计算，最后结合判断与量化的数据确定未来的预测值。常见的时间序列预测法包括移动平均预测法与指数平滑预测法。

1）移动平均预测法

移动平均预测法即根据历史统计数据的变化规律，使用最近时期数据的平均数，利用上一个或几个时期的数据产生下一期的预测。

这种预测法是以移动平均数作为预测值的方法，它是一种最简单的自适应模型。移动平均数是根据预测事件各时期的实际值，确定移动周期，分期平均，滚动前进所计算的平均数。这些移动平均数构成一个新的时间序列，这个新的时间序列将原时间序列的不规则变动加以修匀，使变动趋于平滑，趋势更加明显。

移动平均预测法分为简单移动平均预测法和加权移动平均预测法两种。在加权移动平均预测法中可规定适当的权数，最简单的权数是用1、2、3等自然整数加权。加权的作用是加重近期观察值在平均数中的影响作用，即距预测期愈近，权数值愈大，反之则愈小。在时间序列没有明显的趋势增减变动和季节变动时，能较准确地反映实际，但所需的历史数据比较多。其缺点是更易受近期偶然变动的影响。

简单移动平均预测（第 t 期的移动平均值作为第 $t+1$ 期的预测值）公式是：

$$\hat{a}_{t+1} = \bar{a}_t = \frac{a_t + a_{t-1} + \cdots + a_{t-n+1}}{n} = \bar{a}_{t-1} + \frac{a_t - a_{t-1}}{n}$$

式中：n 为移动平均数所取的项数，即移动周期。一般 n 越大，修匀能力越强，预测的精确度就越高。

加权移动平均预测（w 为权数）公式是：

$$\hat{a}_{t+1} = \frac{a_t w_t + a_{t-1} w_{t-1} + \cdots + a_{t-n+1} w_{t-n+1}}{w_t + w_{t-1} + \cdots + w_{t-n+1}}$$

移动平均是局部平均，将反映的短期平均水平作为预测值使用。上述两式适用于一个长期稳定但短期有波动的资料。

分别用上述两种方法预测我国谷物产量，预测结果见表 3-1 所示。（w 取 1、2、3）

表 3-1　1997—2007 年中国谷物产量及计算数据表　　　　　　　　　　　（单位：万吨）

年份	产量 a	三年简单移动平均预测值	相对误差/(%)	三年加权移动平均预测值	相对误差/(%)
1997	44 349.3	—	—	—	—
1998	45 624.7	—	—	—	—
1999	45 304.1	—	—	—	—
2000	40 522.4	45 092.70	−11.28	45 251.83	−11.67
2001	39 648.2	43 817.07	−10.51	42 966.68	−8.37
2002	39 798.7	41 824.90	−5.09	40 882.25	−2.72
2003	37 428.7	39 989.77	−6.84	39 869.15	−6.52
2004	41 157.2	38 958.53	5.34	38 588.62	6.24
2005	42 776.0	39 461.53	7.75	39 687.95	7.22
2006	44 237.3	40 453.97	8.55	41 345.18	6.54
2007	—	42 723.50	—	43 236.85	—

2）指数平滑预测法

指数平滑预测法是在移动平均预测法基础上发展形成的一种指数加权移动平均预测法，是一种特殊的指数加权法。它利用本期预测值和实际数值资料，以平滑常数 α 为加权因子来计算指数平滑平均数。指数平滑预测就是以此平滑平均数为下期的预测值。其公式为：

$$\hat{y}_{t+1} = \alpha y_t + (1-\alpha)\hat{y}_t$$

式中：α 代表平滑常数（或修匀常数），$0 \leqslant \alpha \leqslant 1$；$\hat{y}_{t+1}$ 为下期预测值；$\hat{y}_t$ 为本期预测值；y_t 为本期实际值。

α 值是一个经验数据，它的大小体现了不同时期数值在预测中所起的不同作用：α 取值大，表明近期数值的倾向性变动影响大，适应新水平敏感；α 取值小，表明近期数值的倾向性变动影响小，越趋于平滑，越能反映趋势。α 的一般取值规律为：若重视近期数值的作用，可取大值，如 0.9、0.8、0.7 等；若重视平滑趋势可取小值，如 0.1、0.2、0.3 等，有时也可取 0.5。

现以某商场月销售额为例，已知 1 月份预测值为 150.8 万元，α 取 0.2 和 0.8，用指数平滑预测法预测的结果如表 3-2 所示。

表 3-2　某商场月销售额预测表　　　　　　　　　　　（单位：万元）

月份	销售额	一次指数平滑平均数	
		α=0.2	α=0.8
1	154.25	150.80	150.80
2	148.36	151.49	153.56
3	142.58	150.86	149.40
4	151.16	149.21	143.94
5	145.24	149.60	149.72

续表

月份	销售额	一次指数平滑平均数	
		$\alpha=0.2$	$\alpha=0.8$
6	154.35	148.73	146.14
7	157.47	149.85	152.71
8	151.39	151.37	156.52
9	—	151.38	152.42

在预测中可选几个 α 值进行计算,然后进行筛选,取其中最适宜的指数平滑平均数为预测值。

指数平滑有一次、二次与三次之别。在没有明显的长期趋势资料中,使用一次平滑即可。存在着直线趋势时,则使用二次平滑,即对一次指数平滑再进行一次指数平滑。这是因为,无论时间序列是呈上升趋势还是呈下降趋势,一次指数平滑平均数总滞后于实际值。当实际趋势下降时,预测值高于实际数;当实际趋势上升时,预测值低于实际数。为了降低滞后误差,可用二次指数平滑法加以修正,其公式是:

$$\begin{cases} y_t^{(1)} = \alpha y_t + (1-\alpha) y_{t-1}^{(1)} \\ y_t^{(2)} = \alpha y_t^{(1)} + (1-\alpha) y_{t-1}^{(2)} \end{cases}$$

式中:$y_t^{(1)}$ 和 $y_t^{(2)}$ 分别为第 t 期一次、二次指数平滑值。

在建立预测公式时,还要分析时间序列的发展趋势是直线型还是非直线型。如果为直线型,就采用如下直线模型据以预测:

$$y_{t+T} = a_t + b_t \cdot T$$

式中:a_t、b_t 为平滑系数,y_{t+T} 为第 $t+T$ 期的预测数,T 是要提前的预测期数。

a_t、b_t 计算公式如下:

$$\begin{cases} a_t = 2y_t^{(1)} - y_t^{(2)} \\ b_t = \dfrac{\alpha}{1-\alpha}(y_t^{(1)} - y_t^{(2)}) \end{cases}$$

可见,二次指数平滑值一般都不直接用于预测,而是为了求平滑系数,建立线性时间模型来预测,以便修正指数平滑值的滞后现象。

2. 回归分析预测法

回归分析预测法是利用统计分析的方法,对具有相关关系的变量建立回归模型,并据此进行因果预测的一种数学方法。建立的回归模型,不仅可以描述变量间相关关系的紧密程度和方向,还可以进行推算和预测。在回归分析中有静态回归分析和动态回归分析之别。在统计预测中主要是研究动态回归分析的问题,在分析中对自变量时间数列进行外推预测,将预测值代入回归方程,据此推算因变量数值。

回归预测的一般步骤是:第一,对预测对象及其相关因素对应的观察值做相关图(散点图),判定其相关类型,从而确定采用何种回归模型;第二,计算相关系数,判定变量间相关关系的密切程度,如果高度相关或显著相关,则回归模型有价值,否则,则无价值;第三,当确定相关关系密切,适于回归预测,则可配合回归线,建立回归模型,确定模型中的参数;第四,对回归方程进行效果检验,若效果好,则可进行预测;第五,利用回归方程进行预测。

例如，某地区居民的收入与社会商品零售总额近 10 年的统计资料如表 3-3 所示。

表 3-3　社会商品零售总额与居民收入统计资料　　　　　　　　（单位：亿元）

序号	居民收入	商品零售总额	序号	居民收入	商品零售总额
1	64	56	6	107	88
2	70	60	7	125	102
3	77	66	8	143	118
4	82	70	9	165	136
5	92	78	10	189	155

讨论社会商品零售总额与居民收入的关系，并以此预测下一年居民收入达到 213 亿元时的社会商品零售总额。

解：第一步，因为预测目标是社会商品零售总额，所以令社会商品零售总额为 y，居民收入为 x。依据统计资料，做出散点图（见图 3-2）。

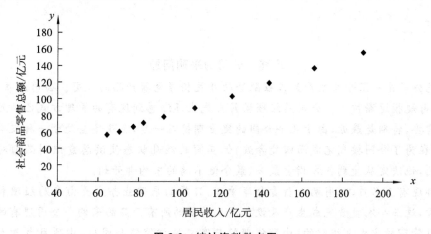

图 3-2　统计资料散点图

第二步，建立数学模型。由图 3-2 可见，y 与 x 呈线性关系，故设预测模型为：

$$y = a + bx$$

第三步，估计参数 a、b 的值。

$$b = \frac{n\sum xy - \sum x \sum y}{n\sum x^2 - (\sum x)^2} = \frac{10 \times 116\,557 - 1\,114 \times 929}{10 \times 140\,582 - (1\,114)^2} = 13\,066.4/16\,482.4 = 0.792\,7$$

$$a = \frac{1}{n}\sum y - b \cdot \frac{1}{n}\sum x = 929/10 - 0.792\,7 \times 1\,114/10 = 4.593$$

由此，得出回归预测方程式：$\hat{y} = 4.593 + 0.792\,7x$

这个模型表明：居民的平均收入每增加 1 元，平均就有约 0.79 元用于商品消费。

第四步，进行相关性检验。首先，求相关系数：

$$r = \frac{n\sum xy - \sum x \sum y}{\sqrt{n\sum x^2 - (\sum x)^2} \cdot \sqrt{n\sum y^2 - (\sum y)^2}} = 0.999\,7$$

显然，y 与 x 具有高度线性相关性。

其次,用估计标准差验证。计算出估计标准差为:

$$S_y = \sqrt{\frac{\sum (y_t - \hat{y}_t)^2}{n-k}} = \sqrt{\frac{\sum y_i^2 - a\sum y_i - b\sum x_i y_i}{n-2}}$$

$$= \sqrt{\frac{96\,669 - 4.593 \times 929 - 0.792\,7 \times 116\,557}{10-2}} = 0.959\,8$$

$$\bar{y} = 92.9, \qquad S_y/\bar{y} = 0.01 < 15\%$$

所以,y 与 x 的线性相关性是较强的。

第五步,预测当居民收入达到213亿元时的社会商品零售总额,得出点估计值为:

$$\hat{y}_0 = (4.593 + 0.792\,7 \times 213) \text{亿元} = 173.438 \text{亿元}$$

$\hat{y}_0$ 可靠度为95%的预测区间为:

$(173.438 - 2 \times 0.959\,8, 173.438 + 2 \times 0.959\,8)$,即 $(171.52, 175.36)$。

也就是说,下一年社会商品零售总额的预测范围在171.52亿元~175.36亿元。

宏喜尼公司的采购问题

宏喜尼公司是一家专业生产为工程配套的开关柜等电器产品的公司。公司成立三年来,发展较快,公司规模逐渐扩大。公司总经理洪月发先生逐渐感到现有的管理方式已经无法适应企业的发展需要,特别是最近,由于几个合同的交货期挤在一起,企业完全处于一种捉襟见肘的状态,员工都在为了合同按期完成而四处奔波,但其间的混乱状态使洪总意识到必须对管理进行改进。因此,他决定从受到各方指责最多、最令他不满的采购部开始。

采购部现有五名员工,有两人负责仓库管理,日常的采购业务主要由采购经理和另外两个采购员负责,这三个人负责完成生产及设备调试所需的所有产品的采购。公司现有的生产运作是按着项目管理的方式来组织的,由销售部门与客户签订销售合同后,由项目负责人完成整个合同,项目负责人主要来自技术部门。项目负责人接到销售合同(合同周期约四至六个月)后,首先与销售部门和客户进行沟通,明确客户要求,并据此完成基本设计(约一个月),确立项目的大体进度和对主要部件的生产及采购需求,然后组织技术人员完成项目的详细设计(约一至两个月)。详细设计完成后会产生具体的设备需求清单,通常设备清单当中会有几百项产品。设备清单交于采购部,由采购部对各种类型的产品分别汇总,寻找供应商谈判价格并签订采购合同。因为熟悉产品技术,在寻找供应商和谈判过程中,项目负责人起着重要的作用,有时其影响力甚至超过采购人员,双方也会因此产生矛盾。采购合同完成之后,生产部门会根据部件的到货情况安排生产。

上个月,洪总曾经召开过一次管理会议讨论解决目前生产计划的混乱状态。在会上,采购部受到各部门一致的指责。销售部、技术部和生产部认为,采购对项目的紧急性响应程度不高,采购的周期过长,采购的计划性太差,致使大量的生产及调试工作必须在短期内完成,造成整个生产计划的混乱。另外,由于大量的采购部件总是同时到货,也造成库存积压和作业现场的混乱。再有,采购产品的质量、价格及供应商的服务水平也不稳定,供应商数量太多也为管理带来困难,财务部门也提出,由于零部件到货的集中性和取用的仓促性,致使仓库方面来不及完成正常的出入库程序,造成账实严重不符。采购部则认为,由于每个项目的采购需求都不一样,差别很大,根本无法提前准备,技术人员一次性把几百种零部件的采购需求通知采购部,他们三个人能做到现在这样已经不错了。他们认为问题在于技术人员通知他们太晚,况且设计经常变动,每一个项目都声称自己是最紧急的,要求先安排,采购员分不清哪个应该先做。进口产品的采购周期长他们也没有办法,而且因为每项采购的金额都不是很大,他们与供应商的谈判力量不强,拿到好的价格及服务很难。另外,项目经理在供应商的选择和谈判中的过多介入也是造成供应商过多和供应商质量不稳定的原因之一。

事实上,为了解决项目经理认为采购员不懂技术、无能力选择供应商和采购员认为项目经理在采购过程中介入太多之间的矛盾,公司在几个月前曾经多次开会讨论制订出了一个详细的采购流程,但至今都没有按此执行过。公司还参照一家国际著名企业的供应商评估流程制订了自己的供应商评估流程及表格,但因为主要的供应商都是一些代理商而非生产企业,这些评估流程也未得到实施。针对目前的情况,洪总认为虽然采购部现有人员的专业素质是管理改进的障碍,但责任似乎并不完全在采购部,究竟应该如何改变目前的状况令洪总一筹莫展。

宏喜尼公司的采购问题给我们的启示:
(1) 采购部门对于制造企业相关的销售部、技术部和生产部影响甚大;
(2) 采购部门人员对采购物资的需求(知道需求量更要懂物资的技术参数)管理至关重要;
(3) 对供应商的选择、与供应商谈判的关键在于对采购物资的需求管理;
(4) 做好需求管理,需要采购部门人员与生产部门、销售部门多沟通,及时了解需求变化。

重要概念

采购需求管理　德尔菲法　指数平滑预测法

本章小结

采购需求分析指的是,要进行采购,首先要分析弄清采购管理机构所代理的全体需求者们究竟需要什么、需要多少、什么时候需要的问题,从而明确应当采购什么、采购多少、什么时候采购以及怎样采购的问题,得到一份确实可靠、科学合理的采购任务清单。

在明确需求时,企业内部的用户包括研发与生产部门,当然要发挥重要作用,但明确需求是一个跨职能的过程,作为采购管理部门,在明确需求时应发挥以下作用:①尽快介入明确需求的过程;②提供商品知识及商业意识;③促进供应商早期介入。

采购需求分析方法包括:①运用采购需求表;②统计分析;③采用 ABC 分析法;④物资消耗定额管理;⑤推导分析。

需求预测是为了制订物流管理计划,从而对需求时间、地点、库存单位、装运流量等所进行的预示或估计。精确的需求预测可以促进物流信息系统和生产设施能力的计划和协调,并且通过物流需求预测可以确定产品是如何向配送中心和仓库或者零售商进行分配的。为明确责任,衡量需求预测的效果,开展物流需求预测需要建立一套包括组织、程序、动机以及人事等方面的完善的预测行政管理体制,以支持预测活动的顺利开展,在此基础上选择预测技术,实施预测过程并对其过程实行有效监控。

需求预测的方法按预测所采用的方法不同分类,可分为定性预测和定量预测。定性预测和定量预测并不是相互排斥的,而是可以相互补充的,在实际预测过程中应该把两者正确地结合起来。其中,定性预测包括德尔菲法、主观概率法、领先指标法等,定量分析包括算术平均预测法、移动平均预测法、指数平滑预测法、一元回归预测法等。

复习思考题

一、填空题

1. 广义的采购指除了以购买的方式占有物资之外,还可以用下列各种途径取得物资的使用权,如(　　)、(　　)、(　　)来达到满足需求的目的。
2. 需求管理对于企业采购(　　)、采购(　　)、(　　)及风险控制等重要竞争要素都有影响,而这些竞争要素决定着企业的核心竞争力。
3. 采购预测是指企业的决策者在商品采购市场上调查取得的资料的基础上,经过分析研究,并运用科学的方法来测算未来一定时期内商品市场的(　　)及其(　　),从而为商品(　　)和制订(　　)提供科学的依据,实现销售利润等一系列目标的过程。
4. 需求预测按预测所采用的方法不同分类,可分为(　　)和(　　)。
5. 定量预测方法包括(　　)、(　　)、(　　)、(　　)等。
6. 采购与采购管理的区别可以从(　　)、(　　)、(　　)、(　　)四个方面来分析。
7. 采购管理的内容包括(　　)、(　　)、(　　)、(　　)、(　　)、(　　)等六个方面。
8. 采购管理的地位主要表现在(　　)、(　　)、(　　)、(　　)等四个方面。

二、单项选择题

1. 专家小组在互相独立的情况下,以匿名的方式分别进行需求预测,然后将各个成员的意见进行比较,再对不同之处进行讨论,最终达成一致结果。这种方法是(　　)。
   A. 专家会议法　　　　　B. 市场测试法　　　　C. 因果关系分析法　　D. 德尔菲法
2. 在制订采购说明时,对差异性并不重要的产品,可采用(　　)产品以降低成本。
   A. 品牌化　　　　　　　　　　　　　　B. 性能规格水平比较高的
   C. 标准化的　　　　　　　　　　　　　D. 采购支出较低的
3. 某化工厂产品生产企业采购8台职工上下班用的班车,这种采购需求应属于(　　)。
   A. 生产的业务性需求　　　　　　　　　B. 生产的资本性需求
   C. 非生产的业务性需求　　　　　　　　D. 非生产的资本性需求
4. 某厂一台使用多年的设备中的轴承损坏,该设备制造厂商已倒闭,并且已损坏的轴承也难以辨别型号。那么,在采购更换所用新轴承时应该用(　　)来明确其规格。
   A. 商标名称　　　　　　B. 技术规格　　　　　C. 样品　　　　　　　D. 构成规格
5. 对一个新产品的价值工程研究最好在(　　)阶段。因为在此阶段,价值工程研究对成本的影响最大。
   A. 概念设计　　　　　　B. 试验　　　　　　　C. 生产　　　　　　　D. 具体设计
6. 在对需要采购的物品的数量进行预测时,首先要做的工作是(　　)。
   A. 找出影响需求数量的因素　　　　　　B. 确定预测模型
   C. 收集分析过去的数据　　　　　　　　D. 采取相应的管理措施
7. 下面哪种类型的采购最可能需要董事会审批?(　　)
   A. 低值采购　　　　　　　　　　　　　B. 高价值的生产性采购
   C. 高价值的资本性采购　　　　　　　　D. 日常性采购

三、判断题

1. 明确采购需求只是整个采购供应过程的起点,因此,是否能够完整明确地需求并不会给后面的步骤带来严重的影响。(   )

2. 对采购项目进行技术性定义,就是确保所明确的质量等级可以满足对其性能的要求。(   )

3. 在制订采购需求时,对产品或服务的规格要求当然是越详细并且要求越高越好。(   )

4. 一般说来,非生产性需求更难预测。(   )

5. 在明确产品和服务的规格时,尽可能利用现有的标准以节省时间和精力。但现有的标准不一定都能够满足需要,因为它并不总是反映最新的技术和实践。(   )

6. 为使供应商更好地理解采购方的需求,采购说明中需要提供企业背景资料、有关的公司政策等。(   )

7. 在选择制订采购说明的方法时,需要考虑所采购的产品或服务的属性,如是属于业务性需求还是资本性需求,而并不需要考虑公司所要达到的总体供应目标与指标。(   )

8. 采购方提供的采购说明不完全或不正确,只会导致合同实施过程中的进度风险。(   )

四、简答题

1. 简述采购需求管理对企业战略管理的贡献。
2. 简述采购供应部门在需求管理中的重要性。
3. 简述需求预测的主要步骤。
4. 简述 ABC 分类法采购需求分析的步骤。
5. 简述德尔菲法预测的优缺点。
6. 简述指数平滑预测法进行预测的步骤流程。

五、案例分析

案例 1

宝钢的采购

宝钢运用先进的信息技术"集成"了各分公司、子公司的原燃料需求及供应商的服务,在国内率先建成了一套智能化的原料采购物流管控系统。自上线以来,该系统运行稳定,实现了从计划制订、远洋运输、仓储、配送至原料进厂等的协同运作,供应链运营效率大幅提升,物流成本大幅降低。

原料采购物流业务涉及运输、港口、船代、货代和仓储等多家企业,具有流程长、运行复杂等特点,管理和控制难度相当大。随着近年来物流成本的一路飙升,降低物流成本已成为企业着力挖掘的"第三利润源"。宝钢不断创新物流管理,对原燃料物流供应链重新进行了梳理与整合,并借助信息技术和网络,建立了一套高效的物流管控系统,提升了企业的核心竞争力。

这套系统以网络为"桥",以原料物流业务为"枢纽",将宝钢各分公司、子公司的相关职能部门及供应商的信息连接起来,实现了供应链整体高效协同运作。现在,宝钢股份原料采购中心及各分公司、子公司只要在系统中进行日常业务操作,系统就可以实时、自动地调取现场库存和需求等信息。通过该系统,原料采购中心物流运行部与供应商可直接交换和发送装期计划、外轮排港等信息以及相应文件,双方的工作量大大减轻。

案例1思考题：
(1) 宝钢公司如何进行采购需求管理？
(2) 宝钢如何通过原料采购物流业务流程管理降低物流成本？

案例2

惠普和康柏合并时成为世界500强的第9名，每年的营业额接近800亿美金，每个季度有多于10亿美元的现金流，研发费用为40亿美金。惠普现在可以说是真正的国际化公司，其有60%的营业额是来自美国之外，它的文化也是多样性的，员工则来自各个不同的国家。

这个新成立的公司有很大的采购量，需要在全球不同的地方综合各种采购能力、采购优势和技术优势来形成惠普自己的优势。比如说半导体的采购量处于世界第一名，内存方面的采购量也非常大，微处理器的使用是第一名，磁盘的使用也是第一名。那么，这样一个采购量巨大的大型的跨国公司是怎样解决它的采购问题和制订采购战略呢？

在2000年或是2001年，早期惠普存在跟其他企业同样的问题：有很多产品部门、很多业务部门，其采购、物流，甚至供应链都是各自为政，不同的业务部门有不同的供应链，不同的部门有不同的采购计划、采购策略。所以，怎样整合就成了一个问题，这是制造业尤其是高科技制造业中很多企业面临的共性问题。

共性问题具体表现为下面几个方面：从惠普来说有很多的层次，如总部、亚太地区；然后有很多的区域，比如说香港区、大陆区、台北区；而且生产有很多方面是通过外包、通过合同、通过制造商、通过OEM来达成的。供应商从全球来看也是非常大的集群，那么，怎么整合这么大的集群？这些要求使惠普当时的领导层认识到，维护世界级的成本结构才是新惠普在将来取得成功的一个关键因素。所以，基于这样的情况，惠普高层领导就决定要创新采购流程，创新采购策略，创新采购系统，这就是当时提出来的电子化采购的目的。

电子化采购的目的是要形成一流的采购流程和进行采购工具的创新，进而形成供应链的竞争优势和成本优势。远景是两方面的：一方面是作为跨国公司在采购供应链方面要有全球的可见性，即可以从总部的物流部门看到每个地区采购链上、供应链上的情况，可以做一些合并，来达到规模经济，降低成本的效益；另一方面，也不能丧失惠普每个业务系统所具有的灵活性和要发展各个业务部门的声誉，以及维护各个部门能力的分散的权利。所以目标很简单，首先是降低库存成本，降低采购成本，然后是提高效率。

在惠普这样的大公司，要推动这么一个计划其实不容易。惠普采取的方法就是先制订出统一的远景，然后制订出原则、这个战略要达到的目的，还要制订出各个部门和战略投资的关系，最后还要保证这个东西有一个很清晰的目的，如我现在要做什么，将来要做什么，并且要在兼顾每个职能部门的业务和利益的同时来进行推广。

其实企业投资最容易见效的地方在哪里？就在物料采购成本、库存成本这一块。很明显，这部分成本的降低能够直接反映到企业的利润率上面去，所以这个计划从一开始就要求每年是正的投资回报，换句话说，当年投资就要当年见效。

在这些情况、这些战略的指导下，惠普开始设计电子采购系统。这个系统由如下四个主要的方面组成。第一个是订单和预测协同，惠普的电子化采购强调预测和协同，利用互联网的功能来做网上的订单处理和预测处理。第二个是库存协同，尽量把原厂商自己的库存减到最小，这在理论上是可以做到的，同时，要知道供应商有多少库存在需要的时候才能够满足我们。无论在质量上、数量上还是价钱上，这就需要我们平时有一个系统来做交互。第三个是拍卖，就是用电子采购、电子拍卖,这是惠普自有的电子化交易市场。在这一块,惠普决定做自由化电子化交易经历了一个过程。2000年、2001年的时候,大家强调的是公共公有的这一块,惠普后来经过各种技术评估和投资回报甚至一些标准的评估,决定建立自有的电子化买卖系统。第四个是物料资源的寻找、获取、选择、决策的系统,这里面主要是一些基于供应链的智能分析。这个供应链是多层的,惠普供应链下面不仅要看到第一层的供应商,还要看到第二层、第三层的,原则上是要看到整个供应链,然后找到最优化的资源配置,可以把它归纳成"buypower",形成企业自己的竞争力。

这个系统从立项实施到现在,已经初具规模。2002年当年,就节省了采购和物资成本大概1亿美金。

案例2思考题:

(1) 什么是采购的杠杆效应?采购的杠杆效应是如何产生的?

(2) 试根据惠普公司的实际情况,结合采购需求管理理念分析其电子采购系统实施后,可能从哪些方面为企业带来成本的节约?

第四章 采购计划与预算编制

◆ 学习目标

①理解采购计划的概念、分类、作用,采购预算的含义、编制依据;

②掌握采购物资的分类、实施对策以及规格说明,采购计划及订单计划的编制,采购预算编制的流程及内容,采购计划与预算编制的影响因素;

③能够在实际中运用采购计划、订单计划、采购预算。

制订采购计划

每年年末都是小杨最为忙碌的时候,因为她是胜球公司的采购助理。为了做好公司全年的采购计划准备和采购部的管理工作,她要在年末的时候明确下一年度采购部采购人员的工作职责和业务范围,制订采购业务管理流程,还要根据公司领导层制订的企业经营计划向各部门收集并汇总物资采购需求和物资请购单。采购部门的同事对公司物资的库存情况与各部门的采购需求进行分析之后,又结合企业上一年度的生产状况、销售状况及经营目标,确定了采购需求和采购预算,再经过公司财务部、总经理等审批之后,最终由采购部对各项信息进行分析汇总,制订年度采购计划。

案例提示:在确定了采购需求之后,企业会根据物资的库存情况、经营计划、采购需求制订采购计划和采购预算。

知识点一 采购物资的分类及规格说明

一、采购物资的分类

(1) 收集数据,即确定构成某一管理问题的因素,收集相应的特征数据。以库存控制涉及的各种物资为例,如拟对库存物资的销售额进行分析,则应收集年销售量、物资单价等数据。

(2) 计算整理,即对收集的数据进行加工,并按要求进行计算,包括计算特征数值,特征数值占总计特征数值的百分数、累计百分数,因素数目及其占总因素数目的百分数、累计百分数。

(3) 根据一定的分类标准,进行 ABC 分类,列出 ABC 分析表。各类因素的划分标准并无严格规定,习惯上常把主要特征值的累计百分数达 70%~80% 的因素称为 A 类,累计百分数在 10%~20% 区间的因素称为 B 类,累计百分数在 10% 左右的因素称为 C 类。

(4) 绘制 ABC 分析图。以累计因素百分数为横坐标,累计主要特征值百分数为纵坐标,按

ABC 分析表所列示的对应关系,在坐标图上取点,并联结各点成曲线,即绘制成 ABC 分析图。除利用直角坐标绘制曲线图外,也可绘制成直方图。

二、实施对策

实施对策是分类管理的过程。根据 ABC 分类结果,权衡管理力量和经济效果,制订 ABC 分类管理标准表,对三类对象进行有区别的管理。

ABC 分类法的具体步骤如下。

(一) 收集数据

按分析对象和分析内容收集有关数据。例如:打算分析产品成本,则应收集产品成本因素、产品成本构成等方面的数据;打算分析针对某一系统搞价值工程,则应收集系统中各局部功能、各局部成本等数据。

(二) 处理数据

对收集来的数据资料进行整理,按要求计算和汇总。

(三) 制 ABC 分析表

ABC 分析表栏目构成如下:第一栏为物资名称;第二栏为品目数累计,即每一种物资皆为一个品目数,品目数累计实际就是序号;第三栏为品目数累计百分数,即累计品目数占总品目数的百分比;第四栏为物资单价;第五栏为平均库存;第六栏为第四栏的单价乘以第五栏的平均库存,即各种物资平均资金占用额;第七栏为平均资金占用额累计;第八栏为平均资金占用额累计百分数;第九栏为分类结果。

制表按下述步骤进行:将上述处理数据步骤中已求算出的平均资金占用额以大排队方式,由高至低填入 ABC 分析表中第六栏。以此栏为准,将相应物资名称填入第一栏,物资单价填入第四栏,平均库存填入第五栏,在第二栏中按 1、2、3、4 等编号,为品目数累计。此后,计算品目数累计百分数,填入第三栏;计算平均资金占用额累计,填入第七栏;计算平均资金占用额累计百分数,填入第八栏。

(四) 根据 ABC 分析表确定分类

按 ABC 分析表,观察第三栏品目数累计百分数和第八栏平均资金占用额累计百分数,将品目数累计百分数为 5%~15% 而平均资金占用额累计百分数为 60%~80% 的物资,确定为 A 类;将品目数累计百分数为 20%~30% 而平均资金占用额累计百分数也为 20%~30% 的物资,确定为 B 类;其余为 C 类,C 类情况正好和 A 类相反,其品目数累计百分数为 60%~80%,而平均资金占用额累计百分数仅为 5%~15%。

(五) 绘 ABC 分析图

以品目数累计百分数为横坐标,以平均资金占用额累计百分数为纵坐标,按 ABC 分析表第三栏和第八栏所提供的数据,在坐标图上取点,并联结各点绘成 ABC 曲线。

将 ABC 分析曲线对应的数据,按 ABC 分析表确定 A、B、C 三个类别的方法,在图上分别标明 A、B、C 三类,则制成 ABC 分析图,如图 4-1 所示。

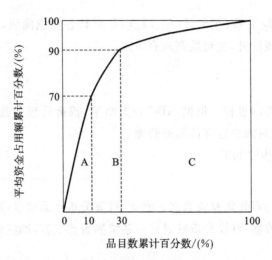

图 4-1 ABC 分析图

ABC 分类管理表如表 4-1 所示。

表 4-1　ABC 分类管理表

分类 项目	A	B	C
价值	高	中	低
管理要点	将库存压缩到最低水平	库存控制有时可严些有时可松些	集中大量订货,以较高库存来节约订货费用
订货量	少	较多	多
订购量计算方法	按经济批量计算	按过去的记录	按经验估算
定额综合程度	按品种或规格	按大类品种	按总金额
检查库存情况	经常检查	一般检查	季度或年度检查
进出统计	详细统计	一般统计	按金额统计
保险储备量	低	较大	允许较高
控制程度	严格控制	一般控制	控制总金额
控制系统	连续型库存观测系统	综合控制法或连续定期法	定期型库存观测系统

三、采购物资的规格说明

(一) 产品规格说明

(1) 产品规格是对原材料、产品或服务的技术要求的描述,如产品必须满足的性能参数,或者产品或服务实现的设计方案。

(2) 产品规格是指对产品特定形式的描述。产品规格描述可能采用一种、多种或不同方式组合。

(二) 产品规格的种类

产品规格包括以下内容：

(1) 设计图和样图。

(2) 品牌和商标。

(3) 供应商/行业编码。

(4) 化学和物理规格/组成规格。

(5) 商业规格。

(6) 设计/技术规格。

(7) 市场等级。

(8) 原材料和制造方式的规格。

(9) 功能/性能规格。

(10) 样品。

(三) 服务的工作说明

(1) 服务的工作说明界定了服务项目(可分解为细目模块)的范围、设计、功能、努力水平和绩效水平等特征。

(2) 服务的工作说明的类型有如下几种：

·工作的功能说明。

·工作的设计说明。

·工作的绩效说明。

·工作的努力水平说明。

(四) 产品规格的描述方法

产品规格的描述方法通常有以下几种。

1. **品牌或商标**

工业品采购很注重品牌或商标，一个行业产品的品牌对采购商的影响很大。因为一般工业品采购数量和金额比较大，工业品使用时间相对较长，采购商是不敢冒太大风险去尝试从来没有听说过的产品的。采用品牌或商标描述方法，意味着采购商非常依赖供应商的诚信、商业信誉和维持经营的实力。当然，这些品牌必须具有完整确切的品质指标或技术说明。

使用品牌或商标将会产生对特定供应商的过度依赖，限制了潜在竞争供应商的数目，而且失去寻找更低成本的选择机会和可能由竞争供应商提供的改善优势。

2. **或同等品**

政府采购部门经常在寻求报价或投标时，会在指定品牌或制造商的型号后注明"或同等品"。这样一来，采购方把建立平等或更优品质的责任自然转嫁到投标的供应商身上，同时又不必承担建立规格描述的烦琐工作和费用。

3. **规 格 说 明**

采取规格说明采购需求是最广为人知的规格描述方法。采购商设定规格说明，以便采购活动在严格的设定规格的基础下进行。与设定规格最相关的事项是产品规格的标准化，以及型号、大小等规格数目的缩减，这些考虑必须限定在标准产品的范围内。规格说明有如下几种。

1）物理或化学特征的规格说明

物理或化学特征的规格设定,是指对产品的性质描述。这些性质描述通常就是要检测的项目,且检测成本较低。

以甘油（化学名称为丙三醇）为例：

  外部性质详细描述：

  色度（APHA）≤10

  甘油含量%≥98.5

  密度（$\rho 20$）g/ml≥1.2572

  硫酸化灰分%≤0.01

  酸度或碱度≤0.064

  皂化当量≤0.64

  氯化物（以 Cl 计）%≤0.001

2）材料与制造方法的规格说明

材料与制造方法的规格设定的形式,是采用产品的材料和制造方法来设定。例如,地毯按材料分为棉、毛、丝、麻或化学纤维等,按照制造方法描述分为手工地毯、机制地毯等。

3）性能和机能

一件工业品的性能自然是采购商最起码要关注的标准。产品性能这一项是采购商非常关心的,因为性能差的产品,性价比低。有些行业（如电气自动化行业）特别注重产品的性能稳定性。

4. **采用工程绘图的规格描述**

采用工程绘图或尺寸表来做规格描述是很普遍的做法,且这种方法可以配合使用文字（说明书）加以完整的描述。特别是在建筑业、电子和电子加工业、机器零部件制造业、锻造业、铸造业等的采购中都能看到此类描述方法。这种描述方法是规格描述中最精确的,尤其是用于采购要求高度精密制造、结构性能复杂和极小误差的项目。

5. **其他方法**

1）采用市场分级作为规格描述

采用市场分级的采购,主要是某些原料,如小麦、棉花、木材、钢铁、铜等。基于生产和产品的需要,分级采购才能满足采购商的要求。分级的价值在于分级是否正确,以及材料的分级能力好坏。

按照中国国家标准,木材等级分一、二、三等以及等外四级。木材结疤、内含孔洞、木质疏松等均会影响木材等级。

2）以样品作为规格描述

以样品作为规格描述就是采用提供样本进行取样的方法。几乎所有的采购商只有在特别的情况下,才采取这种办法。该方法通常是针对可用视觉审查的项目,如木材的纹理、颜色等。

不同产品规格适用的场合如表 4-2 所示。

表 4-2　不同产品规格适用的场合

规格类型	适用场合
品牌或商标	·通用产品。 ·与一个特殊的品牌有关,且将使公司产品形成差异化时。 ·质量比成本更为重要时
供应商/行业编码	·简单项目。 ·易于从一个特定的供应商处采购
样品	·采购前很难评价质量。 ·当展示需求比用文字描述或确认它更容易时
设计/技术规格	·供应商不具有所需的设计专有知识和技能。 ·组织希望保留内部设计的专有知识和技能(如保护它的竞争优势)。 ·与现有设备有复杂的接口。 ·购买者准备接受设计不能满足所需性能要求的风险
组成规格	·采购原材料、大宗商品和食品等产品。 ·安全或环境因素非常重要。 ·性能依赖于构成
功能/性能规格	·供应商比购买者拥有更多的专有知识和技能。 ·注重创新。 ·供应商所处行业技术正发生着迅速的变化

知识点二　采购计划

　　计划是管理的首要职能,任何组织都不能没有计划。所谓计划就是根据组织内外部的实际情况,权衡客观需要和主观可能,通过科学预测,提出在未来一定时期内组织所要达成的目标以及实现目标的方法。采购计划作为采购管理的第一步,起到指导采购部门的实际工作、保证产销活动的正常进行和提高企业经济效益的作用。

某企业采购计划编制制度

1. 编制采购计划的依据

　　充分考虑公司经营计划、物品及原料需求部门的采购申请、年度采购预算、库存情况、公司资金周转情况,紧急物资应优先考虑。

2. 采购计划的分类

　　采购计划包括以下几种类型:

　　(1)年度采购计划。根据公司年度经营计划,在对市场信息和需求信息进行充分调查分析的基础上，根据历史数据的对比制订。

（2）月度采购计划。在对年度采购计划分解的基础上，依据上月实际采购情况、库存情况、下月度需求预测和市场行情制订。

（3）日采购计划。在对月度采购计划分解的基础上，依据各部门每日经营所需物料的汇总审核情况制订。

（4）日常经营需求计划。根据每日的经营情况、库存情况，以及各部门的采购申请制订。

3. 采购申请的提出与审批权限

（1）采购申请应注明物品的名称、数量、需求日期、参考价值、用途、技术要求、供货商、交货期、供货方式等。

（2）部门负责人或授权人审批本部门的采购申请表时，应检查采购申请表的内容是否准确、完整。

（3）经审批后的采购申请表由采购部汇总，执行采购。

一、编制采购计划的目的和内容

（一）采购计划的含义

采购计划是企业管理人员在了解市场供求情况、认识企业生产经营活动过程及掌握物资消耗规律的基础上，对计划期内物资采购活动所做的预见性安排和部署。

通常情况下，制造业的流程始于原材料、零部件的购入，经过加工制造或组合装配成为产品，再经过销售获取利润。其中何时、何处取得合适数量的原材料也正是采购计划的重点所在。采购计划就是购入原材料的预见性的安排及部署，因此对于整个采购运作的成败有非常重要的作用。采购计划的特征有如下几点：

1. **目的性**

企业是通过精心筹划的合作去实现目标，并使得企业得以生存和发展。采购计划的目的就是为实现企业的目标提供方便，配合企业生产计划与资金调度，使采购部门事先准备，选择有利时机购入物资。

2. **主导性**

企业通过市场的订货合同、订货单位或市场预测来确定其未来一段时间的需求量，这就是出产进度计划。有了出产进度计划就可以制订企业的采购计划，采购计划是生产制造的前提，通过采购计划预计物资需用时间与数量，防止供应中断，影响产销活动。

3. **经济性**

所谓经济性就是采购计划要讲究效率，即投入与产出之间的比例。制订合理的采购计划可以避免物资储存过多，积压资金，以及减少占用堆积的空间。同时确立物资耗用标准，以便管理物资的购入数量和成本。

这里我们通过某企业采购计划作业程序进一步了解采购计划的含义：

（1）营业部于每年度开始时，提供给主管单位有关各机型的每季度、每月的销售预测，并配合实际库存量、生产需要量、现实状况，由生产主管单位编制每月的采购计划。

（2）主管单位编制的采购计划副本送至采购中心，据此编制采购预算，经审核通过后，交至财务单位编制每月的资金预算。

（3）营业部门变更销售计划或有临时的销售决策（例如紧急订单），应与生产单位、采购中心协商，以制订生产日程，并修改计划及采购预算。

（二）采购计划的分类

采购计划可以从如下几个不同的角度进行划分：

（1）按计划期长短分类，可以分为年度物资采购计划、季度物资采购计划、月份物资采购计划等。

（2）按物资的自然属性分类，可分为金属材料采购计划、机电产品采购计划、非金属材料采购计划等。

（3）按物资的使用方向分类，可分为生产产品用物资采购计划、维修用物资采购计划、基本建设用物资采购计划、技术改造措施用物资采购计划、科研用物资采购计划等。

（4）按采购计划程序分类，可分为采购认证计划和采购订单计划。

（5）按采购层次分类，可分为战略采购计划、业务采购计划、部门采购计划。

（三）采购计划的作用

俗话说"好的计划是成功的一半"，制订一个合理的采购计划，对于整个采购运作的成败有非常重要的作用。

（1）可以有效地规避风险，减少损失。采购计划是面向未来的，企业在编制采购计划时，已经对未来因素进行了深入的分析和预测，做到有备无患，既保证企业正常经营需要的物料，又降低了库存水平，减少了风险。

（2）为企业组织采购提供依据。采购计划具体安排了采购物料的活动，企业管理者按此安排组织采购就有了依据。

（3）有利于资源的合理配置，以取得最佳的经济效益。采购计划选择经营决策的具体化和数量化来保证资源分配的高效率，对未来物料供应进行科学筹划，有利于合理利用资金，最大限度地发挥各种资源的作用，以获得最佳效益。

二、采购计划的编制

采购计划是采购活动的第一步，应根据市场需求、生产能力和所需的采购量来制订。完整的采购计划包括认证计划和订单计划两个部分。这两个部分必须做到综合平衡，才能保证物资的采购成功。

（一）认证计划的制订

采购认证是企业采购人员对采购环境进行考察并建立采购环境的过程。

1. 准备认证计划

1）接收开发批量需求

开发批量需求是整个供应程序流动的龙头。要想制订较为准确的认证计划，首先必须熟知开发需求计划。开发批量物资需求通常有两种情况：一是在目前采购环境中可以找到的物资供应；另一个是新物资，这是采购环境中无法提供的，需要寻找新物资的供应商，或者与供应商一起研究新物资的开发途径。开发批量认证需求不仅要分析量上的需求，而且需要了解物料的技术特征等信息。这种分析可以判断目前的采购环境是否能满足企业的需求，如果不能满足就需要另外寻找新的供应商。

2）接收余量需求

随着市场需求的增加，采购环境容量不足以支持物资需求，或随着采购环境呈下降趋势，该物资的采购环境在缩小，满足不了需求。以上两种情况会产生余量需求，因而要求对采购环境进行扩容。采购容量的信息可由认证人员和订单人员提供。通过分析现实采购环境中的总体订单量和同期供应商的最大供应量之间的差异，即可求得余量认证需求。

3）准备认证环境资料

采购环境内容包括认证环境和订单环境两个部分。有些供应商认证容量大，订单容量小，有些反之。这是因为认证过程是供应商样品小批量试制过程，需要有强大的技术力量支持，有时需要与供应商一起开发。而订单过程是供应商的规模化生产过程，突出表现是自动化机器流水作业，以及稳定的生产、技术工艺已经固化在生产流程中，所以它的技术支持难度较前者小。

4）制订认证计划说明书

制订认证计划说明书是通过对企业内部采购需求量的分析而制订的一项采购计划，包括物料项目名称、需求数量、认证周期等内容的文字说明。

2. 评估认证需求

1）分析开发批量需求

开发批量需求的形式多样，计划人员应对开发物资需求做详细分析，必要时与开发人员、认证人员一起研究开发物资的技术特征，按照已有的采购环境及认证计划经验进行合理分类。由此可以看出，认证计划人员需要兼备计划知识、开发知识、认证知识等，并具有从战略高度分析问题的能力。

2）分析余量需求

余量需求的来源主要有两个：一是市场销售量的扩大，另一个是采购环境订单容量的萎缩。这两种情况都导致了目前采购环境的订单容量难以满足用户的需求，应根据需要增加采购环境容量。对于因市场需求的原因造成的需求余量，可以通过市场及生产需求计划得以了解各种物资的需求量及时间；对于因供应商萎缩原因造成的需求余量，可以通过分析现实采购环境的总体订单容量与原订单容量之差别得到。两种情况的余量相加即可得到总需求余量。

3）确定认证需求

根据开发批量需求及余量需求的分析结果，确定认证需求。认证需求是指通过认证手段，获得具有一定订单容量的采购环境。

3. 计算认证容量

1）计算总体认证容量

在采购环境中，供应商订单容量与认证容量是两个概念，有时可以相互借用，但不是等量的。一般在认证供应商时，要求供应商只做认证项目。总之，在供应商认证合同中，应说明认证容量与订单容量的比例，防止供应商只做批量订单，不愿意做样品认证。把采购环境中所有供应商的认证容量总合，即可得到采购环境中大概的总体认证总量。对有些供应商的认证需要加上适当系数。

2）计算承接认证量

承接认证量即供应商正在履行认证的合同量。供应商承接认证量等于当前供应商正在履行的认证合同量。承接认证量的计算也是一个复杂的过程。各种物资项目认证周期不同，一般是计算要求的某一时间段的承接认证量。最恰当、最及时的处理方法是借助电子信息系统,模拟显示供应商已承接的认证量,以便进行认证计划决策时使用。

3) 确定余量认证容量

将某一物料所有供应商群体的剩余认证容量进行汇总即得到该物料的认证容量。其公式为:

物资的剩余认证容量＝物资供应商群体总认证容量－承接认证量

例如:某电视机厂去年生产的某型号电视机销量达到10万台,根据市场反应状况,预计今年的销量会比去年增长30％。已知生产10万台电视,公司需采购某零件40万件。供应此种零件的供应商主要有两家:A的年产能力是50万件,已有25万件的订单;B的年产能力是40万件,已有20万件的订单。求出认证过程。

第一步:分析认证需求。

今年销售预测:[10(1＋30％)]万件＝13万件

该种零件的需求量:(13×4)万件＝52万件

第二步:计算认证容量。

A与B的供应量:[(50－25)＋(40－20)]万件＝45万件　(52－45)万件＝7万件

即公司再采购7万件才能满足需要。

4. 制订认证计划

1) 对比需求与容量

如果供应商认证容量大于认证需求量,这时无须进行综合平衡;反之,则需要借助采购环境之外的认证计划确定剩余认证需求。

2) 综合平衡

从全局出发,综合考虑市场、生产、认证容量、物资生命周期等要素,判断认证需求的可行性。通过调节认证计划尽可能地满足认证需求,并计算认证容量不能满足的剩余认证需求,这部分剩余认证需求需要到企业采购环境之外的社会供应群体中寻找容量,即当现有采购环境不能满足剩余认证需求时,就要开发新的供应群体。

3) 制订认证计划

制订认证计划是认证计划的主要目标,是衔接认证计划和订单计划的桥梁。只有制订好认证计划,才能做好订单计划。认证数量及认证时间的确定方法如下:

认证物料数量＝开发样件需求数量＋检验测试需求数量＋样品数量＋机动数量

开发认证时间＝要求认证结束时间－认证周期－缓冲时间

通过分析认证需求,计算认证容量,并对其进行综合对比、平衡,采购认证计划就制订出来了。

在上述例题中,根据经验,测试的数量为此批样件数量的0.1％,样品数量和机动数量分别为样件数量的0.05％,要求在10月1日前完成认证,认证周期为10天,缓冲时间为10天,则:

认证数量＝(7＋7×0.1％＋7×0.05％＋7×0.05％)万件＝7.014万件

开始认证时间＝(30－10－10)天＝10天

即从9月10号开始认证,物料数量为7.014万件。

(二) 订单计划的制订

如果市场容量足够,则只做订单计划即可。制订订单计划应当综合考虑各方面的因素,如

市场要货计划、生产加工计划、实际采购能力等。通常,订单计划的制订需要通过以下几个步骤完成:

1. 分析订单需求

1) 接收市场需求

市场需求是启动生产供应程序流动的基础,要想制订较为准确的订单计划,首先应熟知市场需求计划,或者是市场销售计划。市场需求的进一步分解便得到生产需求计划。企业的年度销售计划在上年末制订,并报送至各个相关部门,同时下发到销售部门、计划部门、采购部门,以便指导全年的供应链运转。根据年度计划制订季度、月度的市场销售需求计划。分析市场要货计划的可信度、市场签订合同的数量、合同(包括延时交货的合同)剩余量,参考历史要货数据,最终得出市场需求结果。

2) 接收生产需求

生产需求对采购来说也可以称为生产物料需求。生产物料需求的时间是根据生产计划而产生的,通常生产物料需求计划是订单计划的主要来源。为了利于理解生产物料需求,采购计划人员需要深入熟知生产计划以及工艺常识。在 MRP 系统之中,物料需求计划是主生产计划的细化,它主要来源于主生产计划、物料清单、库存文件。编制物料需求计划的主要步骤包括:①确定毛需求;②确定净需求;③对订单下达日期及订单数量进行计划。

3) 准备订单背景资料

准备订单背景资料是非常重要的一项内容。订单背景是在订单物料的认证完毕之后形成的。订单背景资料主要包括:①订单物料的供应商消息;②订单比例信息(对多家供应商的物料来说,每一个供应商分摊的下单比例称为订单比例,该比例由供应商管理人员规划并给予维护);③最小包装信息;④订单周期(从下单到交货的时间间隔)。

4) 制订订单计划说明书

订单计划说明书指在未来指定时间内,将指定数量的合格物料采购入库,主要内容包括:①订单计划说明书,如物料名称、需求数量、到货日期等;②各种资料,如市场需求计划、生产需求计划、订单环境资料等。

2. 评估订单需求

1) 分析市场需求

订单计划一方面来源于生产计划,因为订单计划除了考虑生产需求之外,还要兼顾市场战略及潜在需求等;另一方面,我们还要分析需求计划的可信度,仔细分析市场合同签订数量、合同(包括延期缴获合同)剩余量的各种数据,研究其变化趋势,全面考虑需求计划的规范性和严谨性,参照相关历史需要数据,找出问题。总之,要对市场需求有一个全面的了解,应使远期发展与显示需求相结合。

2) 分析生产需求

分析生产需求,首先就需要研究生产需求的产生过程,其次分析生产需求量和要货时间。因为每周都有不同的毛需求量和到货量,这样就产生了不同的生产需求。对企业不同时期产生的不同生产需求进行分析是很有必要的。

3) 确定订单需求

根据市场需求及生产需求的分析结果确定订单需求。订单需求是通过订单操作手段,在未来指定的时间内,将指定数量的合格物资采购入库。

3. 计算订单容量

只有准确制订订单容量,最后才能制订出正确的订单计划。

1) 分析供应资料

对于采购人员来说,所要采购的物资的供应商信息是非常重要的一项信息资料。如果没有供应商供应物资,那么无论是生产需求还是紧急的市场需求都无从谈起。

2) 计算总体订单容量

总体订单容量是多方面的组合,一般包括两方面内容:一方面是可供给的物资数量,另一方面是可供给物资的到货时间。例如:甲供应商在1月15日之前可供应4万个开关(其中A型开关1万个,B型开关2万个,C型开关1万个),乙供应商在1月15日之前可供应5万个开关(其中A型开关1.5万个,B型开关1.5万个,C型开关2万个),那么1月15日前A、B、C三种开关的总体订单容量为9万个,其中A型开关2.5万个,B型开关3.5万个,C型开关3万个。

3) 计算承接订单量

供应商在指定时间内已签下的订单量是承接订单量。仍以上述例子说明:若甲供应商已经承接A型开关8 000个,B型开关1.5万个,C型开关9 000个;乙供应商已经承接A型开关1.3万个,B型开关1.2万个,C型开关2万个。那么在1月15日前,开关的总体承接订单量为7.7万个(其中A型开关2.1万个,B型开关2.7万个,C型开关2.9万个)。

4) 确定剩余订单容量

剩余订单容量是指某种物资所有供应商群体的剩余订单容量的总和。

物资剩余订单容量＝物资供应商群体总体订单容量－已承接订单量

例如上例中,开关剩余订单容量＝(9－7.7)万个＝1.3万个。

4. 制订订单计划

1) 对比需求与容量

经过对比,若发现需求小于容量的情况,企业要根据物资需求来制订订单计划;若发现供应商容量小于物资需求量的情况,企业要根据情况制订合适的物资需求计划,同时对剩余物资需求制订认证计划。

2) 综合平衡

综合平衡是指要考虑市场、生产、订单容量等要素,分析物资订单需求的可行性,调整订单计划,计算容量不能满足的剩余订单需求。

3) 确定余量认证计划

对于剩余需求要提交认证计划制订者处理,并确认能否按照物资需求规定的时间和数量交货。

4) 制订订单计划

订单计划做好后就可以按照计划进行采购。在采购订单计划里,两个关键的指标是下单数量和下单时间。

下单数量＝生产需求量－计划入库量－现有库存量＋安全库存量

下单时间＝要求到货时间－认证周期－订单周期－缓冲时间

制订订单计划是开展采购工作的基础,是采购工作得以及时、有序进行的有利保证,因此企业应当充分重视。

知识点三 采 购 预 算

一、采购预算概述

(一) 采购预算的含义

采购预算是一种以货币和数量表示的计划,是指采购部门在一定计划期间(年度、季度或月度)编制的采购物料的用款计划。它实现了采购计划的具体化,为采购资金的控制提供了明确的标准,有利于采购资金控制活动的开展。一般来说,企业制订采购预算主要是为了促进企业采购计划工作的开展与完善,减小企业的采购风险与合理安排有限资源,保证资源配置的高效性,进行成本控制等。

(二) 编制采购预算的原则

编制采购预算应遵循以下原则:

(1) 应该实事求是地编制采购预算。在编制采购预算时,要以企业所确定的经营目标为前提,先确定销售预算,再确定生产计划,最后制订采购计划。

(2) 积极稳妥、留有余地地编制采购预算。在编制采购预算时,既要保证采购预算指标的先进性,又要保证采购预算指标的可操作性,充分发挥采购预算指标的指导和控制作用。

(3) 需比质、比价再编制采购预算。在编制采购预算时,应广泛收集采购物料的质量、价格等市场信息,掌握主要物料采购信息的变化,根据市场信息对比质量和价格,确定所要采购的物料。

(三) 预算编制的作用

编制采购预算对于企业具有以下作用:

(1) 保障战略计划和作业计划的执行,确保组织向良好的方向发展。

(2) 协调组织经营资源。

(3) 在部门之间合理安排有限资金,保证资金分配的效率。

(4) 通过审批和拨款过程以及差异分析控制支出。

(5) 将目前的收入和支出与预算的收入和支出相比较,对企业的财务状况进行监视。

二、预算编制的依据

采购预算编制的依据包含以下几个方面:

(一) 物料标准成本

在编制采购预算时,因为将来拟购物资的价格不容易预测,所以多以标准成本替代。如果标准成本的设定缺乏过去的采购资料依据,也无工程人员严密精确地计算其原料、人工及制造费用等综合生产成本,则标准成本的设定就有一定的困难。因此,标准成本与实际购买价格的差额就会影响采购预算的准确性。

(二) 生产效率

生产效率的高低会使预计的物资需求量与实际的耗用量产生误差。产品的生产效率降低会导致原物资的单位耗用量提高,从而使采购预算中的预计数量不够生产所需。过低的产出率则会导致经常进行业务更改,从而使得零部件的损耗超出正常水平。所以,当生产效率降低时,采购预算必须将这部分额外的耗用率计算进去,这样才不会发生原材料预算资金的短缺现象。

(三) 价格预期

在编制采购预算时,经常需要对物资价格涨跌幅度、市场景气与否、汇率变动等加以预测,因为个人主观判断与事实的变化常有差距,这就可能造成采购预算的偏差。此外,季节性的供应状况、最低订购量等因素,将使采购数量超过正常的需求数量,而且企业财务状况的好坏也将影响采购数量的多少及采购预算的准确性。

由于影响采购预算的因素很多,故采购预算拟定之后,必须常与产销部门保持联系,并针对现实的状况做出必要的调整与修订,才能达成维持正常产销活动的目标,并协助财务妥善规划资金的来源。

三、预算编制的方法

常用的预算编制的方法有固定预算、弹性预算、定期预算、滚动预算、增量预算、零基预算、确定预算、概率预算。

(一) 固定预算

1. 固定预算的含义

固定预算又称静态预算,是以预期内正常的、可能实现的某一业务量(如生产量、销售量)水平为固定基础,不考虑可能发生的变动因素而编制预算的方法。它是最传统的,也是最基本的预算编制方法。固定预算法是按照预算期内可能实现的经营活动水平确定相应的固定预算数来编制预算的方法。

2. 固定预算的优缺点

固定预算的优点是简便易行。缺点主要是过于机械呆板。因为编制预算的业务量基础是事先假定某一业务量,不论预算期内业务量水平可能发生哪些变动,若只将事先确定的某一业务水平作为编制预算的基础,准确性就会降低,这是固定预算方法的致命弱点。当实际的业务量与编制预算所根据的预计业务量发生较大差异时,有关预算指标的实际数与预算数就会因业务量基础不同而失去可比性。因此,按照固定预算方法的预算不利于正确地控制、考核和评价企业预算的执行情况。

(二) 弹性预算

1. 弹性预算的含义

弹性预算又称变动预算、滑动预算,是在变动成本的基础上,根据计划期间可能发生的多种业务量,分别确定与各种业务量水平相适应的费用预算数额,从而形成适用于不同生产经营活动水平的一种费用预算方法,可以反映各业务量的情况下应开支费用的水平。由于弹性预算是以多种业务量水平为基础而编制的一种预算,因此,它比只以一种业务量水平为基础编制的预算具有更大的适应性和实用性。弹性预算适用于业务量水平经常变动的企业。

2. 弹性预算的特点

弹性预算按某一相关范围内可预见的多种生产经营活动业务量水平确定不同的预算额,待实施后,将实际指标与实际业务量相应的预算额进行对比,使预算执行情况。

弹性预算＝单位变动成本×业务量水平＋固定成本预算

编制弹性预算,首先要确定在计划期内业务量的可能变化范围。在具体编制工作中,对于一般企业,其变化范围可以确定在企业正常生产能力的70%～110%,其间隔取为5%或10%,也可取计划期内预计的最低业务量和最高业务量分别为其下限和上限。其次,根据成本性质,将计划期内的成本划分为变动成本部分和固定成本部分,在编制弹性预算时,对变动部分的费用,要按不同的业务量水平分别进行计算,而固定部分成本在相关范围内不随业务量的变动而变动,因而不需要按业务量的变动来进行调整。

(三) 定期预算

定期预算也称阶段性预算,是指在编制预算时以不变的会计期间作为预算期的一种预算编制方法。定期预算唯一的优点就是能够使预算期间与会计期间相配合,便于考核和评价预算的执行结果。但是定期预算的周期往往较长,具有一定的盲目性和滞后性。因此,定期预算主要适用于服务性质、经常性采购项目的预算。

(四) 滚动预算

1. 滚动预算的含义

滚动预算又称连续预算,是指按照"近细远粗"的原则,根据上一期的预算完成情况,调整和具体编制下一期的预算,并将编制预算慢慢连续滚动向前推移,使预算总保持一定的时间幅度。

2. 滚动预算的特点

滚动预算方法能够保持预算的完整性,从动态预算中能把握企业的未来,有利于企业根据前期预算的执行情况及时调整和修订近期预算,能够充分发挥预算的指导和控制作用,保证企业的采购工作稳定有序地进行,但是其操作比较复杂,工作量大。因此,滚动预算方法适用于一些规模较大、时间长的工程类或大型设备采购项目。

3. 滚动预算的编制

当年度预算中某一季度(或月份)预算执行完毕后,就根据新的情况进行调整和修改后几个季度(或月份)的预算,以次往复,不断滚动,使年度预算一直含有四个季度(即十二个月份)。

(五) 增量预算

1. 增量预算的含义

增量预算是以基期成本费用水平为基础,结合预算期业务量水平及有关影响成本因素的未来变动情况,通过调整有关原有费用项目而编制的预算。所以,增量预算又称为调整预算。

编制增量预算的前提是现有的业务活动是企业必需的,原有的各项开支都是合理的,增加费用预算是值得的。

2. 增量预算的优缺点

增量预算的优点是方法简单,容易操作。缺点是容易使以前预算中某些不合理的因素被长期沿袭。

(六) 零基预算

1. 零基预算的含义

零基预算是指在编制预算时对于所有的预算支出,均以零为基底,不考虑以往情况,而完全根据未来一段时间生产经营活动的需要和每项业务的轻重缓急,从根本上来研究、分析每项预算是否有支出的必要和支出数额的大小。这种预算不以历史为基础做修补,完全不考虑前期的实际水平,只考虑该业务在计划期内的重要程度。其具体数额的确定始终以零点为起点,在年初重新审查每项活动对实现组织目标的意义和效果,并在成本-收益分析的基础上重新排出各项管理活动的优先次序,并据此决定资金和其他资源的分配。

2. 零基预算的特点

零基预算的特点是可以促使企业合理有效地进行资源分析;有助于企业内部的沟通、协调,激励各基层单位参与预算编制的积极性和主动性;目标明确,可区别方案的轻重缓急;有助于提高管理人员的投入产出意识;特别有助于产生较能辨认成本的服务性部门克服资金浪费的缺点。但是,零基预算编制方法需要投入大量的人力资源;分层、排序和资金分配时,可能有主观影响,容易引起部门之间的矛盾。零基预算方法适用于各种采购预算,在实际预算工作中,可以隔若干年进行一次零基预算,以后几年内略做适当调整,这样既可减少预算编制的工作量,又可以适当控制费用的发生。

(七)确定预算与概率预算

在实际预算编制过程中,涉及的变量比较多,如业务量、价格和成本等。在编制预算时,管理者不可能十分精确地预见这些因素将来会发生何种变化,以及变化到何种程度,但是根据经验可以估计出它们发生变化的可能性,从而近似地判断出各种因素的变化趋势、范围和结果,然后对各种变量进行调整,计算出可能值的大小。概率预算属于不确定预算,就是将预算期内不确定的各项预算构成变量,根据客观条件,估计它们可能变动的范围及出现各个变动的概率,再通过加权平均,计算有关变量期望值的一种预算编制方法。不是概率预算的预算方法均为确定预算。

四、采购预算的内容

(一)原材料预算

原材料预算涉及企业所需要的生产产成品的原材料和组件,依据是生产或销售的预期水平和未来原材料的估计价格。通常,原材料采购预算是年度或更短的计划,除了耗资高、生产周期长的复杂产品,例如飞机或电厂就需要长期预算。

(二)MRO 预算

MRO 即 maintenance(维护)、repair(维修)和 operation(运行),通常是指在实际的生产过程不直接构成产品,只用于维护、维修、运行设备的物料和服务。MRO 预算为所有的维护、修理及辅助用料提供采购预算,通常为 12 个月,通过使用过去的比率来完成,例如过去的维护、修理及辅助用料成本,依据对库存和总的价格水平的预测变化而进行调整。

(三)资产预算

企业的固定资产包括大型机器设备、厂房等,其采购金额高,占采购支出的较大部分。制订资产预算时,不仅要考虑资产的初始成本,还要考虑包括维护、能源消耗、备用部件成本等的生命周期总成本。

(四)采购费用预算

采购费用预算是指采购业务中发生的各项费用预算,如通信费、差旅费、工资和购买办公用品等的费用,通常按照预期的业务和行政工作量来计算。

五、采购预算的流程

(一)审查企业以及部门的战略目标

预算的最终目的是保证企业目标的实现,企业在编制部门预算前首先要审视本部门和企业的目标,以确保它们之间的相互协调。

(二)制订明确的工作计划

预算者必须了解本部门的业务活动,明确它的特征范围,制订出详细的工作计划表,从而确定部门实施这些活动所带来的产出。

(三)确定所需的资源

有了详细的工作计划表,管理者可以对支出做出切合实际的估计,从而确定为了实现目标所需要的人力、物力和财力资源。

(四)提出准确的预算数字

预算者提出的数字应当保证其最大可能性。可以通过以往的经验做出准确判断,也可以借助数学工具和统计资料通过科学分析提出准确方案。

(五)汇总

汇总各部门、各分单元的预算。最初的预算总是来自每个分单元,而后层层提交、汇总,最后形成总预算。

(六)调整

预算是关于预计收入和可能支出的动态模型,它反映的是未来的事情,由于外在的环境总是处于不断变化之中,所以,必须根据实际情况的变化不断进行修订以确保预算最大限度地贴近现实,反映实际的支出采购预算。

编制采购预算的注意事项

传统的采购预算只代表当期应支付的采购资金,而非真正的采购现金支出预算(非现金流),这种预算对财务人员的资金筹划并无太大益处。为了使采购预算对实际的资金调度有意义,采购预算应以现金为基础进行编制,也就是说,采购预算应以本期付款的金额为基础进行编制,而不是用本期采购金额为基础进行编制。

知识点四　影响采购计划和预算的因素

由于影响采购计划的因素很多,所以采购部门在拟订好采购计划以后,还必须与生产部门经常保持联系,并随实际情况的改变做出必要的调整与修订,以保证维持企业正常的产销活动,协助财务部门妥善规划资金来源。通常在编制采购计划之前应掌握企业的年度销售计划、年度生产计划、物料清单、库存记录卡、物料标准成本的设定及生产效率等。

一、年度销售计划

销售计划是各项计划的基础，年度销售计划是在参考过去年度自己本身和竞争对手的销售实绩列出的销售量及平均单价的计划，即表明各种产品在不同时间的预期销售数量和单价。销售计划的拟订受到外部不可控因素和内部可控因素的影响。具体而言，外部不可控因素包括国内外的政治、经济、文化、社会环境、人口增长、科技发展和竞争者状况等，内部的不可控因素包括企业的技术水平、厂房设备、原材料供应情况、人力资源和财务状况等。一个好的销售计划一定是符合组织自身特点、适用于本组织发展现状的计划。要想制订准确的采购计划，必须依赖于对销售因素的准确预测，以及对销售计划的准确制订。

二、年度生产计划

年度生产计划是依据年度销售数量，加上预期的期末存货，减去期初存货而制订的计划。生产计划即主生产计划（master production schedule，简称 MPS），是确定每一具体的最终产品在每一具体时间段内生产数量的计划。这里的最终产品是指对于企业来说最终完成、要出厂的完成品，它要具体到产品的品种、型号。这里的具体时间段，通常是以周为单位，在某些情况下，也可以是日、旬、月。

在五个计划层次中，经营规划和销售与运作规划具有宏观性质，主生产计划是宏观向微观的过渡计划，物料需求计划是主生产计划的具体化，能力需求计划把物资需求转化为能力需求，而车间作业计划和采购作业计划则是物料需求计划和能力需求计划的执行阶段。

主生产计划是 MRP 的一个重要计划层次，是关于"将要生产什么"的一种描述，它根据客户合同和预测，把销售与运作规划中的产品系列具体化，确定出厂产品，使之成为展开 MRP 与 CRP 运算的主要依据。它起着承上启下、从宏观计划向微观计划过渡的作用。主生产计划在三个模块中起"龙头"模块作用，它决定了后续所有的计划及制造行为。

为什么要先有主生产计划，再根据主生产计划制订物料需求计划？直接根据销售、预测和客户订单来制订物料需求计划不行吗？

应该看到，MRP 的计划方式就是追踪需求，如果直接根据预测和客户订单的需求来运行 MRP，则得到的计划将在数量和时间上与预测和客户订单需求相互匹配。但预测和客户订单是不稳定、不均衡的，直接用来安排生产将会出现加班加点也不能完成任务或设备闲置导致很多人没有活干的现象，这恰恰是目前加工型企业的普遍现象，将给企业带来疲于应付的被动局面，而且企业的生产能力和其他资源是有限的，这样安排也不是总能做到的。

通常主生产计划是根据客户合同（订单）和市场预测，把经营计划或生产大纲中的产品系列具体化，使之成为展开物料需求计划的主要依据，起到了从综合计划向具体计划过渡的作用。MPS 最终将可作为生产部门执行的目标，并成为考核工厂服务水准的依据。在 MRP 系统中，主生产计划是作为驱动的一整套计划数据，反映了企业打算生产什么，什么时候生产以及生产多少。主生产计划必须考虑客户订单和预测、未完成订单、可用物资的数量、现有能力、管理方针和目标等。

生产计划＝预计销售数量＋预期的期末存货－期初存货

一般而言，生产部门是采购物资的使用者，它在使用过程中的实践和技术经验可以为采购部门提供关于物料质量和生产进度方面的信息,采购部门通过对这些信息的处理,可以获得一个有用的、规划采购业务的工具。有了年度生产计划,就可以在正常的提前期内进行采购并获得有利的最终价格。同时,生产计划是依据销售计划来制订的,而原材料的采购数量又是依据生产计划来定的,它们之间是一个信息互动、互为协作的关系。因此,要想制订准确的采购计划必须有一份准确的生产计划。

三、物资清单

生产计划只列出产成品数量,而无法知道某一产品所用的物资数量以及数量多少,因此,确定采购数量还要借助于物资清单。物资清单是由产品设计部门或研发部门制订的,根据物资清单可以精确地计算出每一种产品的物资需求数量。但在实际生产过程中,产品的规格、型号等变更得非常频繁,物资清单很难随之及时调整,使得以此计算出来的所需物资与实际使用的物资在数量或规格方面不相符,造成采购数量过剩或不足,或是规格无法及时获得。因此,要想制订准确的采购计划,必须依赖于最新、最准确的物资清单。

所谓物资清单(bill of material,BOM)就是用电子计算机读出企业所制造的产品构成和所有要涉及的物资,并用图示表达的产品结构转化成某种数据格式的文件。物资清单是定义产品结构的技术文件,因此,它又称为产品结构表或产品结构树,在某些工业领域,可能称为"配方""要素表"。

制作物资清单要注意如下两点:

(1) 物资清单表明了产品、部件、组件、原材料之间的结构关系,以及每个组装所包含的下属部件的数量或提前期。

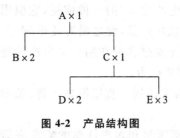

图 4-2 产品结构图

(2) 物资一词有着广泛的含义,它是所有产品、半成品、在制品、原材料、毛坯、配套件、协作件和易耗品等与生产有关的物资的统称。

物资清单是在描述某一成品由哪些原物料或半成品所组成的,且说明其彼此间的组合过程。如图 4-2 所示,成品 A 是由 2 个原料 B 及 1 个半成品 C 所组成,而半成品 C 则是由 2 个原料 D 及 3 个原料 E 所组成。

四、库存记录卡

库存记录卡可以用来表明某一物资目前的库存状况,包括账目和物料数量是否一致,物料存量是否全部是符合要求的高品质产品。若账目上的数量与实际库存量不符,或库存量中某些物料的规格不符合要求,这将使库存量中实际可用物料的数量降低。所以,一个正确记载的库存记录卡是采购计划准确性的重要保证。

五、物资标准成本的设定

在编定采购预算时,因将来拟采购物料的价格不易预测,故多以标准成本替代。若此标准成本的设定缺乏过去的采购资料作为依据,也没有工程人员严密地计算其原料、人工及制造费用等组合或生产的总成本,则其正确性也不是没有疑问。因此,标准成本与实际购入价格的差额,即采购预算正确性的评估指标。

如何制定采购标准成本

制定标准成本,通常先确定直接材料和直接人工的标准成本,其次确定制造费用的标准成本,最后确定单位产品的标准成本。制定时,无论是哪一个成本项目,都需要分别确定其用量标准和价格标准,两者相乘后得出标准成本。标准成本包括用量标准和价格标准两部分。

通常来说,正常标准成本大于理想标准成本。由于理想标准成本要求异常严格,一般很难达到,而正常标准成本具有客观性、现实性和激励性等特点,所以,正常标准成本在实践中得到广泛应用。

产品成本由直接材料、直接人工和制造费用三个项目组成。无论是确定哪一个项目的标准成本,都需要分别确定其用量标准和价格标准,两者的乘积就是每一成本项目的标准成本,将各项目的标准成本汇总,即得到单位产品的标准成本。其计算公式为:

单位产品的标准成本＝直接材料标准成本＋直接人工标准成本＋制造费用标准成本

六、生产效率

生产效率的高低将使预计的物料需求量与实际的耗用量产生误差:产品的生产效率降低,会导致原物料的单位耗用量提高,从而使采购计划中数量不能满足生产所需;过低的产出率,也会导致经常进行修改作业,从而使得零部件的损耗超出正常需用量。所以,当生产效率有降低趋势时,采购计划必须将此额外的耗用率计算进去,才不会产生原材料的短缺现象。

七、价格预期

在编制采购预算时,常对物料价格涨跌幅度、市场景气与否,乃至汇率变动等多加预测,甚至列为调整预算的因素。不过,因为个人主观的判定与实际情况常有差距,亦可能会造成采购预算的偏差。

由于影响采购计划编制的因素很多,故采购计划与预算编制之后,必须与产销部门经常保持联系,并针对现实的状况做必要的调整与修订,并协助财务部门妥善规划采购资金的来源,这样才能达成维持正常产销活动的目标。通过全面考虑生产计划、销售计划、物料清单、库存记录卡、物料标准成本、生产效率等因素,保证采购计划的准确性,降低采购成本,实现企业的经济效益。

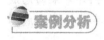

耐奇苹果公司采购预算编制

1. 公司背景

耐奇苹果公司是纽约北部的一家苹果加工厂,主要生产苹果酱和苹果饼馅心。公司的主要客户是机构性的购买者,如医院、学校等。公司设有两个部门:生产部门和市场营销部门。每个部门都由一名副总裁进行管理,并直接向公司总裁汇报。公司的财务副总裁主要负责公司所有财务领域的工作,包括归集数据和编制预算。公司的总裁和三名副总裁构成了公司的行政主管委员会,对预算的编制过程实施监督。

公司与当地的许多果农签订了长期的采购合约,主要采购果农麦克考斯和格兰尼斯的两个品种的苹果。如果当地苹果的生产量低于预期值,公司则将在现货市场上进一步采购;如果收获的苹果多于公司所能处理的数量,多余的苹果也可以在现货市场上出售。公司总裁和财务副总裁负责与当地果农签订长期采购合约,以及在现货市场上进行苹果的购销活动。

苹果收获以后,将被储存在耐奇苹果公司的冷库中,或存放在其他公司的库房中,直到耐奇公司将其用于生产。公司的生产工作从每年10月份开始到次年6月份,7、8、9月份工厂关闭,因而公司的财务年度为每年的10月1号到来年的9月30号。

2. 公司预算过程

在耐奇苹果公司,每年从8月份开始进行下一年的预算,而下一个财务年度是在14个月后开始。在8月份,公司的总裁和副总裁将对公司签订长期契约的下一年的苹果收获情况进行预算,在随后的14个月中,每2个月公司就要根据最新的消息,对市场营销、生产以及苹果采购的情况预算进行调整,并且总裁和三位副总裁还将举行一次晨会,对这项调整进行讨论。在每年的6月份,下一个财务年度的财务预算的终稿在通过行政主管委员会的讨论会之后,将提交董事会进行审批。行政主管委员会还需要集中对当年的经营状况进行回顾,并将实际的经营情况与预算情况进行比较。耐奇苹果公司的预算过程中包括三个关键的构成部分,即苹果的采购、销售和生产。这三项要素必须在内部与采购的各品种苹果的数量及生产销售的各种产品的数量相一致。一旦关于这三项要素的预算得以确定,就可确定最终存货的预算数,在已知生产预算的前提下,可以编制直接人工及制造费用的预算。而直接人工预算、制造费用的预算和直接材料预算可决定销售产品成本的预算。

3. 采购预算的确定

表4-3所示为耐奇苹果公司账务年度生产预算,表中后两栏是生产预算中相应数量的产品所耗用的麦克考斯苹果和格兰尼斯苹果的数量。

表4-3 耐奇苹果公司财务年度的生产预算表

名 称	预算数/箱	麦克考斯苹果/磅	格兰尼斯苹果/磅
苹果酱	130 000	7 800 000	5 200 000
苹果饼馅心	63 000	3 150 000	1 890 000
总计	193 000	10 950 000	7 090 000

在已知苹果收获的推算数及生产计划的前提下,公司的行政主管委员会计划再购入50 000磅(1磅=0.453 6千克)麦克考斯苹果,同时再售出910 000磅格兰尼斯苹果。预计苹果的总成本为6 344 200美元,麦克考斯苹果的平均成本为每千磅380.32元,格兰尼斯苹果的平均成本为每千磅311.28元,则采购预算如表4-4所示。

表4-4 耐奇苹果公司财务年度的苹果采购预算表

项 目	数量/千磅		售价/(美元/千磅)		成本/万美元		总计/万美元
	麦克考斯苹果	格兰尼斯苹果	麦克考斯苹果	格兰尼斯苹果	麦克考斯苹果	格兰尼斯苹果	
长期采购合约	10 900	8 000	380	310	414.20	248	662.20

续表

项 目	数量/千磅		售价/(美元/千磅)		成本/万美元		总计/万美元
	麦克考斯苹果	格兰尼斯苹果	麦克考斯苹果	格兰尼斯苹果	麦克考斯苹果	格兰尼斯苹果	
市场采购	50	(910)	450	300	2.25	(27.30)	(25.05)
总计	10 950	7 090			414.45	220.7	637.15
耗费(磅)					10 950	7 090	
成本(万美元/千磅)					380.32	311.28	

注:带括号的部分为售出的苹果数量,如(910)表示对公司而言多余的苹果,需要投入市场卖出。

对照表1与表2可以看出,耐奇苹果公司苹果采购预算中的数据与计划耗用每种苹果的总数量(1 095万磅麦克考斯苹果和709万磅格兰尼斯苹果)一致,这充分反映了预算工作的相互协调性。

参考这则案例,谈谈你对采购计划与预算编制的见解及体会。

耐奇苹果公司采购预算编制的启示:
(1)编制采购预算应根据企业的销售计划、生产计划。
(2)采购预算编制协调企业的组织资源。

重要概念

采购计划　采购预算

本章小结

采购保证企业生产经营正常进行,保证质量,控制成本,帮助企业洞察市场的变化趋势。采购计划的编制是采购实务的重要内容。本章主要介绍了采购计划的含义、采购计划的分类、采购计划的编制,重点是使读者全面了解采购计划和物料需求计划编制所需的背景资料和基础,以及采购计划编制的具体过程和方法。

采购计划的编制由认证计划和订单计划两部分组成。一般来说,在市场容量足够时,则只做订单计划就可以。物料需求计划要结合数据进行计算分析,应努力做到理论联系实际。

复习思考题

一、填空题

1.采购计划是企业管理人员在了解市场(　　)、认识企业生产经营活动过程及掌握物资(　　)的基础上,对计划期内物资采购活动所做的(　　)。
2.制订订单计划应当综合考虑各方面的因素,如(　　)、(　　)、(　　)等。
3.制订采购订单计划里的下单数量=(　　)-(　　)-(　　)+(　　)。
4.制订采购订单计划里的下单时间=(　　)-(　　)-(　　)-(　　)。
5.常用的预算编制的方法有(　　)、(　　)、(　　)、(　　)、概率预算、增量预算、零基预算。

二、单项选择题

1. 采购计划编制主要包括两部分,即（　　）。
A. 认证计划和组织结构计划　　　　B. 订单计划和采购预算计划
C. 采购认证计划和采购预算计划　　D. 采购认证计划和采购订单计划

2. 在评估认证需求时,不需要做的工作是（　　）。
A. 分析开发批量需求　　　　B. 分析余量需求
C. 确定剩余认证容量　　　　D. 确定认证需求

3. 订单环境资料不包括的内容是（　　）。
A. 总体订单容量　　　　B. 订单比例信息、最小包装信息
C. 订单物料的供应商信息　　　　D. 订单周期

4. 评估订单需求不包括的内容是（　　）。
A. 分析市场需求　　　　B. 确定订单需求
C. 分析生产需求　　　　D. 分析项目供应资料

5. 制订订单计划时,生产需求－计划入库量－现有库存量＋安全库存量＝（　　）。
A. 供应商供应量　　B. 下单数量　　C. 生产需求总量　　D. 下单时间

6. 某物资所有供应商群体剩余订单容量的总和是（　　）。
A. 总体订单容量　　B. 订单需求量　　C. 总体认证容量　　D. 剩余订单容量

7. 以下资料中,不是采购计划的基础资料的是（　　）。
A. 市场容量　　B. 生产计划　　C. 用料清单　　D. 存量卡

8. 以下选项（　　）是采购固定预算的优点。
A. 简便易行　　B. 准确程度高　　C. 可比性强　　D. 有效控制

三、判断题

1. 制订采购计划的目的就是要根据市场需求、企业的生产能力和采购环境容量等制订采购清单和采购日程表。（　　）

2. 采购计划是采购管理运作的开始。（　　）

3. 采购计划包含两部分的内容：一部分为采购计划的执行,另一部分则为采购订单计划的执行。（　　）

4. 采购计划是采购作业的起点。（　　）

5. 固定预算又称为连续预算。（　　）

6. 弹性预算适合业务量比较稳定的企业。（　　）

四、简答题

1. 什么是采购计划？采购计划的作用是什么？
2. 编制采购计划的依据是什么？
3. 简述编制采购计划的基本程序。
4. 简述预算编制的方法。
5. 简述采购计划编制的内容。
6. 简述预算编制的影响因素。

五、案例分析

案例1

京凯公司采购计划管理

京凯公司是一家生产电子产品的公司,其产品特点是品种多、批量大。

1. ERP/MRP 管理系统使用前的情况

在没有使用 ERP/MRP 管理系统之前,PMC 部(生产计划与物料控制部门)每次制订生产计划都要人工计算生产用料,花费大量的时间清查现有库存,计算缺料等。并且停工待料现象经常发生,因而也影响到生产交货时间。

同时,各个部门各自为政,信息流通滞后,严重影响经营决策,导致整个企业的管理比较杂乱。

2. ERP/MRP 管理系统使用后的情况

公司实施软智 ERP/MRP 管理系统后,PMC 人员制订一个生产计划由原来的两天变为十几秒钟,自动生成的生产发料单又快又准,生产状况得到极大的改善。

通过 ERP/MRP 管理系统,销售计划指导主生产计划,根据 MRP 物料需求计划,对库存数据进行平衡计算后,产生物料采购清单。有效地缩短了计划的编制周期,提高了物资采购的计划性、准确性。完全解决了生产缺料和库存物料积压过多两个方面的矛盾,也消除了生产线停工待料的现象。

3. ERP/MRP 管理系统的经济效益

软智 ERP/MRP 管理系统的实施,提高了生产计划的准确性和成本核算的可靠性,降低了物料储备和物料消耗,减少了在制品数量,缩短了生产周期。同时也节约了流动资金,降低了生产成本,加速了流动资金的周转,提高了产品的利润。系统实施后,管理人员的工作效率极大地提高了。产品质量的提高赢得了客户的好评,大大提高了产品的市场占有率,取得了良好的经济效益。

案例1思考题:

(1) 京凯公司在采购管理中如何确定采购的品种和数量?

(2) 京凯公司在采购管理中运用 ERP/MRP 管理系统后获得什么经济效益?

案例2

日本卡斯美采购管理之道

日本卡斯美目前拥有102家超级市场,年销售额约为1 480亿日元,折合人民币123亿元,经营品种约1.2万种。卡斯美总部负责商品采购业务的部门被称为商品部,商品部以商品的进货、开发和管理为中心,其职能包括起草进货和销售计划、负责商品开发、制品开发、渠道开发。

商品部内部设有11个部门,设立的原则是根据其在经营额中的重要程度。目前,卡斯美鲜鱼部的销售额约占总经营额的15%,鲜肉部约12%,果蔬部约14%。

确定商品分类表开办超市,首先要做的工作就是决定卖什么商品,即把商品的大分类、中分类及小分类确定下来,这就要根据当地的消费水平、消费习惯来确定商品分类表。由于各地区生活习惯的差别,各地超市的商品分类表也不相同。比如说,南方地区由于天气炎热,饮料可作为一个大类来经营。在商品的经营和管理上,卡斯美有一套根据自家的理解而设定的分类框架——通常的做法是按照使用者的用途或 TPOS(时间、场所、动机、生活方式)设定商品分类。

分类框架设定好后,再筛选、找寻应备齐的具体商品品种,最后建立起自己的MD体系(商品体系)。日本超级市场的商品分类框架一般设定为五个梯度(五段分位法),即部门、品群、小分类、品种、品目。

根据当地实际编制的商品分类表是推行标准化的内容之一,其作用极大:一是界定所经营的商品范围,二是便于对经营业绩按商品结构进行分析。做商品分类后,计算机系统也同时对卖场进行分类管理,分析销售额、毛利率、损耗率、费用额、客单价、卖场销售效率、周转天数的变更。

超市经营居民日常生活需要的食品和日用品,也就是高消耗、高周转的大众品和实用品。大众品不是指便宜的商品,而是一般老百姓日常生活要吃或要用的东西。实用品是指用完了还要周而复始地去购买的东西。确定大众品和实用品应根据业态理论,就具体的小分类来讲,例如酒类,假设市场上最便宜的酒是3元1瓶,二锅头酒是5元1瓶,最贵的酒是洋酒,根据中国目前的收入水平,15元1瓶的酒应当作为大众品,这样在安排商品备齐的时候,15元1瓶的酒品目数应当最大、品种最全。

通过确定商品陈列面表来确定小分类的适当规模。在确定商品陈列面表时,卡斯美首先从理论上认为,商品陈列的货架越多,展示越充分,所实现的销售额也就越大。但是摆放多少货架,什么是适当规模,各个小类引进多少个名目,摆在多少个货架上最出效益呢?这些并没有现成的计算方法,需要采购员对每个小类的陈列面与销售额进行对比、分析。确定各个小分类的适当规模的原则是:①要满足一般老百姓生活需求的品目数的80%;②了解其他商场各个小分类的布局情况;③容易陈列,方便顾客选择购买。

卡斯美的酱油和奶酪分别有45个品目和69个品目,都是用2个货架摆放的;而针棉织品需用10个以上的货架摆放才行,因为年龄段、性别不同,需要的各种规格尺寸、颜色式样十分复杂繁多,应按系列化做足才能满足顾客需求。

其次,卡斯美还十分注重陈列面管理表。在采购员的职责中,货架管理必须细致到对各个小分类的货架陈列进行设计,设计出来的货架陈列图样称为陈列面管理表。陈列面管理表规定了陈列格式:隔板的层数及隔板的尺寸,悬挂陈列时用多长的挂钩及使用数量,每一种商品的售价、陈列位置、排面数及陈列量。使用这种标准化的陈列面管理表能够将总部的商品策略贯彻到每一个店铺,使整个连锁系统的商品营运容易控制,对于季节性变动修正及新品的增列、滞销品的删减等工作,执行起来效率比较高。

在卡斯美,陈列面管理表运用得非常广泛,几乎每家连锁店的每个店铺都有陈列面管理表,它是管理控制商品最基本的工具。因此,一个店在开设之前,应当首先把陈列面管理表规划好,再进行一切硬件的设置与进货陈列。

卡斯美新产品的导入在日本,厂商推出新品也有固定的日期,一般是春、秋两季各一次。每年年初,日本大厂商召开新产品发布会,各商业单位采购员去参加,对感兴趣的新品就会索取资料。在导入新品的时候,首先要把旧的商品砍掉。由于计算机程序比较完备,采购员在商品底账上敲进一个记号,第一次导入新品时,为了避免风险,一般先选择标准店铺进行试销,做堆头陈列,统计每天的顾客量、销售额,计算PI值。试销一星期,如卖况较好可引进,其陈列面数的安排可与老产品进行类比做出;如卖况不好就不再引进。并且在电视上做广告的新品要比别人更快地导入。

在卡斯美,老产品的淘汰也是采购员的职责之一。当有新品引进时必先淘汰老产品,否则货架上的商品品目就会越来越多,而陈列面会越来越少,销售额就会下降。

淘汰老产品的标准主要是依据销售额。采购员根据计算机系统提供的小分类销售报表、商品销售额排序、商品销售量排序、ABC分析、部门管理表等资料,能够非常精确地淘汰掉卖况差的品目。

卡斯美的采购管理是现代零售业和经营方式下的一种管理模式,是现代零售管理模式的重要标志之一。与传统的商业管理方式相比,这种操作方式使采购职能大大扩展,工作方法和管理手段的技术含量大大提高。

案例2思考题:
(1) 卡斯美公司在采购管理给我们什么启示?
(2) 卡斯美公司如何确定采购商品的品种?

第五章 采购方式管理

◆ 学习目标
① 理解集中采购和分散采购的优缺点和适用范围；
② 掌握招投标采购的步骤、询价采购的适用条件和操作程序、电子采购的方法；
③ 能够根据采购的实际选择最适宜的采购方式。

武汉中商的采购管理

武汉中商集团股份有限公司是大型商业上市公司。早在 1998 年初，集团就组建了中商集团供货、配货中心，对集团公司下属的八大卖场实行进销分离、集中采购，统一进货，统一核定售价，统一对供应商结算。供货、配货中心在运营一年后，以 500 万元流动资金实现了 3.9 亿元商品的购进，创造了 1∶78 的资本高速运作的奇迹，成为全国商业三大物流中心之一。中商集团物流系统之所以能取得如此业绩，是与其商品采购制度和采购策略息息相关的。

采购模式是采购主体获取物资、工程、服务的途径、形式与方法。当采购战略及计划确定以后，采购模式的选择就显得格外重要。它决定着企业能否有效地组织、控制物资，以保证其正常地生产和经营以及实现较大的利润空间。

采购模式的选择主要取决于企业制度、资源状况、环境优劣、专业水准、资金情况、储运水平等。采购模式很多，划分方法也不尽相同。依据采购模式的发展历程，采购模式可划分为集中采购与分散采购、直接采购与间接采购、招标采购等。

知识点一 集中采购与分散采购

一、集中采购

（一）集中采购的含义

集中采购是指企业在核心管理层建立专门的采购机构，统一组织企业所需物资的采购业务。它是相对于分散采购而言的，跨国公司的全球采购部门的建设是集中采购的典型应用。以组建内部采购部门的方式来统一其分布于世界各地分支机构的采购业务，减少采购渠道，通过批量采购获得价格优惠。

（二）实施集中采购的优点

（1）有较大的采购规模，可以获得供应商的价格折扣，降低采购成本。
（2）实施集中采购有利于企业与供应商之间建立良好的合作关系，在技术开发、货款结算、售后服务支持等诸多方面进行合作。

(3) 集中采购适合采取公开招标、集体决策的方式,有利于采购质量的提高。

(4) 有利于实施采购的标准化和流程优化。

(5) 可以使物流过程合理化并降低物流成本。

(6) 对于供应商而言,可以推动其有效管理,它们不必同时与公司内的几个人打交道,而只需要和采购经理联系。

(7) 有利于采购中信息化的实现。

(三) 集中采购的适用范围

集中采购制度适用于以下企业类型和采购对象:

1. 采购的企业

(1) 集体范围实施的采购活动。

(2) 跨国公司的采购。

(3) 连锁经营或特许经营企业的采购。

2. 采购的对象

(1) 大宗货物或批量物资,价值高或总价多的物资。

(2) 关键零部件、原材料或其他战略资源,保密程度高、产权约束多的物资。

(3) 容易出问题或已经出问题的物资。

(4) 最好是定期采购的物资,以免影响决策者的正常工作。

(四) 集中采购的实施步骤

集中采购的实施步骤如下所述:

(1) 根据企业所处的国内外政治、经济、社会、文化等环境及竞争状况,制订企业采购战略。

(2) 根据本企业产品销售状况、市场开发情况、生产能力,确定采购计划。

(3) 定期或根据大宗物资采购要求做出集中采购决策,决策时要考虑市场反馈意见,同时需要结合生产过程中工艺情况和质量情况。

(4) 当决策做出后,由采购管理部门实施信息分析、市场调查及询价,并根据库存情况进行战术安排。

(5) 由采购部门根据货源供给状况、自身采购规模和采购进度安排,结合最有利的采购方式,并办理检验送货手续,及时保障生产需要。

(6) 对于符合适时、适量、适质、适价、适地的物资,经检验合格后要及时办理资金转账手续,保证信誉,争取下次合作。

二、分散采购

(一) 分散采购的含义

分散采购是指由各预算单位自行开展采购活动的一种采购活动组织实施形式。分散采购的组织主体是各预算单位,其采购范围与分散程度相关,一般情况下,主要是特殊采购项目。

分散采购是集中采购的完善和补充,有利于采购环节与存货、供料等环节的协调配合,有利于增强基层工作责任心,使基层工作富有弹性和成效。

(二) 分散采购的优势和劣势

实行分散采购有利也有弊。其有利之处主要是增强采购人自主权,能够满足采购对及时性和多样性的需求。与集中采购相比,分散采购具有货量小、过程短、手续简单、占用资金少、不增加库存成本等优势。不利之处主要是失去了规模效益,加大了采购成本,不便于监督管理等。

(三) 分散采购适用范围

1. 实施采购的企业

(1) 二级法人单位、子公司、分厂、车间;
(2) 离主厂区或集团供应地较远,其供应成本低于集中采购时的成本;
(3) 异国、异地供应的情况。

2. 采购的对象

(1) 小批量、价值低、总支出在产品经营费用中所占比重小的物资;
(2) 分散采购优于集中采购的物资,包括费用、时间、效率、质量等因素均有利,而不影响正常的生产与经营的情况;
(3) 市场资源有保证,易于送达,物流费用较少;
(4) 新产品开发、研制、试验所需要的物资。

(四) 分散采购的程序和方法

采购时一般借助于现货采购方式。

三、集中采购或分散采购的选择标准

集中采购相对于分散采购规模大,效益好,易于取得主动权,易于保证进货质量,有利于统筹安排各种物资的采购业务,有利于物资的配套安排,有利于整体物流的规划和采购成本的降低,有利于得到供应商的支持和保障,有利于物资单价的降低,有利于集体决策。另外,集中采购也有利于增加采购过程的透明度,减少腐败的滋生和蔓延。但是,集中采购相对于分散采购又具有量大、过程长、手续多,容易造成库存成本增加、占有资金、采购与需要脱节、保管损失增加、保管水准增高的弊端,且容易挫伤基层的积极性、使命感和创新精神。

在选择集中采购或分散采购时,应考虑如下因素或标准:

(1) 采购需求的通用性。经营单位对购买产品所要求的通用性越高,从集中或协作的方法中得到的好处就越多。这就是为什么大型公司中原材料的购买通常集中在一个地点(或公司)的原因。

(2) 地理位置。当经营单位位于不同的国家或地区时,这可能会极大地阻碍协作的努力。实际上,在欧洲和美国之间的贸易和管理实践中存在较大的差异,甚至在欧洲范围内也存在着重大的文化差异。一些大型公司已经从全球的协作战略转变为地区的协作战略。

(3) 供应市场结构。有时,公司会在它的一些供应市场上选择一个或数量有限的几个大型供应商组织。在这种情况下,力量的均衡抗顶对供应商有利,采用一种协同的采购方法以在面对这些强有力的贸易伙伴时获得一个更好的谈判地位是有意义的。

(4) 潜在的节约。一些类型的原材料的价格对采购数量非常敏感,在这种情况下,购买更多的数量会立刻导致成本的节约。但对于标准商品和高技术不见得都是如此。

(5) 所需要的专门技术。有时,有效的采购需要非常高的专业技术,例如在高技术半导体和微芯片的采购中。因此,大多数电子产品制造商已经将这些产品的购买集中化,在购买软件和硬件时也是如此。

（6）价格波动。如果物资（如果汁、小麦、咖啡）的价格对政治和经济气候的敏感程度很高,集中的采购方法就会受到偏爱。

（7）客户需求。有时客户会向制造商指定他必须购买哪些产品,这种现象在飞机工业中非常普遍。这些条件只与负责产品制造的经营单位商定,这种做法将明显阻碍任何以采购协作为目标的努力。

除了以上需要考虑的因素以外,选择集中采购时,还应该有利于资源的合理配置,减少层次、加速周转、简化手续、满足要求、节约物资,提高综合利用率,保证和促进生产的发展,有利于调动各方面的积极性,促进企业整体目标的实现等。

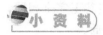

混合采购

混合采购是根据规模经济效应决定需要集中采购和分散采购的产品或服务。一般情况下,大型公司的实体商品倾向于集中采购方式,如食品生产商采购可可、食糖,汽车制造商采购钢铁等原材料时一般采用集中采购。但是,如果子公司具有强大的讨价还价的能力,则可以采用分散采购,这种方式可以利用不同市场的价格差异寻找套利的机会,减少国际市场的价格波动。当然在某些情况下,应该允许分公司分散采购当地商品。例如,连锁餐饮企业一般采用混合采购方式,既有集中采购,也有在当地进行的分散采购,如采购新鲜蔬菜和面包等。

知识点二　联　合　采　购

联合采购是一种能够降低成本的采购方法。在多数情况下,企业为增加防范风险的能力,联合多家企业,集小订单成大订单,增强集体的谈判实力,获取大的采购规模优势,力争在采购地位上做到"江湖老大",这样既可降低流通成本又可保障产品质量。

联合采购的对象是原材料生产企业,这样就可以摆脱代理商的转手成本,通过直接与制造商交易,减少中间层次,大大降低流通成本且保障了产品质量。

一、联合采购理论阐述

（一）联合采购的含义

集中采购是指企业或集团企业内部的集中化采购管理,而联合采购是指多个企业之间的采购联盟行为,因此,可以认为联合采购是集中采购在外延上的进一步拓展。

（二）实施联合采购的必要性

如果从企业外部特征去分析我国企业的现行采购机制,其外部特征是各企业（无论是国内还是国外）的采购基本上仍是各自为战,各企业之间缺乏在采购及相关环节的联合和沟通,或采购政策不统一,重复采购、采购效率低下等现象十分突出,很难实现经济有效的采购目标,由此导致了以下几个方面的主要问题。

(1) 各企业都设有采购及相关业务的执行和管理部门。如从企业群体、行业直至国家的角度看,采购机构重叠、配套设施重复建设,造成采购环节的管理成本和固定资产投入大幅度增加。

(2) 多头对外,分散采购。对于通用和相似器材无法统一归口和合并采购,无法获得大批量采购带来的价格优惠,从而使各企业的采购成本居高不下。采购管理政策完全由企业自行制定,其依据为企业自身的采购需求和采购环境条件,与其他企业基本没有横向的联系,不了解其他企业的采购状况和需求。

(3) 各企业自备库存,又缺乏企业间的库存资源、信息交流和统一协调,使通用物资的储备重复,造成各企业的库存量增大,沉淀和积压的物资日益增多。

(4) 采购环节的质量控制和技术管理工作重复进行,管理费用居高不下。各企业重复进行编制和管理等工作,自成体系,虽然各企业进行这些工作的依据基本相同,有些甚至完全相同,但制订的各类管理文件和工作程序却不相同。同时,相关的管理费用也难以降低。

(5) 采购应变能力差。以飞机生产行业为例,由于设计、制造方法的改进等原因造成的器材紧急需求不可避免,但是由于从国外采购周期比较长,器材的紧急需求难以满足。因此,在采购工作中需要突破现行采购方式的束缚,从采购机制上入手,探索新形势下企业间的合作,利用采购环节的规模效益是从根本上解决上述问题的方法之一。

二、联合采购的优点

这里引入了企业群体规模采购成本的概念,即两个以上的企业采用某种方式进行联合采购时的总成本。企业在采购环节上实施联合可极大地减少采购及相关环节的成本,为企业创造可观的效益。联合采购的优点主要体现在以下几个方面:

(一) 采购环节

如同批发和零售的价格差距一样,器材采购的单价与采购的数量成反比,即采购的数量越大,采购的价格越低。例如,对于飞机制造用器材,此种价差有时可达90%。企业间联合采购可合并同类器材的采购数量,通过统一采购使采购单价大幅度降低,使各企业的采购费用相应降低。

(二) 管理环节

对于一些生产同类产品的企业,如果各个企业在采购及质量保证的相关环节要求相同,需要的物资相同,就可以在管理环节上实施联合,归口管理相关工作。联合后的费用可以由各个企业分担,从而使费用大大降低。

(三) 仓储环节

通过实施各企业库存资源的共享和器材的统一调拨,可以大幅度减少备用物资的积压和资金占用,提高各企业的紧急需求满足率,减少因器材供应短缺造成的生产停顿损失。

(四) 运输环节

器材单位重量运费率与单次运输总量成反比,特别是国际运输更为明显。企业在运输环节的联合,可通过合并小重量的货物运输,使单次运量加大,从而可以以较低的运费率计费,减少运输费用支出。

三、联合采购的具体形式

（一）采购战略联盟

采购战略联盟是指两个或两个以上的企业出于对整个世界市场的预期目标和企业自身总体经营目标的考虑，采取一种长期联合与合作的采购方式。这种联合是自发的、非强制性的，联合各方仍保持各个公司采购的独立性和自主权，彼此依靠相互间达成的协议以及经济利益的考虑联结成松散的整体。现代信息网络技术的发展，开辟了一个崭新的企业合作空间，企业可通过网络保证采购信息的即时传递，使处于异地甚至异国的企业实施联合采购成为可能。国际上，一些跨国公司为充分利用现有规模效益，降低采购成本，提高企业的经济效益，正在向采购战略联盟发展。

（二）通用物资的合并采购

通用物资的合并采购主要运用于有竞争关系的企业之间，通过合并通用物资的采购数量和统一归口采购来获得大规模采购带来的低价优惠。在这种联合方式下，每一项采购业务都交给采购成本最低的一方去完成，使联合体的整体采购成本低于各方原来进行单独采购的成本之和，这是这些企业的联合准则。这种合作的组织策略主要分为虚拟运作策略和实体运作策略。虚拟运作策略的特点是组织成本低，它可以不断强化合作各方最具优势的功能和弱化非优势功能。

这种企业间的合作正在世界范围内盛行。联合采购已超过了企业界限、行业界限，甚至国界。目前，我国一些企业为解决采购环节存在的问题，正在探讨企业间联合采购的可能性。企业在采购及相关环节的联合将为企业降本增效，提高企业的竞争力，从而开创良好的前景。

（三）联合采购模式的选择

现行的联合采购模式主要有以下三种：由行业协会组建的联合采购模式、由多家企业共同组建的联合采购模式和由第三方来组建和运行的联合采购模式。纵观联合采购的三种模式，其中：由行业协会组建的联合采购模式比较适合于一次性的联合，如工程设备等，典型的成功案例是江苏吴江的纺织机械的联合采购；而由多家企业共同组建的联合采购模式比较适合于对能源等相对企业产品竞争不是很敏感的原材料的采购。

中国企业的采购应朝着国际化、专业化、市场化、电子化、规范化等发向发展。这对于中小企业来讲是一个很大的挑战，目前大部分中小企业的采购都没能做到所谓的国际化、专业化、市场化、电子化、规范化。在国际形势的压力下，引入第三方组织可能是中小企业采购发展的一种方向，第三方运营就是在专业化分工的形势下催生出来的。

四、联合采购存在的问题

（一）联合采购的缺点

（1）联合采购的手续比较复杂，前期的准备需要耗费大量成本与精力；

（2）联合采购成员之间的沟通协调不一定那么好，采购时机与条件未必能配合个别的需求；

（3）联合采购的谈判和决策过程耗时长、效率不高；

(4) 大型的联合采购容易造成联合垄断,容易出现恶意压价等的行为;

(5) 订单大,中小型企业无法获取,容易压制创新;

(6) 联合采购成员没有义务按照商定规格进行采购。

(二) 联合采购的难点

联合采购在全球来说不是很新颖的方式,理论上非常好,但实施起来非常困难。具体有以下几个难点:

1. 行业标准不明确

标准千差万别,两个厂之间的标准也不一定是一样的,即使同一个公司,不同型号的产品,它们的标准都不一样。如果要联合采购做得好的话,首先是在研发和标准领域先确定标准,先要统一。如果标准不统一,等双方产品都定好了,再将这个产品某个相同的部件进行联合采购的话,对于供应商来讲没有意义,因为它的东西不是一样的,要重新开模来做,这是一个最大的问题。

2. 供应商可能是比较强势的

真正符合配套能力的供应商也不是特别多,符合条件的供应商可能很强势。其实联合采购从标准角度来讲容易统一,但从实际谈判角度来讲也很难去实现。

3. 适合联合采购的产品很少

较适合联合采购的产品是一些通用件。但轮胎标准件也很难说轮胎是通用件,因为不同的车型的轮胎都是有差异的,比如安全性、速度、噪音等,而油品是最容易实现联合采购的。因此,较适合联合采购的产品的特点为:一是它的标准几乎在整个行业之间是统一的;二是它的供应商没有特别强的谈判能力,在供应商的层面是相对比较分散的,不是那么垄断。

4. 联合采购能降的成本是有限的

从优先级别来讲,联合采购自然就会靠后。如果公司一年的采购是一百亿,符合联合采购的可能才五千万,五千万降低10%,也就只有五百万。因此,花这么大的心思降低联合采购的价格,还不如在一百亿里面想办法降低一点。实际上,萌生这种想法的企业很多,但是最终把它落到实处、实践的却很少。

5. 操作流程非常复杂,涉及利益较多

因为采购体系涉及方方面面的利益:政府的利益、集团里面的利益、集团下面的公司的利益,甚至采购经理、采购员的利益。这么多的利益实际上让联合采购的一点优势在实际操作面前就显得非常少了。

五、联合采购的实施策略

首先,实行联合采购,必须确定一个采购主体,以组织各个企业或政府采购部门开展诸如汇总采购品目和数量、制作招标文件、发布采购信息等联合集中采购的各项前后期工作。

其次,联合集中招标采购时间应根据实际情况灵活确定,这一点十分重要。合理安排招标采购时间,对于兼顾各企业或政府、各采购单位和采购供应商的利益,保证采购单位的正常工作具有十分重要的意义。

为了更有秩序、更广泛地实施联合采购,要遵守以下几条建议:

（1）建立组织，制定公约。建立联合采购组织，建立起联合体。建立联合采购组织包括发展成员企业，建立起联合体和产生统管机构、中小企业采购联盟。

（2）汇总各中小企业的采购需求，确定联合采购的物资。当几家中小企业达成采购意向后，企业间就联合采购物资进行确定。每家企业所需采购的物资会有几百种，甚至更多，企业不可能对所有物资进行联合采购。把物资按品种、规格、型号进行分类，寻找不同企业间物资的"交集"，再对其中需求总量较大或购买金额较大的物资逐一分析，将价格有下调空间、市场竞争激烈的物资作为联合采购的对象，建立联合采购物资信息库。

（3）建立基于网络平台的联合采购系统。建立一个基于网络平台的联合采购系统，会节省更多的人力、物力，大大提高联合采购的效率。

（4）采购物资库存的管理。为避免企业间的分歧，采购物资的库存应找值得信赖的第三方物流公司进行保管。

（5）供应商的选择和评价。要对供应商进行综合的评估后再进行选择，要选择大家都信得过的供应商。

（6）订货请求的处理和账务管理。

（7）到货处理，物流配送。货物到达后，根据各公司采购的订单，由第三方物流公司进行配送。

尽管联合采购联盟的发展历史悠久，但是直到近十几年人们才开始认识到它的重要性。在国外，联合采购联盟已呈蓬勃发展之势；在中国，联合采购联盟也开始出现并发展起来。实践的快速发展要求有理论的相应指导，然而目前对联合采购联盟的理论研究还处于起步阶段。采购供应已成为企业经营战略的重要组成部分，联合采购是我国中小企业应对激烈市场竞争的重要手段之一，也是实施采购供应管理战略的重要选择。我国中小企业应因地制宜，选择合适的采购联盟模式，充分发挥采购联盟带来的优势，有效规避联合采购时出现的问题，不断增强中小企业在国际、国内市场中的竞争力。

知识点三　询　价　采　购

询价采购是指对几家（通常至少三家）供货商的报价进行比较以确保价格具有竞争性的一种采购方式。

一、询价采购特点

（1）邀请报价的供应商数量至少为三家。

（2）只允许供应商提供一个报价。每家供应商或承包商只许提出一个报价，而且不许改变其报价。不得同某一供应商或承包商就其报价进行谈判。报价的提交形式，可以采用传真等形式。

（3）报价的评审应按照买方公共或私营部门的良好惯例进行。采购合同一般授予符合采购实体需求的最低报价的供应商或承包商。

二、询价采购适用条件

（1）采购现成的、并非按采购实体的特定规格特别制造或提供的货物或服务；

(2) 采购合同的估计价值低于采购条例规定的数额。

三、询价采购的流程

为了使询价采购能充分体现公开、公平、公正及竞争和效益原则,作为集中采购机构,完整的询价采购过程一般应分为如下六个阶段进行。

(一) 询价准备阶段

在询价准备阶段,应按以下几个步骤进行。

1. 进行采购项目分析

集中采购机构在受理采购单位委托的采购项目后,要对采购单位提出的采购项目计划和采购方案,从资金、技术、生产、市场等几个方面进行全方位综合分析,为确定科学的采购方案和完整的采购项目清单做好准备。

2. 制订采购方案,确定采购项目清单

对经分析、论证后的采购方案,集中采购机构要会同采购单位及有关方面的专家对采购项目进行论证和可行性分析。有必要时,要组织有关方面对采购单位进行现场考察,制订最终的采购方案,确定最后的采购项目清单,明确有关技术要求和商务要求。

3. 编写询价书

集中采购机构要结合项目特点,根据对项目的分析、论证情况和采购项目清单及有关技术要求编制询价书。完整的询价书主要应包括以下内容。

(1) 询价公告或报价邀请函:包括采购项目简介和内容、报价单位资格要求、报价单位获取询价书的办法及时间、询价书售价(如果有的话)、报价时间要求、报价地点、报价方式、联系人及联系方式等。

(2) 采购项目要求:包括采购单位的基本情况、采购项目的详细内容和要求、采购项目清单和相关技术要求、报价单位的资质条件、合同的特殊条款等。

(3) 报价单位须知:包括询价书的主要内容、项目的实施过程和具体要求、对报价单位的要求、报价书的格式及内容、报价方式和时间要求、对报价书评价的方法和原则、确定成交办法及原则、授予合同的办法等。

(4) 合同格式:包括合同的主要条款、工程进度、工期要求、合同价款包含的内容及付款方式、合同双方的权利和义务、验收标准和方式、违约责任、纠纷处理方法、生效方法和有效期限及其他商务要求等。

(5) 报价文件格式:主要包括报价书(或报价函)、报价表、主要设备及服务说明、报价单位的资格证明文件和服务承诺以及相关内容等。

4. 询价书的确认

询价书编制完成后,须送采购单位审核确认,经采购单位法定代表人或授权委托人签字并加盖公章后,方可正式印制。

5. 邀请供应商

按照询价书确定的供应商资格条件和邀请方式,邀请相关供应商前来参与报价。邀请供应商可采取公开方式和有限邀请方式:公开邀请方式,是指在政府采购管理机关(财政部或省、市财政部门)指定的政府采购信息发布媒体上公开披露采购信息,刊登询价公告(或报价邀请函),

广泛邀请有兴趣参与的供应商前来报价的一种方式；有限邀请方式，是指在政府采购供应商信息库中采取随机方式公开选择三家以上相关供应商，以送发书面邀请函的办法邀请其前来报价的一种方式。

6. 进行资格预审

对有兴趣参与报价的供应商进行资格预审，主要是对其提交的有关资格证明文件进行审查，包括基本资格审查和专业资格审查等。如采取有限邀请方式，则无须进行资格预审。

7. 发出询价书

对经过资格审查、符合项目要求的供应商发出询价书。

8. 成立询价小组

询价小组主要负责对各供应商提供的报价按照询价书的规定进行独立评价。询价小组一般由采购单位代表、集中采购机构代表、有关专家等三方人员组成，成员人数为三人以上的单数，其中专家人数应占三分之二以上。

9. 制作评价办法和文件

评价办法和文件是供询价小组成员在评价过程中和集中采购机构在确定成交过程中使用的有关资料，包括评价标准、评价办法、确定成交原则等。

（二）询价及评价阶段

在询价及评价阶段，应按以下步骤进行：

1. 公开报价

各供应商应在规定的时间内向集中采购机构提交报价文件，报价文件中应一次报出一个不可更改的最终报价，以确保公平竞争。报价文件要求密封报送，一般不应接受传真或电话报价。报价文件提交后，供应商不得对报价文件进行修改。

集中采购机构应指定专人（二人以上）在报价截止时间前接收报价文件，并妥善保管，对在截止时间之后递交的报价文件应拒绝接收。集中采购机构在报价时间截止后，要举行公开仪式，对各供应商提供的报价文件中的报价表进行公开报价。

公开报价仪式应邀请采购单位代表、供应商代表、监督方代表（纪检监察机关或政府采购监督管理机构）、有关方面的技术专家参加，询价小组成员和工作人员一般也应参加公开报价仪式。

2. 询价小组审阅报价文件

询价小组全体成员审阅各供应商的报价文件，主要审查各报价文件的完整性、对采购方案的完全响应性、报价单位资格及资质的符合性等，以判定报价文件的有效性等。审阅过程中，应确保公平地对待每一份报价文件。

3. 询价小组进行综合评价

询价小组要对各供应商的报价进行综合评价，评价的依据主要是询价书、评价办法和文件及事先制定的评定成交的标准等，并确保公平地对待每一个报价单位提交的报价。在审阅报价文件及对报价文件进行综合评价的过程中，询价小组不得同某一个供应商就其报价进行谈判。

4. 询价小组推荐预成交供应商

询价小组根据综合评价情况，推选预成交供应商名单。在一般情况下，成交供应商应是符合采购要求、质量和服务相同且报价最低的供应商。

5. 询价小组出具询价结果报告

询价小组应向集中采购机构出具询价结果报告。询价结果报告主要包括：询价公告（报价邀请函）发出的日期、方式，响应询价及获取询价书的供应商名单，报价及评价日期和地点，询价小组成员及工作人员名单，报价记录，评价方法和标准，报价资格性、符合性审阅情况及报价无效的供应商名单及原因说明，评价记录，综合评价情况，询价小组的确定预成交的建议等。

6. 确定成交供应商

集中采购机构根据询价小组的询价结果报告及其推选的预成交单位名单，依照询价书、评价办法和文件、事先制定的确定成交的原则，确定最终成交的供应商。

7. 签发询价结果通知书

集中采购机构向成交供应商签发询价结果通知书（成交通知书），并将评价结果通知所有参与报价的供应商。询价结果通知书（成交通知书）还要同时抄送采购单位，并抄报政府采购监督管理机关备案。成交结果应在指定的媒体上公告。

8. 签订采购合同

集中采购机构应在询价书规定的时间内组织供需双方（成交供应商与采购单位）进行技术和商务交流，协商签订采购合同。

采购合同的协商及签订，应在公开、公平、公正、诚实、信用、互利的原则下进行，并应严格遵守国家的有关法律、法规及政府采购制度的相关规定。采购合同的协商和签订应严格依照询价书、供方报价书等有关内容进行，不得违背询价结果和成交价格。采购合同经供需双方签订，集中采购机构作为合同的确认方，对双方正式签订的合同进行审核确认，经公证机关公证后，报政府采购监督管理机关备案。

（三）项目实施阶段

项目实施阶段，即合同履行阶段。在这个阶段，供需双方按照已生效的采购合同，在集中采购机构的监督下，履行各自的责任和义务。合同履行过程中，一般不得变更，如需变更，供需双方应按合同有关条款协商解决，并按合同签订程序报经集中采购机构审核确认。对涉及重大变更事项的协商，由供需双方提出申请，集中采购机构组织进行。经协商一致的变更事项，应签订书面补充协议。

（四）项目验收阶段

全部项目完工后，为了检验采购成果和供应商履约情况，应组织对项目完成情况进行总体验收。验收的依据为该项目的合同书及国家有关质量标准（验收依据和标准应事先在合同中规定）。

完工验收一般应由采购单位负责组织。对一些较大的或比较复杂的项目，应由集中采购机构组成项目验收小组，由验收小组进行验收；对于一些特殊的项目，应申请具有检验资格的省级及省级以上的有关质检部门组织验收。

集中采购机构验收的程序应为：供方（成交供应商）先向需方（采购单位）提交验收申请报告，供方对需方提交的验收申请报告进行审核，并对完工项目进行初检，确认合格时，应在验收申请报告上签字盖章，再送集中采购机构审查。集中采购机构审查后，认为已具备验收条件时，应组成验收小组组织验收。验收小组一般由供需双方代表、集中采购机构代表、相关质检机构、有关方面的技术专家（专家人数不少于总人数的三分之二）组成。

项目经验收合格的,采购单位或验收小组应出具项目完工验收报告,验收报告上应有验收小组成员的共同签字,并加盖供需双方、集中采购机构、相关质检机构公章。验收报告一经形成,即产生效力,对供需双方均有共同约束力;经验收不合格的,应由供方限期改正,经改正合格且具备验收条件后再由验收小组组织验收。

（五）采购结算和采购文件整理阶段

1. 采购结算

项目验收结束后,由集中采购机构依据验收报告,按照采购合同规定的付款条件及付款方式,办理合同款项支付手续。政府采购资金管理部门根据集中采购机构的款项支付手续,向供应商支付采购资金,并进行政府采购资金结算账务处理。

2. 采购文件的整理

采购机构整理询价采购整个过程的文件、资料,归集采购档案,定期汇总。

（六）售后服务阶段

售后服务阶段是询价采购活动的最后一个阶段。在这一阶段,供需双方应继续按照合同规定,履行各自的责任和义务。集中采购机构应按照政府采购制度规定和合同条款,及时协调解决合同履行过程中双方的争议和纠纷,对双方履行合同的情况,特别是供方的售后服务情况,进行监督检查,直至合同有效期满。在询价采购的整个实施过程中,集中采购机构和采购单位应自觉接受纪检监察、政府采购监督管理部门的监督,有必要时,还应进行公证。

询价作业实例

1. 某机械公司

（1）已有固定供应商的采购品,采购人员依照请购单,以填发订单及电话联络的方式与卖方洽谈。但必须定期比价,至少每三个月核查一次。

（2）初次采购的采购品,采购人员应洽询三家以上的厂商予以比价。

（3）价格的选定以合乎品质要求且最低为原则,并就厂商的交货期限、付款条件、信用状况、品质水准等条件作为选择的参考。

（4）采购中心询价完毕后,第一联请购单由请购单位存查。

2. 某水泥公司

采购人员接收请购单后,应依照请购案件的缓急,并参考市场行情及过去的采购记录或厂商提供的资料,除了经核准得以电话询价外,均应填具询价单办理询价作业。原则上应向三家以上的供应商询价、比价或经分析后议价。有特殊因素应加以说明。

知识点四 专 题 采 购

所谓专题采购是在指定情况下,企业在采购中运用的方法和形式的总称。从企业采购的实践来看,经常采用的采购方式主要有招标采购、电子采购、政府采购等。

一、招标采购

招标采购是通过在一定范围内公开购买信息,说明拟采购物资或项目的交易条件,邀请供应商或承包商在规定的期限内提出报价,经过比较分析后,按既定标准确定最优惠条件的投标人并与其签订采购合同的一种高度组织化的采购方式。

招标采购是在众多的供应商中选择最佳供应商的有效方法,它体现了公平、公开和公正的原则。招标采购方式通常用于比较重大的建设工程项目、新企业寻找长期物资供应商、政府采购或采购批量比较大等场合。

(一)招标采购的方式

从总体来看,目前世界各国和国际组织的有关采购法律、规则都规定了公开招标、邀请招标、议标三种招标方式。

1. 公开招标

公开招标又称为竞争性招标,即由招标人在报刊、电子网络或其他媒体上发布招标公告,吸引众多企业单位为参加投标竞争,招标人从中选择中标单位的招标方式。《中华人民共和国招标投标法》第十条第二款规定,公开招标是指招标人以招标公告的方式邀请不特定的法人或者其他组织投标。

(1)按照竞争程度,公开招标方式又可以分为国际竞争性招标和国内竞争性招标。其中,国际竞争性招标是采用最多、占采购金额最大的一种方式。

①国际竞争性招标。这是在世界范围内进行的招标,国内外合格的投标商均可以投标。它要求制作完整的英文标书,在国际上通过各种宣传媒介刊登招标公告。它的特点是高效、经济、公平,特别是采购合同金额较大、国外投标商感兴趣的货物和工程要求必须采用国际竞争性招标。

②国内竞争性招标。这类招标方式可用本国语言编写标书,只在国内媒体上登出公告,公开出售标书,公开开标。它通常用于合同金额较小、采购品种比较分散、分批交货时间较长、劳动密集型、商品成本较低而运费较高、当地价格明显低于国际市场价格等类型的采购。从国内采购货物或工程建筑可以大大节约时间,而且这种便利将对项目的实施具有重要意义。在国内竞争性招标的情况下,如果外国公司愿意参加,则应该允许它们按照国内竞争性招标参加投标,不应人为设置障碍,妨碍其公平参加竞争。国内竞争性招标的程序大致与国际竞争性招标相同。由于国内竞争性招标限制了竞争范围,通常国外供应商不能得到有关投标的信息,这与招标的原则不符,所以有关国际组织对国内竞争性招标都加以限制。

(2)公开招标需符合如下条件:

①招标人需向不特定的法人或者其他组织(有的科研项目的招标还可包括个人)发出投标邀请。招标人通过公共媒体公布其招标项目、拟采购的具体设备或工程内容等信息,向不特定的人提出邀请。任何认为自己符合招标人要求的法人或其他组织、个人都有权向招标人索取招标文件并届时投标。采用公开招标的,招标人不得以任何借口拒绝向符合条件的投标人出售招标文件;依法必须进行招标的项目,招标人不得以地区或者部门不同等借口违法限制任何潜在投标人参加投标。

②公开招标须采取公告的方式,向社会公众明示其招标要求,使尽量多的潜在投标商获取

招标信息,前来投标,从而保证公开招标的公开性。实际中,人们经常在报纸上看到"×××招标通告",此种方式即公告招标方式。采取其他方式,如向个别供应商或承包商寄信等方式招标的都不是公告方式,不应为公开招标人所采纳。

2. 邀请招标

邀请招标指招标人以投标邀请书的方式邀请特定的法人或者其他组织投标。邀请招标也称有限竞争性招标或选择性招标,即由招标单位选择一定数目的企业,向其发出投标邀请书,邀请他们参加招标竞争。一般选择3~10个企业参加较为适宜,当然也要视具体招标项目的规模大小而定。由于被邀请参加的投标竞争者有限,不仅可以节约招标费用,而且提高了每个投标者的中标机会。然而,由于邀请招标限制了充分的竞争,因此《中华人民共和国招标投标法》一般都规定招标人应尽量采用公开招标。

1) 邀请招标的特点

(1) 招标人在一定范围内邀请特定的法人或其他组织(有的科研项目的招标还可包括个人)投标。与公开招标不同,邀请招标不须向不特定的人发出邀请,但为了保证招标的竞争性,邀请招标的特定对象也应当有一定的范围,根据《中华人民共和国招标投标法》规定,招标人应当向三个以上的潜在投标人发出邀请。

(2) 邀请招标不需发布公告,招标人只要向特定的潜在投标人发出投标邀请书即可,因此,邀请招标可以节约招标投标费用,提高效率。只有接受邀请的人才有资格参加投标,其他人无权索要招标文件,不得参加投标。应当指出,邀请招标虽然在潜在投标人的选择上和通知形式上与公开招标有所不同,但其所适用的程序和原则与公开招标是相同的,其在开标、评标标准等方面都是公开的,因此,邀请招标仍不失其公开性。当招标人对新建项目缺乏足够的经验,对其技术指标尚无把握时,可以通过技术交流会等方式广泛摸底,博采众议,在收集了大量的技术信息并进行评价后,再向选中的特定法人或组织发出招标邀请书,邀请被选中的潜在投标商提出详细的报价。

2) 邀请招标的基本要求

采用邀请招标方式的前提条件是对市场供给情况比较了解,对供应商或承包商的情况比较了解。在此基础上,还要考虑招标项目的具体情况:

(1) 招标项目的技术新而且复杂或专业性很强,只能从有限范围的供应商或承包商中选择。

(2) 招标项目本身的价值低,招标人只能通过限制投标人数来达到节约成本和提高效率的目的。因此,邀请招标是允许采用的,而且在实际中有其较大的适用性。

(3) 应当对邀请招标的对象所具备的条件做出限定,以防止出现假招标。一般向其发出投标邀请书的法人或其他组织应不少于三家;而且该法人或其他组织资信良好,具备承担招标项目的能力。前者是对邀请投标范围的最低限度要求,以保证适当程度的竞争性;后者是对投标人资格和能力的要求,招标人对此进行资格审查,以确定投标人是否达到这方面的要求。

(4) 投标邀请书与招标公告一样,是向作为供应商或承包商的法人或其他组织发出的关于招标事宜的初步基本文件。为了提高效率和透明度,投标邀请书必须载明必要的招标信息,使供应商或承包商能够确定所招标的条件是否为它们所接受,并了解如何参与投标的程序。

3. 议标

议标也称为谈判招标或限制性招标,即通过谈判来确定中标者。议标的方式又可以分为直接邀请议标方式、比价议标方式、方案竞赛议标方式。

(二) 招标采购的一般程序

一般来说，招标投标活动需经过招标、投标、开标、评标与定标等程序，完整的招标投标活动还应包括招标前的准备工作。因此，我们可以把招标投标活动分成两个阶段，即准备阶段和招标阶段。

1. 准备阶段

在准备阶段，要对招标投标活动的整个过程做出具体安排，包括对招标项目进行论证分析、确定采购方案、编制招标文件、制订评标办法、组建评标机构、邀请相关人员等。准备阶段的主要程序如下。

1）制订总体实施方案

制订总体实施方案即对招标工作做出总体安排，包括确定招标项目的实施机构和项目负责人及其相关责任人、具体的时间安排、招标费用测算、采购风险预测以及相应措施等。

2）项目综合分析

对要招标采购的项目，应根据政府采购计划、采购人提出的采购需求（或采购方案），从资金、技术、生产、市场等几个方面对项目进行全方位综合分析，为确定最终的采购方案及其清单提供依据。

3）确定招标采购方案

确定招标采购方案是根据项目的具体要求确定出最佳的采购方案，主要包括项目所涉及产品和服务的技术规格、标准、主要商务条款，以及项目的采购清单等。对于某些较大的项目，在确定采购方案和清单时有必要对项目进行分包。

4）编制招标文件

招标人根据招标项目的要求和招标采购方案编制招标文件。招标文件一般应包括招标公告（投标邀请函）、招标项目要求、投标人须知、合同格式、投标文件格式等五个部分。

5）组建评标委员会

评标委员会由招标人负责组建，评标委员会由采购人的代表及其技术、经济、法律等有关方面的专家组成，总人数一般为五人以上的单数，其中专家不得少于三分之二。与投标人有利害关系的人员不得进入评标委员会。在招标结果确定之前，评标委员会成员名单应相对保密。

6）邀请有关人员

邀请有关人员主要是邀请有关方面的领导和来宾参加开标仪式，以及邀请监督机关（或公证机关）派代表进行现场监督。

2. 招标阶段

在招标阶段，应按照招标、投标、开标、评标、定标几个步骤组织实施，基本程序如下。

1）招标

（1）发布招标公告（或投标邀请函）。公开招标应当发布招标公告（邀请招标则发布投标邀请函）。招标公告必须在财政部门指定的报刊或者媒体发布。

（2）资格审查。招标人可以对有兴趣投标的供应商进行资格审查。资格审查的办法和程序可以在招标公告（或投标邀请函）中载明，或者通过指定报刊、媒体发布资格预审公告，由潜在的投标人向招标人提交资格证明文件，招标人根据资格预审文件的规定对潜在的投标进行资格审查。

(3) 发售招标文件。在招标公告(或投标邀请函)规定的时间、地点向有兴趣投标且经过审查符合资格要求的供应商发售招标文件。

(4) 招标文件的澄清、修改。对于已售出的招标文件,需要进行澄清或者非实质性修改的,招标人一般应当在提交投标文件截止日期15天前以书面形式通知所有招标文件的购买者,该澄清或修改内容为招标文件的组成部分。这里应特别注意,必须是在投标截止日期前15天发出招标文件的澄清和修改部分。

2) 投标

投标人应当按照招标文件的规定编制投标文件,投标文件应载明的事项有投标函,投标人资格、资信证明文件,投标项目方案及说明,投标价格,投标保证金或者其他形式的担保,招标文件要求具备的其他内容。投标文件应在规定的截止时间前密封送达投标地点。这里特别要注意的是,招标公告发布或投标邀请函发出之日到提交投标文件截止之日,一般不得少于20天,即等标期最少为20天。

3) 开标

招标人应当按照招标公告(或投标邀请函)规定的时间、地点和程序以公开方式举行开标仪式。开标由招标人主持,邀请采购人、投标人代表和监督机关(或公证机关)及有关单位代表参加。评标委员会成员不参加开标仪式。

开标仪式的主要程序有:①主持人简要介绍招标项目的基本情况,宣布开标仪式开始;②介绍参加开标仪式的领导和来宾;③介绍参加投标的投标人单位名称及投标人代表;④宣布监督方代表;⑤宣布开标人、唱标人、监标人、记标人及有关注意事项;⑥宣布评标标准及评标办法;⑦检查投标文件的密封和标记情况;⑧按递交投标文件的顺序开标;⑨工作人员按照开标顺序唱标;⑩监督方代表、领导和来宾讲话;⑪开标应当做记录,存档备查。

4) 评标

开标仪式结束后,由招标人召集评标委员会,向评标委员会移交投标人递交的投标文件。评标应当按照招标文件的规定进行,由评标委员会独立进行评标。

评标的基本内容和程序如下:

①审查投标文件的有效性。对投标文件的技术方案和商务方案进行审查。

②询标。评标委员会可以要求投标人对投标文件中含义不明确的地方进行必要的澄清,但澄清不得超过投标文件记载的范围或改变投标文件的实质性内容。

③综合评审。评标委员会依据招标文件的规定和评标标准、办法,以及投标文件和询标时所了解的情况,按照招标文件的规定和评标标准、办法对投标文件进行综合评审和比较。

④评标委员会根据综合评审和比较情况,得出评标结论。评标结论中应具体说明收到的投标文件数、符合要求的投标文件数、无效的投标文件数及其无效的原因、评标过程的有关情况、最终的评审结论等,并向招标人推荐一至三个中标候选人(应注明排列顺序并说明按这种顺序排列的原因以及最终方案的优劣比较等)。

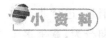

目前评标的方法

目前评标的方法主要可归纳为如下五种。

1. **最低投标价法**：能够满足招标文件的各项要求，投标价格最低的投标者应被推荐为中标候选人。

2. **合理最低价评标法**：在投标书满足招标文件实质性要求、技术上可行的情况下，以经评审的合理最低价(低于成本的除外)作为选择中标人唯一依据的一种评标办法。

3. **综合评估法**：以投标价为基础，将评定各要素按预定的方法换算成相应的价格，在原投标价上增加或扣减该值而形成评标价格，评标价格最低的投标书为最优。

4. **专家评议法**：这种方法实际上是定性的优选法，评标委员会根据预先确定的评审内容对各投标文件共同分项进行定性的分析、比较，进行评议后，选择投标文件在各指标都较优良者为候选中标人，也可以用表决的方式确定候选中标人。

5. **寿命周期成本评标法**：在综合评估法的基础上，再加上一定运行年限内的费用作为评标价格。

5) 定标

招标人对评标委员会提交的评标结论进行审查，按照招标文件规定的定标原则，在规定时间内从评标委员会推荐的中标候选人中确定中标人，在确定中标后应将中标结果书面通知所有投标人。

6) 签订合同

中标人应当按照中标通知书的规定，并依据招标文件的规定与采购人签订合同。中标通知书、招标文件及其修改和澄清部分、中标人的投标文件及其补充部分是签订合同的重要依据。

二、电子采购

电子商务是指交易双方利用现代开放的互联网络，按照一定的标准所进行的各类商业活动，是商务活动的电子化。电子商务的产生使传统的采购模式发生了根本性的变革。这种采购制度与模式的变化，使企业采购成本和库存量得以降低，采购人员和供应商数量得以减少，资金流转速度得以加快。

电子采购是在电子商务环境下的采购模式，也就是网上采购。通过建立电子商务交易平台，发布采购信息，或主动在网上寻找供应商，寻找产品，然后通过网上洽谈、比价、网上竞价，实现网上订货，甚至网上支付货款，最后通过线下的物流进行货物的配送，完成整个交易过程。

电子采购为采购提供了一个全天候、全透明、超时空的采购环境，即 365×24 小时的采购环境。该方式实现了采购信息的公开化，扩大了采购市场的范围，缩短了供需距离，避免了人为因素的干扰，简化了采购流程，减少了采购时间，降低了采购成本，提高了采购效率，大大降低了库存，使采购交易双方易于形成战略伙伴关系。从某种角度来说，电子采购是企业的战略管理创新，是政府遏制腐败的一剂良药。

(一) 电子采购模式的优势

传统的采购模式存在下列问题：①采购、供应双方为了各自利益互相封锁消息，进行非对称信息博弈，采购很容易发展成为一种盲目的行为；②供需关系一般为临时或短期行为，竞争多于合作，容易造成双输后果；③信息交流不畅，无法对供应商产品质量、交货期进行跟踪；④响应用户需求的能力不足，无法面对快速变化的市场；⑤利益驱动造成暗箱操作，舍好求次、舍贱求贵、舍近求远,产生腐败温床;⑥设计部门、生产部门与采购部门的联系脱节,造成库存积压,占用大量流动资金。

而电子采购模式有如下几点优势。

(1) 有利于扩大供应商范围,提高采购效率,降低采购成本,产生规模效益。

电子商务面对的是全球市场,它可以突破传统采购模式的局限,从货比三家到货比多家,在比质、比价的基础上找到满意的供应商,大幅度地降低采购成本。由于不需要出差,电子采购可以大大降低采购费用,通过网站信息的共享,可以节省纸张,实现无纸化办公,大大提高采购效率。

(2) 有利于提高采购的透明度,实现采购过程的公开、公平、公正,杜绝采购过程中的腐败。

电子商务是一种电子交易方式,通过将采购信息在网站公开,采购流程公开,避免交易双方有关人员的私下接触,由计算机根据设定的标准自动完成供应商的选择工作,有利于实现实时监控,避免采购中的黑洞,使采购更透明、更规范。

(3) 有利于实现采购业务程序标准化。

电子商务采购是在对业务流程进行优化的基础上进行的,必须按软件规定的标准流程进行,可以规范采购行为,规范采购市场,有利于建立一种比较良好的经济环境和社会环境,大大减少采购过程的随意性。

(4) 满足企业JIT(准时制生产方式)生产和柔性化制造的需要,缩短采购周期,使生产企业由"为库存而采购"转变为"为订单而采购"。

为了满足不断变化的市场需求,企业必须具有针对市场变化的快速反应能力。通过电子商务网站可以快速收集用户订单信息,然后进行生产计划安排,接着根据生产需求进行物资采购或及时补货,即时响应用户需求,降低库存,提高物流速度和库存周转率。

(5) 实现采购管理向供应链管理的转变。

现代企业的竞争不再是单个企业之间的竞争,而是供应链与供应链之间的竞争,因此要求供需双方建立起长期的、互利的、信息共享的合作关系,而电子商务采购模式可以使参与采购的供需双方进入供应链,从以往的"输赢关系"变为"双赢关系"。采购方可以及时将数量、质量、服务、交货期等信息通过商务网站或EDI(电子数据交换)方式传送给供应方,并根据生产需求及时调整采购计划,使供方严格按要求提供产品与服务,实现准时化采购和生产,降低整个供应链的总成本。

(6) 实现本地化采购向全球化采购的转变。

世界经济的一体化使全球化采购成为企业降低成本的一种必然选择,其基本模式就是应用电子商务进行采购。自1999年以来,跨国公司陆续把发展物资采购电子商务工作列入企业发展战略目标。英美联合石油、埃克森美孚等14家国际石油公司联合组建了一个全球性的电子商务采购平台,以消除在物资采购、供应链管理方面的低效率的影响。通用、福特、戴姆勒-克莱斯勒三家汽车公司建立了全球最大的汽车专用采购平台,其每年的采购金额高达2 500亿美元。国内石油化工行业的中石油、中石化、中海油,钢铁行业中的宝钢等企业都在实施网上采购,并取得了明显的经济效益。目前,通过电子商务建立全球采购系统,联结国内外两个资源市场,已成为标准化的商业行为。

(7) 有利于信息的沟通,促进采购管理定量化、科学化,为决策提供更多、更准确、更及时的信息,使决策依据更充分。

(二) 电子采购的技术支持

电子采购集计算机技术、多媒体技术、数据库技术、网络技术、安全技术、密码技术、管理技术等多种技术于一体,因此在电子商务中的应用,要实现电子采购必须依靠下列技术支持:

1. 数据库技术

数据库的作用在于存储和管理各种数据,支持决策,在电子商务和信息系统中占有重要的地位,是实现电子采购必不可少的技术条件。数据库技术随着业务流程的变化而不断改进,从最初的手工管理发展到现在的数据仓库技术。数据仓库技术是因企业的需求和技术的成熟而产生的,它包括数据仓库技术、联机分析处理技术和数据挖掘技术。这些先进的数据仓库技术对提高整个信息系统的效率有很大的影响。大量的信息一般以数据的方式存储,各种数据的特点不同,被使用的情况也不同。在电子采购中,有供应商数据、采购物资数据、内部物资需求的数据等,有效地组织好这些数据才能更好地支持采购决策的制订和实施。随着企业上网进行商务活动,Web 数据库产生了。它结合了 Web 具有的数据量大、类型多的特点和成熟的数据库管理系统,前端是界面友好的 Web 浏览器,后台是成熟的数据库技术。

2. EDI 技术

企业与企业之间的交易谈判、交易合同的传送、商品订货单的传送等都需要 EDI(电子数据交换)技术。EDI 是指具有一定结构特征的数据信息在计算机应用系统之间进行的自动交换和处理,这些数据信息称为电子单证。EDI 的目的就是以电子单证代替纸质文件进行电子贸易,从而在很大程度上提高了商务交易的效率并降低费用。在 EDI 中,计算机系统是生成和处理电子单证的实体,通信网络是传输电子单证的载体,标准化则将生成的电子单证按规定格式进行转换以适应计算机应用系统之间的传输、识别和处理。

3. 金融电子化技术

电子采购过程包括交易双方在网上进行货款支付和交易结算,金融电子化为企业之间进行网上交易提供保证。在全球供应链网络中,交易双方可能相隔很远,双方货款只有通过银行系统来结算,银行在企业间的交易中起着重要的作用,它们处理业务的效率将直接影响到企业的资金周转,构成了影响供应链的资金流动因素之一。可见,银行是电子采购、电子商务必不可少的组成部分。

4. 网络安全技术

企业上网采购,在进行合同签订、合同传递、订购款项支付等行为过程中,网上信息是否可靠、真实是企业十分关心的问题。安全问题极为重要,信息失真会给交易双方带来风险,甚至造成重大经济损失。

网络安全技术是实现电子商务系统的关键技术,其中包括防火墙技术、信息加密与解密技术、数字签名技术等。目前,一个安全的电子商务系统首先必须具有一个安全可靠的通信网络,以保证交易信息安全迅速地传递;其次必须保证数据库服务器的绝对安全,防止网络黑客闯入窃取信息。在基于网络的电子交易中,由于交易各方不进行面对面接触,且有时不使用现金交付,这就对电子交易的可靠性和安全性提出了很高的要求。客户要求保证信息不被非法修改,保证只有其目标接受方才可收到他发送的信息,而不被非法窃取,商户能够验证信息确实来自合法的客户,从而使对方对此信息的发送不能否认,双方均需对彼此合法身份进行验证。这就是网络安全四大要素:传输保密性、数据完整性、信息不可否认性、证明交易原始性。

5. 计算机及网络技术

网上实现采购和企业内部相关的信息传递、处理都离不开计算机。计算机硬件性能的增强，提高了信息处理速度和准确性；软件功能的完善不但大大方便了操作，也使其操作界面更加友善。

电子采购的网络基础包括局域网技术、广域网互联、接入技术和网络通信协议。在局域网方面，一般参考和引用 ISO/OSI 模型，结合本身特点制定自己的具体模式和标准。广域网互联是把跨地区、跨国的计算机和局域网连接起来，所涉及的技术有 ISDN（综合业务数字网）、宽带、ATM（异步传输模式）等。ISDN 是一种公用电信网络，与使用 modem（调制解调器）设备接入相比，其传输速率具有不可比拟的优势，ISDN 传输速率高达数百比特率甚至数百兆位每秒。随着宽带网络技术的成熟，提供的带宽不断增加，数据传输的瓶颈问题逐步得到解决。接入技术是负责将用户的局域网或计算机与公用网络连接在一起，对于企业来说就是企业的内部局域网同 Internet 连接。它要求有高的传输效率，随时可以接通或迅速接通，且价格便宜。目前，比较现实的技术有电缆 modem 和 ADSL（非对称数字用户线路），modem 为企业实现接入创造了条件。

惠普的电子采购方法

位于美国加利福尼亚州帕洛阿尔托市的惠普公司历来都是商务史上的革新者。它建立了一个基于网路的采购系统，使惠普的 84 000 多名员工队伍全都从指定的供应商那里取得诸如铅笔、台历和电脑这样的办公用品，全面实现了采购的决策与实施过程无纸化。惠普公司最终选定了电子 Ariba 采购系统，并于 1999 年 9 月正式启动。惠普公司通过电子采购系统与最可靠、最高效的、能够进行网上交易的大型供应商合作。运行的结果使惠普管理层确信：Ariba 网上采购方案将能够让公司每年在 MRO（维护、修理与运行）项目上的支出减少 6 000 万到 1 亿美元。事实上，效果比原先估计的更好。

过去需要 2 个星期的采购过程，现在只需要不到 2 天就可以完成了。对于供应商来说，过去所有的开票、调货和信用卡问题需要占用 70% 的工作时间，而现在这些时间仅仅占 30% 左右。惠普相信，在将来的某一天，惠普的员工都不必为购买纸张或打印墨盒而操心，因为系统能够自动算出某台打印机需要换墨盒的时间并及时提醒他们。

（三）电子采购的实施步骤

第一步，要进行采购分析与策划，对现有采购流程进行优化，制订出适宜网上交易的标准采购流程。

第二步，建立网站。这是进行电子商务采购的基础平台，要按照采购标准流程来组织页面。可以通过虚拟主机、主机托管、自建主机等方式来建立网站，特别是加入一些有实力的采购网站，通过它们的专业服务，可以享受到非常丰富的供求信息，起到事半功倍的作用。

第三步，采购单位通过互联网发布招标采购信息（即发布招标书或招标公告），详细说明对物料的要求，包括质量、数量、时间、地点，对供应商的资质要求等。也可以通过搜索引擎寻找供应商，主动向它们发送电子邮件，对所购物料进行询价，广泛收集报价信息。

第四步,供应商登录采购单位网站,进行网上资料填写和报价。

第五步,对供应商进行初步筛选,收集投标书或进行贸易洽谈。

第六步,网上评标,由程序按设定的标准进行自动选择或由评标小组进行分析评比选择。

第七步,在网上公布中标单位和价格,如有必要,可对供应商进行实地考察后签订采购合同。

第八步,采购实施。中标单位按采购订单通过运输交付货物,采购单位支付货款,处理有关善后事宜。按照供应链管理思想,供需双方需要进行战略合作,实现信息的共享。采购单位可以通过网络了解供应单位的物料质量及供应情况,供应单位可以随时掌握所供物料在采购单位中的库存情况及采购单位的生产变化需求,以便及时补货,实现准时化生产和采购。

电子采购是一种非常有前途的采购模式,它主要依赖于电子商务技术的发展和物流技术的提高,依赖于人们思想观念和管理理念的改变。目前我国已经有不少企业及政府采用了网上采购的方式,这对降低采购成本、提高采购效率、杜绝采购腐败起到了十分积极的作用,因此应该大力提倡这一新的采购方式。

三、政府采购

政府采购制度起源于欧洲。1782年英国政府成立了文具公用局(也称办公用品局),负责采买政府所需的货物和投资建设项目,并规定了一套政府采购所特有的采购程序及规章制度,其中包括超过一定金额的政府采购合同必须使用公开的、竞争的程序完成,即公开招标。瑞士政府也是世界上较早具有完善的政府采购体系的国家之一,它们制定和实施政府采购制度已有两百多年的历史。1861年,美国也通过了一项联邦政府采购法,规定了采购机构、采购官员应遵循的程序和方法。

1998年,深圳市率先制定了我国第一个政府采购的地方性法规《深圳经济特区政府采购条例》。之后,河北、上海、江苏、辽宁等省、市也先后制定了政府采购管理办法。1998年,国务院明确财政部为政府采购的主管部门,从而在我国初步建立起了政府采购管理机构及执行机构,地方各级人民政府也相继在财政部门设立或明确了政府采购管理机构,监督管理政府采购活动。

(一) 政府采购的概念

政府采购是指各级国家机关、事业单位和团体组织使用财政性资金采购依法制定的集中采购目录以内的或者采购限额标准以上的货物、工程和服务的行为。

政府采购是国家经济的一个部分,是政府行政的一项重要内容。政府采购与其他采购活动相比较,具有以下特征:

第一,政府采购是财政支出方式的市场化。政府采购是财政支出管理方式的变革,从采购决策到采购方式和程序的选择都有较强的行政管理色彩,是财政管理与市场机制的有机结合。

第二,政府采购不以赢利为目的。政府采购的目的是满足开展日常政务活动和提供公共服务的需要,同时,以维护社会公共利益作为出发点,注重社会效益。

第三,政府采购具有较强的政策性。政府采购与政府的宏观调控政策相协调,起到调节经济运行的作用。

第四,政府采购公开透明,并以竞争的方式作为实现采购的主要手段。

第五,政府采购受到法律的严格限制。突出表现在如下几个方面:①采购决策必须按照法定程序批准后才能组织实施;②采购的方式和程序由法律明文规定;③采购机关的权利受到法律的制约;④采购的对象受到法律的限制和采购标准的控制。

(二) 实行政府采购的作用和意义

目前,世界经济发达国家和地区基本上都实行了政府采购,这是市场经济发展以及政府行为规范化的必然产物。综合而言,政府采购具有如下作用:

(1) 政府采购是规范财政支出管理、增强财政资金使用效益的有效途径。政府采购可以把资金限制在预算范围内,以获得竞争价格的优势,进而降低采购成本,形成规模效益。政府采购实际上是以规范化的形式结束过去各部门在使用财政性资金采购过程中分散的、无规可循的、无法可依的采购历史,使采购工作迈入法制化、规范化的道路。

(2) 政府采购是防范腐败行为、强化廉政建设的重要举措。政府采购通过招投标方式进行交易,实现了交易的公开、公正、公平,有效地抑制了采购工作中的各种腐败现象和不正之风,有助于净化财经秩序和重塑廉洁之风。

(3) 政府采购制度是保护民族产业和国内工业的重要手段。政府采购优先购买国货的政策要求是符合国际惯例的。事实上,政府采购市场已是各国对国内市场进行保护的最后保留地。

在我国现阶段,特别是在现行财政支出管理缺乏规范化的情况下,积极稳妥地建立、健全政府采购制度是一项当务之急的工作,具有如下重要意义:

第一,有利于完善社会主义市场经济体制。建立政府采购制度,可以有效地促进公平交易,维护正常的交易秩序,同时促进政府消费行为的市场化。

第二,有利于国家加强宏观调控。政府是国内最大的单一消费者,采购政策对国民经济有着直接的影响——采购政策可调整产业结构,保护民族工业。

第三,有利于加强财政支出管理,提高财政性资金的使用效益。政府采购制度的实施,不仅提高了财政支出的透明度,而且有利于提高财政资金的使用效益。

第四,有利于加强廉政建设。政府采购活动在公开、公平、公正和透明的环境中运作,便于从源头上有效地抑制采购活动中的各种腐败行为。

第五,有利于对外开放。政府采购制度的建立为我国进一步对外开放奠定了基础。

(三) 政府采购的目标

政府采购有巨大的社会政策功能,利用政府采购推行国家的社会政策目标,是各国政府采购法立法的重要目标之一。《中华人民共和国政府采购法》第九条规定,政府采购应当有助于实现国家的经济和社会发展目标,主要包括:

1. 保护环境

政府采购应当优先采购高科技和环保产品,促进环保企业的发展,保证经济的可持续发展。

2. 扶持不发达地区和少数民族地区

我国幅员辽阔,经济发展不平衡,特别是中西部地区和少数民族地区的经济相对比较落后。开发中西部地区是我国重要的经济战略,政府采购在扶持不发达地区和少数民族地区是有所作为的。

3. 促进中小企业发展

中小企业在社会经济发展中起了重要的作用,国家创造条件促进中小企业的发展,专门制定了《中华人民共和国中小企业促进法》。政府采购应当向中小企业倾斜,促进中小企业的发展,保证经济的持续稳定发展。

(四) 政府采购的原则

政府采购应遵循公开透明原则、公平竞争原则、公正原则和诚实信用原则,具体有如下几点基本原则:

1. 竞争原则

竞争是政府采购的最大特点。政府采购的主要目标是通过促进供应商、承包商或服务提供者之间最大程度的竞争来实现的。通过竞争,形成买方市场,促使投标人提供更好的商品、技术和服务,设法降低产品成本和投标报价,从而形成对买方有利的竞争局面,可以以较低的价格采购到优质的商品。

国际上,其他国家政府采购规范也都把竞争原则作为政府采购的一条重要原则。

2. 公开透明原则

公开透明原则是指有关政府采购的法律、政策、程序和采购过程都要公开,采购机关使用公共资金进行采购,对公众拥有管理责任,务必谨慎地执行政府采购政策并使采购具有透明度。

公开透明原则使得采购法律和程序具有可预测性,有利于投标商预测参加投标的代价和风险,提出最为合理的价格。同时,公开透明原则还有利于防止采购机构及其上级主管做出随意的或不适当的行为或决定,从而增加潜在的投标商参与采购并中标的信心。

3. 公平性原则

公平性是指参加竞争的所有投标商机会均等,受到平等待遇。有兴趣的供应商、承包商或服务提供者都有机会参加竞争,资格预审和投标评价对所有的投标人都使用同一标准,采购过程向所有投标人提供的信息都一致,不歧视公有或私有、本地或外地、国内或国外投标商等。公平性原则是实现政府采购目标的重要原则。

4. 保护民族经济、提高国民经济竞争力原则

面对经济全球化的挑战,政府采购成为保护民族经济的"生力军"。随着我国加入世贸组织,我国已经逐步融入国际经济全球化,逐步开放政府采购市场。其实,我国政府采购市场上早已充斥了形形色色的进口产品,而我国民族企业的产品却很难打入别国的政府采购市场,这就形成事实上的不平等。因此,用政府采购制度扶持具有竞争力的民族产业,保护民族经济,对增强我国综合国力具有重要的经济战略意义。因此,在开放的市场竞争环境中,利用政府采购这个庞大的购买系统保护民族经济就显得尤为重要。

5. 扩大政府采购的范围与规模原则

由于我国政府采购制度起步较晚,目前仍处在积极发展的阶段,许多应纳入《中华人民共和国政府采购法》调整的公共支出行为仍未纳入规范管理。与发达国家相比,我国政府采购的相对规模太小。本来政府采购就是一项发挥采购商品的规模效应,节约和有效使用有限的财政资金的制度因范围太窄、规模太小而难以发挥政府采购制度的优势,甚至反而增加成本。因此,扩大政府采购的范围与规模,应该是我国政府采购发展还不完全成熟时期的特殊原则。

(五) 政府采购中心

《中华人民共和国政府采购法》规定,集中采购机构是非营利性事业法人,根据采购人的委托办理采购事宜。因此,集中采购机构属于为党政机关各部门办理采购工作的服务性机构。同时，行政性事业单位的性质也决定了集中采购机构属于公益性组织，不以营利为目标，它的运行和从事的集中采购活动全部依靠国家财政来维持。

(1) 政府采购中心不隶属于财政部门。

财政部门作为本级政府采购工作的主管部门，要确保其监督工作的客观公正性，就不能既行使政府采购工作的管理职能，同时又实施采购业务的具体操作，否则，对采购工作的管理监督机制就会流于形式、名存实亡。

(2) 政府采购中心是一个非营利性的事业组织。

采购中心作为采购单位与供应商联系的桥梁，要保持其"公平、公开、公正"的立场，就必须与双方之间都没有任何性质的经济利益关系。而一旦采购中心是一个营利性的组织，就很难保证它在选择中标供应商时就没有权衡其自身利益最大化的"私心"，把采购工作作为其赚钱、营利的手段，以至于产生各种违背政府采购宗旨的不法行为。

(3) 政府采购中心必须要有独立的法人资格。

集中采购机构有时要接收采购单位等的委托开展采购业务，免不了要与它们签订相关的委托协议，或受托与供应商签订有关合同等，这就要求其必须具有独立的法人资格，对自己的事业活动、商业行为等承担相应的风险，并依法承担不可推卸的经济、法律责任。

(4) 政府采购中心是一个具有严格的内部牵制约束机制的机构。

政府采购中心是行使集中采购的具体操作机构，具有高度集中的商业行为，在其各个运行环节上均有可能涉及商业秘密或信息等。因此，必须要有一套完善、规范的操作规程，使其各操作岗位之间具有一个严密的监督制约机制，如采购活动的决策岗位与具体操作岗位之间就必须相互监督牵制，在采购经办人与采购合同审核岗位之间就必须相互分离制约等，以避免内控不严、牵制不力、责任不清等原因，导致不法分子乘虚而入，产生各种各样的腐败行为，扰乱了政府采购的正常工作秩序。

（六）政府采购的模式

根据集中采购程度的不同，政府采购分为三种模式，即集中采购模式、分散采购模式和集中与分散相结合的采购模式。

集中采购模式，是指政府所需的物资、工程和服务统一由一个机构采购。其特点是政府设立专门的政府采购机构，代表政府进行采购活动，政府其他部门无采购权。这一模式可以最大限度地发挥批量采购的价格效应，降低采购成本，有利于加强政府采购的管理和监督，但是难以迅速满足政府各部门不同的采购需求。

分散采购模式，是指政府所需的物资、工程和服务由实际需要的政府各部门自行采购。这种模式虽然采购权分散在各个部门手中，但采购的方式和程序都是法定的，并且受到统一的采购政策的约束。这一模式可以使各个部门的采购要求得到迅速满足，不足之处在于难以发挥批量采购的价格效应，不便于监督和管理。

集中与分散相结合的采购模式，是指法律明文规定部分采购项目由政府指定的专门机构统一采购，其他项目则由各部门自行采购。这种采购模式取集中采购和分散采购之所长，在一定程度上克服了二者的不足，是一种较为理想的采购模式。

（七）政府采购的基本制度

政府采购主要包含信息公开制度和回避制度两种基本制度。

1. 信息公开制度

政府采购的信息应当在政府采购监督管理部门指定的媒体上及时向社会公开发布。政府采购项目的采购标准应当公开。采购人在采购活动完成后,应当将采购结果予以公布。

2. 回避制度

在政府采购活动中,采购人员及相关人员应回避。回避制度包括自行回避和申请回避。

1) 自行回避

采购人员及相关人员与供应商有利害关系的,必须回避。相关人员包括招标采购中评标委员会的组成人员、竞争性谈判采购中谈判小组的组成人员、询价小组的组成人员等。

2) 申请回避

供应商认为采购人员及相关人员与其他供应商有利害关系的,可以申请回避。申请回避的方式和程序应在实施细则中加以明确。

(八) 采购本国货物政策

采购本国货物、工程和服务时,各国都利用政府采购保护和促进本国工业的发展,所以,各国的政府采购法规定优先购买本国的产品,如美国制定《购买美国产品法案》。《中华人民共和国政府采购法》第十条规定,政府采购应当采购本国货物、工程和服务。

(九) 实行政府采购的范围

政府采购又称公共采购,是政府机关及公共部门为开展业务活动或向社会提供公共物资和公共服务的需要,用国家财政性资金购买物资、工程和服务的行为。它与私人部门购买行为有极大的区别,主要有如下两点:

1. 资金性质标准

私人部门购买使用的资金,是个人消费基金或私人资本金,其目的是满足个人消费或为向市场提供私人物资和服务取得盈利;而政府购买使用的资金,是国家财政性资金,其目的是履行政府职能或提供公共品和公共服务满足社会共同需要。国家财政性资金的使用,有些是用于满足私人消费之目的,比如用于社会救济支出,用于普通高等学校的奖学金、助学金、困难学生补助等。虽然这些使用的是国家财政资金,可它使用的目的,并不是提供公共物资或公共服务,其性质属于私人消费,并不是政府采购行为。

2. 政府采购范围界定

依据上述标准,在中国,除了政府机关及全额预算拨款的社会团体和政党组织等实体必须纳入政府采购范围内外,对其他实行国家预算管理的实体是否纳入政府采购范围应做具体的分析。例如,事业单位提供的物资或服务并不是纯公共品,而是兼备公共品与私人品双重特征的混合品,或称为准公共品。在市场经济下,它可有两类:一类只能由政府组织供给;一类并不一定都靠政府供给,它可以在政府财政的支持下,通过授予特许权,由民间组织供给。由于要对成本回收自担风险,它就必然要走上企业化经营道路,依市场规律办事,其采购行为当然也就不应当受政府行政性控制,不应纳入政府采购范围。

国有企业是否都应纳入政府采购范围,对此有两种截然不同的意见。国有企业按其经营性质划分有两大类:一类是非营利性的公共性企业,一类是以营利为目的经营性企业。前一类企业的发展靠国家财政投入来维持,所提供的物资和服务是为满足社会公共需要,这类企业应纳入政府采购制度规范之内。后一类企业不能靠行政手段和行政配置来实现,只有依市场法则办事,以追求盈利最大化为目标,依市场信号配置资源,方能保障其健康发展,为此就必须将经营性国有企业全面纳入市场轨道,使其成为独立经济体。实现这一改革目标的前提条件是要实行政企分开的改革,消除政府直接行政干预,因此它们不应纳入政府采购范围。

实行政府采购制度,并不意味着纳入采购范围实体的所有采购活动都要纳入政府采购制度规范和控制之中。实施政府采购制度后,总是要保留一分自由采购,作为制度内采购的补充。这就有一个采购内容界定和采购门槛界限设置,借此保证制度化采购与非规范化采购范围的界限。

在实施办法中对于采购内容的界定,可通过制订采购目录列出,纳入采购目录内的物资和服务,必须按采购制度规定依法实施。采购数量范围的界定通常是以采购价格的总金额界定门槛,要依照采购制度规定,依法采购。哪些内容和多大金额的采购应当纳入政府采购法律法规的规范之中,要依据具体情况而定。

(十) 政府采购的方式

《中华人民共和国政府采购法》第二十六条规定,政府采购的方式有六种:公开招标、邀请招标、竞争性谈判方式采购、单一来源方式采购、询价采购、国务院政府采购监督管理部门认定的其他采购方式。

1. **公开招标**

政府采购引入竞争机制,市场竞争最充分的手段是招标和拍卖,同时,政府采购追求公开透明、公平竞争,所以,公开招标应当作为政府采购的主要方式。

政府采购工程进行招标投标的,适用《中华人民共和国招标投标法》,这是为了保持我国的法制统一。《中华人民共和国招标投标法》是规范招标投标的专门法,该法第二条明确规定,在中华人民共和国境内进行的招标投标活动,适用本法。必须明确的是:不仅政府采购工程进行招标投标的,适用《中华人民共和国招标投标法》,而且,政府采购货物、服务进行招标投标的,也可以适用《中华人民共和国招标投标法》;同时,政府采购货物、工程和服务适用《中华人民共和国招标投标法》,但《中华人民共和国政府采购法》有不同规定的应当适用《中华人民共和国政府采购法》。《中华人民共和国招标投标法》仅规范了政府采购过程中的招标投标行为,而《中华人民共和国政府采购法》规范了政府采购的全过程。从各国立法经验来看,大多数国家都只有政府采购法而没有招标投标法,规范招标投标行为是政府采购法的有机组成部分。因此,就广义而言,《中华人民共和国招标投标法》是政府采购法的组成部分。我国目前招标投标法和政府采购法并存的局面是我国特定的立法背景所造成的。

对于应当采用公开招标方式的,其具体的数额标准,由国务院或省级地方人民政府规定。因特殊情况需要采用公开招标以外的采购,应当在采购活动开始前获得政府采购监督管理部门的批准。采购人不得将应当以公开招标方式采购的货物或服务化整为零或者以其他方式规避公开招标采购。

2. **邀请招标**

政府采购货物或者服务,采用邀请招标的,应当具备以下条件:①该货物或者服务具有特殊性,只能向有限的供应商采购的;②采用公开招标方式的费用占政府采购项目总价值的比例过大的。采取邀请招标的,采购人应当从符合相应资格条件的供应商中,通过随机方式选择三家以上的供应商,并向其发出投标邀请书。

《中华人民共和国政府采购法》还规定了废标的法定情形：

①符合专业条件的供应商或者对招标文件实质响应的供应商不足三家的；

②出现影响采购公正的违法、违规行为的；

③投标人的报价均超过了采购预算，采购人不能支付的；

④因重大变故，采购任务取消的。

废标后，除采购任务被取消情形外，应当重新组织招标。需要采取其他采购方式的，应当经政府采购监督管理部门的批准。

3. 竞争性谈判方式采购

采用竞争性谈判方式采购的法定情形有：

①重新招标未能成立的；

②技术复杂或者性质特殊，不能确定详细规格或者具体要求的；

③采用招标所需时间不能满足用户紧急需求的；

④不能事先计算价格总额的。

4. 单一来源方式采购

采用单一来源方式采购的法定情形有：

①只能从唯一供应商处采购的；

②发生了不可预见的紧急情况不能从其他供应商处采购的；

③必须保证原有采购项目一致性或者服务配套的要求，需要继续从原供应商处添购，且添购资金总额不超过原合同采购金额百分之十的。

采取单一来源方式采购的，采购人与供应商应当遵循政府采购法规定的原则，在保证采购项目质量和采购人与供应商双方商定的合理价格的基础上进行采购。

5. 询价采购

采购的货物规格、标准统一，现货货源充足且价格变化幅度小的政府采购项目，可以采用询价方式采购。

（十一）政府采购的基本程序

政府采购无论采取什么方式，也不论涉及多大金额，都要按规定的步骤进行。一个完整的采购程序包括以下几个阶段：

（1）政府采购中心制订采购目录。

（2）采购单位编制采购预算和采购计划。

（3）采购单位编报《政府采购审批表》。审批表应注明需采购项目的性质、数量、技术规格以及竣工或提供服务的时间等内容，经主管部门审核，报县财政局批准后，交采购中心统一组织采购。

（4）按采购预算划转资金。采购单位根据采购预算将资金转到采购中心专户后，采购中心方可组织采购。

（5）确定合理的采购方式。根据采购项目的不同特点，选择合理的采购方式。

（6）实施采购。按照《中华人民共和国合同法》有关规定，与供应商签订采购合同，并会同采购单位负责合同的具体执行。

（7）履约及验收。采购中心组织由监察部门、财政部门、审计部门、采购单位、供应商代表以及相关方面的技术专家组成验收小组,对采购的商品、工程进行部分或全部验收。验收时,采购经办人员不得进入验收小组。验收完毕后,验收小组成员应分别在验收记录、验收证明和结算验收证明书上签字。

(8) 采购资金的结算。采购中心按照采购合同、验收证明、结算证明书办理款项支付手续,节省的资金返还原单位或暂存采购中心。

(9) 售后服务。根据采购合同约定的质量和售后服务条款,由采购单位和供应商签订货物质量保证和售后服务协议,并由采购中心监督双方履行协议。

(十二) 政府采购的期限

公开招投标是政府采购的主要方式,按照《中华人民共和国招标投标法》及财政部有关规定:从公布标书至签订合同至少需45天;邀请招标不超过30天,询价采购不超过15天,供货时间根据双方合同确定。

(十三) 我国政府采购的政策法规

我国政府采购的政策法规主要经历了《政府采购管理暂行办法》、《政府采购招标投标管理暂行办法》和《政府采购合同监督暂行办法》、《中华人民共和国政府采购法》等几个主要阶段。

1. **《政府采购管理暂行办法》**

《政府采购管理暂行办法》是财政部于1999年4月17日发文,对政府采购的管理范围、遵循的原则、主体、方式、招投标程序和政府采购监督等方面做了规定。

2. **《政府采购招标投标管理暂行办法》和《政府采购合同监督暂行办法》**

《政府采购招标投标管理暂行办法》和《政府采购合同监督暂行办法》是财政部分别于1999年6月24日和7月3日发文,对政府采购招标、投标、开标、评标和定标以及政府采购合同的监督等方面做了规定。

3. **《中华人民共和国政府采购法》**

《中华人民共和国政府采购法》于2002年6月29日第九届全国人民代表大会常务委员会第二十八次会议通过,自2003年1月1日起施行。

4. **相关的法律**

《中华人民共和国招标投标法》是第九届全国人民代表大会常务委员会第十一次会议于1999年8月30日通过,自2000年1月1日起施行。

5. **相关的规定**

相关的规定有财政部《政府采购信息公告管理办法》,财政部《政府采购运行规程暂行规定》,财政部、中国人民银行《政府采购资金财政直接拨付管理暂行办法》。

(十四) 国外的政府采购

政府采购制度起源于18世纪末的西方自由资本主义国家,至今已有两百多年的历史。其发展经历了形成时期和发展时期,从20世纪70年代中后期开始走向国际化。关贸总协定于1980年通过《政府采购协议》。从此以后,各个地区经济组织和国际经济组织相继在有关的贸易政策中明确了政府采购的准入条款,或专门制定政府采购协定,政府采购成为国际贸易谈判的重要内容。

美国的政府采购管理的法律依据是联邦政府采购法,其政府采购管理制度包括五个方面:招标制度、作业标准化制度、供应商评审制度、审计监察制度和交货追查制度。英国的政府采购是在政府政策、预算控制、个人责任和议会监控的前提下进行的,具体由财政部颁布《采购政策指南》《采购实施指南》等规定。日本的政府采购按照中央政府、地方政府和公共组织分别采购货物、服务、建筑工程和建筑工程服务,超过一定金额时,使用《政府采购协议》所规定的公开程序实施政府采购。韩国自1995年开始,全面推行政府物资的集中采购制度,并专门设立了执行政府采购任务的机构"供应厅"。韩国的政府采购法规十分详尽,对于招标采购前后的每一过程都有专门的限制和规定。新加坡于1997年9月加入国际贸易组织的《政府采购协定》(简称《GPA》),制定了《政府采购法案》,由政府部门、法定机构(类似我国的事业单位)和审计总长执行政府采购活动。

知识点五 采购方式的选择

在采购活动中,选择合理的采购方式是至关重要的。能否降低在采购过程中所花费的成本,降低采购的风险,依赖于采购方式的选择。采购制约着项目产品销售工作的质量,制约着项目研发工作的质量,决定着项目最终产品周期的速度,关系到项目经济效益的实现程度。因此,做好采购可以合理利用物质资源,可以沟通经济联系,洞察市场的变化,从而在激烈的市场中占据有利地位,这全依赖于采购方式的选择。分析采购方式的优缺点能够让我们在选择采购方式时趋利避害,做到最好的权衡。

一、招标采购可以参照的相关法律和文件

根据《中华人民共和国招标投标法》《中华人民共和国政府采购法》,以及有关配套文件《必须招标的工程项目规定》,满足以下条件的采购,必须进行招标:

(1) 施工单项合同估算价在200万元人民币以上的;
(2) 重要设备、材料等货物的采购,单项合同估算价在100万元人民币以上的;
(3) 勘察、设计、监理等服务的采购,单项合同估算价在50万元人民币以上的;
(4) 单项合同估算价低于第(1)、(2)、(3)项规定的标准,但项目总投资额在3 000万元人民币以上的。

可见,满足以上条件,必须严格按招标的方式采购,招标的过程不再赘述。

二、采购物资的四象限分类模型

企业在进行采购时,可根据不同的产品采取不同的采购策略。对于采购方来说,对产品进行分类就显得至关重要了。采购物资四象限分类模型提出了根据采购方的年购买量、采购产品的风险和采购机会对采购物资进行分类的方法。根据采购方年采购量大小以及采购物资对采购方的风险高低可以将采购物资分别归入四象限,分为以下四类:

(一) 常规物资

常规物资是指采购风险小、企业每年的采购量也很小的产品。常规物资通常有很多的供应商和种类,而且产品都已标准化,采购风险低。企业每年购买常规物资的数量和金额很小,每个企业每年的购买额只占供应商销售额的很小比例。

(二) 瓶颈物资

瓶颈物资是指采购风险大,而企业每年需求量不大,但又不可或缺的产品。能供给瓶颈物

资的供应商数量较少,产品多是非标准化的,因此采购风险很高。

（三）关键物资

关键物资是指采购风险较大、企业采购量很大的产品。这种产品一般是非标准化的,只有很少的供应商可供选择,较难找到替代产品或供应商,因此对采购商的风险很高,但每年的采购数量和金额很大。

（四）杠杆物资

杠杆物资是指采购风险小,但企业每年的采购量很大的产品。杠杆物资通常有很多可供选择的供应商,产品也已标准化,采购风险低。企业每年的采购数量和金额很大,这种大额采购增加了企业对供应商的吸引力。

三、四象限分类中每类物资的采购策略

（一）常规物资的采购策略

常规物资的采购有很多的供应商可供选择,其产品标准化程度高,而采购商每年的购买量很小且所采购物资对采购商风险低,采购商每年的购买额只占供应商销售额很小的比例。

1. **采购对策**

采购商应简化采购过程,达到管理成本及与供应商的交流的最小化。常规物资不需要使用多家供应商提供,只需使用一个优先供应商,并与其签订长期、无定额或永久性的合同,在增加对供应商吸引力的同时提高议价能力。

2. **理想的供应商**

常规物资理想的供应商应该能够长期提供多品种的低值易耗商品。理想的供应商不仅应供给流程简单、持续且可靠,而且应负责高效。供应商最好能够提供一个月度或更长时间的整合单据以便采购商进行检查,且愿意安排专门的客户经理来处理与采购商的相关事宜。

3. **采购商如何操作**

在采购常规物资时,采购商应了解采购的工作流程并制订简化流程的办法。常规物资由于风险低、金额不大,因此初级采购员即可胜任采购工作。在签订无定额合同时,则需要高级采购员来与供应商进行谈判。

（二）瓶颈物资的采购策略

瓶颈物资对采购方的风险高,但是由于瓶颈物资是非标准化产品,所以供应商数量较少。采购商每年的采购额较小,因此采购商对供应商几乎没有什么吸引力。

1. **采购对策**

采购商首先应注重如何降低风险,其次才考虑价格与采购成本。此外,采购商应尽量从同一个供应商处采购以提高议价能力;如有需要,也可确定两个供应商,一旦供应链出现问题,则有后备供应商可用。瓶颈物资的采购应与供应商建立紧密的长期合作关系或者与供应商商定一个固定的供应量以降低风险,并与供应商签订长期合同。

2. **理想的供应商**

理想的瓶颈物资供应商应当是可靠的,且不会滥用其强势的议价能力。理想的供应商不但要具备长期供应所需产品的意愿和能力,且当上游供应链出现问题时,供应商有明确的战略来

应对这种风险。

3. 采购商如何操作

采购商的采购部门需要培养良好的团队精神,与公司其他部门合作以降低公司风险。采购商在采购时应给供应商留下好印象,并应努力成为一个优秀的关系管理者以维持和供应商的业务关系,而不是做一个难缠的谈判者。

(三) 关键物资的采购策略

关键物资大多是非标准化产品,采购商可供转换的供应商数目有限,且每年的采购量很大。关键物资对采购商的风险很高,但是由于采购量大,采购商对供应商的吸引力也较大。对于供应商来说,一般只有几个大客户。

1. 采购对策

在采购关键物资时,采购商应从同一个供应商处购买,最好能与供应商发展合作伙伴关系,并采用长期合作伙伴关系合同,以降低风险并锁定将来的成本。

2. 理想的供应商

在中长期内,理想的供应商应当拥有成本和技术优势,并能够降低任何来自上游供应商的风险。供应商应当愿意与采购商建立合作伙伴关系,与采购方持有相互兼容的商业战略,不滥用议价能力,且不能和采购方竞争对手建立相似的合作关系。

3. 采购商如何操作

采购商必须具有创造性,且应积极主动地建立和推动与供应商的合作伙伴关系。采购商的谈判者在谈判时应从战略全局出发,不能破坏与供应商的合作关系。由于关键物资对采购商来说十分重要,因此任何有关关键物资的采购决策都应该由最高管理层做出。

(四) 杠杆物资的采购策略

1. 采购对策

杠杆物资采购风险小,但企业每年的采购量很大,因此采购商的议价能力很强,价格变化对采购方的影响很大,当价格差异大于转换成本时,企业会考虑转换供应商。转换成本(switching cost)包括合同谈判时设计的费用、员工重新培训的花费、流程与设计改变的成本、废弃已有库存的成本、终止原有合同的违约金、新合同起步阶段的低效率等。同时,供应商的一些行为也会增加转换成本,如提供优惠和折扣以保持顾客的忠诚度,与采购方高层或技术人员保持密切联系,提供免费培训或其他服务等。因此,杠杆物资的采购战略取决于供应商之间的价格差异水平及转换成本的水平。较大的价格差异使得企业在多个供应商之间选择,而较高的转换成本导致企业只能专注于一个供应商,使得总成本最小。

2. 理想的供应商

若采购商采用现货购买方式时,理想的杠杆物资供应商应拥有基本的供货能力;若采用期限合同采购方式,理想的供应商应是短期和中期有成本优势的供应商;而如果采用长期合同,理想的供应商应当是在与采购商确定了采购合同后,不会滥用其议价能力的供货企业。

3. 采购商如何操作

采购商应成为在正常交易谈判中强有力的谈判者,并充分利用其强势的议价能力以获取最大的利益。若转换成本较高,那么管理人员还须擅长确立和维持与供应商的合作关系。

杠杆物资的采购是最有利于采购商的,因为其采购风险低,而采购量又很大,这使得采购商拥有很强的议价能力。不论是常规物资、瓶颈物资，还是关键物资，都应尽量向杠杆物资靠拢。

作为常规物资采购商，可通过汇总相似物资的采购需求（如办公室用品与电脑耗材），汇总不同地点、不同用户的采购需求，并与其他公司进行联合采购等办法增加常规物资的购买量，以增加采购商对供应商的吸引力，并获得好的交易条件；作为瓶颈物资采购商，则应在增加采购量的同时，通过使用标准化产品，确定新的供给来源，并采用与供应商紧密合作等办法降低采购风险；作为关键物资采购商，也应着力于降低采购风险。

市场经济的不断发展和改革的不断深入，对采购过程的公平、公正、公开提出了更高的要求。在采购过程中，要认真严格执行各相关法律法规。尤其是在采用非招标的方式采购时，要认真对比、分析采购项目的特点，确定最为合理的采购方式。

沃尔玛集中采购

2012年10月30日，沃尔玛中国宣布战略升级。采购体系首当其冲，全国20多个办公室缩减为8个，与之相应的，数百名沃尔玛采购人员要在2周时间内决定去留。

（一）沃尔玛收缩采购大权

全国的采购办公室缩减为8个，意味着沃尔玛逆转了原来跟店设立采办的扩张策略，原来总部—区域—城市的三级采购模式，调整为总部—区域两级，采购大权进一步回收。

对此，沃尔玛的内部人士表示，这一调整有利于沃尔玛更好地在区域内整合资源，同时，又能兼顾本地化的采购需要。"原来分散的采办，每个地方的采购需求都不太多，资源的重复和浪费也比较严重，调整之后，我们就可以进行规模的集中采购，降低采购价格，并最终反馈给消费终端。"

中投顾问零售行业研究员杜岩宏认为：沃尔玛调整采购体系一方面是为了在中国的战略实施而进行的供应链系统的调整与优化，以匹配当前的发展战略，为战略的实施提供更高效的采购体系支持；另一方面通过此次调整进行机构的精简和人员的调整，达到进一步优化管理和降低人员成本的目的。

但杜岩宏同时认为，此次调整是否更加优化、高效，还取决于当前的采购布局是否能有效覆盖沃尔玛的绝大多数网点，以及与采购相关的成本是否有所下降。

有熟知零售行业的人士则认为，沃尔玛调整采购体系其实还为了更好地加强自己的管控能力，原来下放的采购体系，猫腻和问题太多，质量监控也容易出问题，2011年重庆沃尔玛门店曝光的假猪肉事件即是一例，一些销量不好甚至存在问题的产品，通过疏通采购就可以进场了。

"不过沃尔玛最主要的目的，可能还是想做好供应商和产品的优化。"该人士分析。

（二）中小供应商面临冲击

本地的采购办公室裁撤之后，供应商又当如何？

沃尔玛中国方面表示，采购架构调整并不意味着减少本地商品的采购，沃尔玛仍会致力于满足顾客的多元化需求，继续与本土供应商进行更深入的合作。

"目前还无法说具体影响怎样，不过估计不会太大。"娄底市同星米业有限公司销售部经理刘振强表示。该公司主要对应沃尔玛在湖南市场的供应，目前沃尔玛在长沙的办公室已撤销，公司刚刚收到了武汉来的函件。

根据沃尔玛中国新的采购布局，湖南、湖北和江西等地的采购都归于武汉。刘振强称，即使是之前，与长沙采购办的联系，也主要是线上和电话，平常见面并不是很多，换到武汉，沃尔玛的系统做得好的话，基本不会有什么影响。

沃尔玛在山东齐河的一家食品供应商则认为：沃尔玛的系统非常规范和完善，尤其是在回款问题上，很少有拖欠问题，但一些国内采购商就很难保证；在采购人员上，管理也比较严格。

不过在同样进行了采办调整的福建，有供应商却表示忧虑。"20多个采购办公室一下子减为8个，沃尔玛在区域市场上将更加强势。"当地一家饼干供应商称，沃尔玛会进一步削减供应商，优胜劣汰。

该供应商感慨，与沃尔玛做生意会越来越难，此次调整甚至会导致中小供应商批量死亡。据记者了解，一些供应商已做好了两手准备，继续观望，有利于双方则继续合作，如果集中采购导致利润压缩厉害，则选择其他的采购商。

中投顾问零售行业研究员杜岩宏则认为，沃尔玛对全国采购体系进行统一调整，裁撤办公室，必然对供应商造成较大的影响。沃尔玛的统一、集中采购规模将会提升，供应商的选择也更加严格，小型供应商或将被淘汰。与此同时，区域采购规模的提升必然对采购价格形成向下的压力，供应商的话语权或将会下降。

沃尔玛集中采购的启示：
(1) 集中采购可以有效降低物资采购的成本。
(2) 实施集中采购有利于企业与供应商之间建立良好的合作关系。

重要概念

采购方式　集中采购与分散采购　询价采购　招标采购　电子采购

本章小结

本章主要介绍了现代采购的几种主要模式，采购从采购主体上分为政府采购、企业采购，采购的形式主要包括集中采购、分散采购、联合采购、电子采购等，具体实施采购的方式包括公开招标采购、邀请招标采购、竞争性谈判采购、询价采购和单一来源方式采购，不同的采购方式各有其适应范围，也各有利弊。本章学习要重点掌握集中采购、分散采购、政府采购、招标采购，以及电子采购的概念和适用条件；实施政府采购的意义、原则、范围、基本制度和政府采购的程序；电子化采购是一种以现代IT技术为支持的现代采购方式，它不仅是一种基于现代通信技术的采购方法，更重要的是通过利用现代网络的开放性、信息的多样性、交易的快捷性和方便性等特点，有效地降低了采购风险和采购成本。

复习思考题

一、填空题

1. 实行分散采购有利之处主要是：(　　)，(　　)。
2. 集中采购是指(　　)的集中化采购管理，而联合采购是指(　　)的采购联盟行为。
3. 询价采购是指对(　　)的报价进行比较以确保(　　)的一种采购方式。
4. 电子采购是在(　　)环境下的采购模式。

5. 招标采购是在众多的供应商中选择最佳供应商的有效方法。它体现了(　　)、(　　)和(　　)的原则。
6. 采购战略联盟是指(　　)的企业采取一种长期联合与合作的采购方式。
7. 邀请报价的供应商数量至少为(　　)家。
8. 邀请招标指招标人以(　　)的方式邀请特定的法人或者其他组织投标。

二、单项选择题
1. 在下列采购类别中,不属于按采购制度进行分类的类别是(　　)。
   A. 政府采购　　　　　B. 集中采购　　　　　C. 分散采购　　　　　D. 混合采购
2. 集中采购的主要优点为(　　)。
   A. 采购方谈价能力增强　　　　　B. 采购响应速度快
   C. 容易应付紧急需要　　　　　　D. 能更好地了解用户需求
3. 供应商和采购方通过第三方设立的网站进行采购业务的过程是(　　)。
   A. 卖方电子商务采购模式　　　　B. 买方电子商务采购模式
   C. 第三方电子商务采购模式　　　D. 以上都不是
4. 目前企业的电子采购一般是(　　)。
   A. 卖方模式　　　　　B. 买方模式　　　　　C. 第三方模式　　　　D. 其他模式
5. 下列关于电子商务采购的优势说法正确的是(　　)。
   A. 从根本上改变企业的传统采购模式,使企业效率提高
   B. 提高采购成本
   C. 扩大交易范围
   D. 提高整体供应链的获利能力
6. 实施分散采购的优点是(　　)。
   A. 降低采购成本　　　B. 手续简单　　　　　C. 过程长　　　　　　D. 便于监督
7. 询价采购中邀请报价的供应商数量至少为(　　)家。
   A. 一　　　　　　　　B. 二　　　　　　　　C. 三　　　　　　　　D. 四
8. 联合采购的缺点是(　　)。
   A. 采购成本高　　　　　　　　　B. 作业手续复杂
   C. 涉及利益较少　　　　　　　　D. 企业库存量增大

三、判断题
1. 集中采购的缺点主要是失去了规模效益,加大了采购成本。(　　)
2. 联合采购是一种能够降低成本的采购方法。(　　)
3. 订货点采购属于传统采购。(　　)
4. 分散采购的特点是支付条件宽松、优惠条件增多、专业性强、责任大。(　　)
5. 在实际的采购活动中,采购主体一般只使用一种采购方式。(　　)
6. 公开招标中,招标人需向特定的法人或者其他组织发出投标邀请。(　　)
7. 电子采购有利于扩大供应商范围,提高采购效率。(　　)
8. 政府采购中心是营利性的事业组织。(　　)

四、简答题
1. 什么是集中采购?集中采购和分散采购各有哪些优缺点?

2. 集中采购和分散采购有哪些选择标准？各有哪些适用范围？
3. 什么是招标采购？招标采购分为哪几种方式？邀请招标的基本条件有哪些？
4. 招标采购的程序包括哪些环节？
5. 实施联合采购的必要性有哪些？
6. 招标采购中评标方法有哪些？

五、案例分析

案例1

采购管理案例——惠普的供应链革命

惠普的全球供应链战略是惠普供应链的宏观层面，而从供应链的各个环节来看，惠普为了适应市场，必须做出一系列新的改变，建立起富有特色的供应链系统。特别是在2001年与康柏合并后，惠普的成绩有目共睹，这与惠普灵活的供应链管理有很大的关系。

一、五条优化的供应链

惠普设计了独一无二的供应链，能够帮助每一种产品进行优化，同时进入不同的市场。目前惠普有五条不同的供应链，每一条都足以超越最强大的竞争对手：第一条是直接供应链，第二条是打印机业务独一无二的低接触率模式，第三条是所有简单配置的供应方式，第四条供应链涉及高附加值的复杂系统和解决方案，第五条是供应链管理服务业务。

惠普生产了四十种不同的产品类型及其衍生产品，包括照相机、打印机、游戏柄、打印纸、打印墨盒、传真墨盒、PC、服务器和商业系统等，产品类型广泛。惠普的这五条供应链能使其提高花费效率，可以对四种主要的顾客类型进行运输。它对终端顾客服务，然后又对销售渠道中的顾客和合作伙伴服务。

比如惠普提供给零售商客户的运输，零售商不关心产品是打印机或个人电脑，还是笔记本或游戏手柄，它们关心的是能否及时运输，能否顺利经营促销，是否有存货可见性。它们关心惠普怎样运货到它们的物流中心，而不管产品在哪里生产的。在供应链中接近客户的那一端，供应链的特点是服务高度统一，但在供应链的上游，也就是惠普与不同供应商、合同制造商或自己的工厂联结的这一端，供应链就有很多分化。

这五种优化的供应链，满足了产品的领先要求，同时能够实现库存优化，降低了总拥有成本，成为惠普的制胜之道。

二、KeyChain解决方案催化电子采购

在惠普，成本的降低不仅仅体现在劳动力成本上，而且贯穿了产品价值链的全过程。而在所有的运作中，有一个最大的功臣，就是惠普针对协作建立的KeyChain解决方案。

惠普KeyChain解决方案包括五个核心组件。其中，电子资源、竞拍与处理分析使得电子资源的使用方面实现了大于10%的成本节省，过剩物资得到挽救，利用动态价格每年节省数百万美元，在产品短缺期间保证业务流与客户满意度，产生新的模式与服务；信息与分析组件则用来降低成本与风险，利用企业采购之能量，管理合同文件，进行风险管理，通过提升对供应链的保障能力来提高营业额；购买与销售组件通过价格保护，使合作伙伴能够灵活购买惠普的产品，惠普各个业务集团能够利用惠普全球资源优势，在整个供应链中确保快速支付；采购订单与预测协作组件帮助与合作伙伴实现自动交互流程，减少周转时间，降低风险，使双方的沟通实时、无阻，同时，对订单进行实时监控，与后台系统完美结合；而库存协作组件则可以更有效率地管理外包运作与库存，向供应商提供统一界面、同步沟通，通过降低实时的采购价格，以更高的运

作效率来降低成本。

采用这一方案的意图很明显,就是要加强供应链管理和流动资金的核心竞争力,通过业界领先的流程和自动化系统,产生数亿美元的价值。显然,KeyChain 并没有让惠普失望,通过这一方案而进行的电子采购和电子供应链管理及制造外包,使得采购成本下降了 17%,库存周转率提高了 60%,客户订单运作的周期缩短了一半。

三、惠普的"价值协同网链"理念

基于对全球制造行业的深刻理解与把握,惠普提出了"价值协同网链"(value collaboration network,VCN)的发展理念。惠普的"价值协同网链"致力于在供应商、客户、合作伙伴等价值链成员之间建立起协同业务关系,提升产品与服务的效能及企业的核心竞争力,帮助制造业客户建立以客户为导向的扩展型业务系统。VCN 通过协作与价值创新全面满足了用户需求,将外包服务供应商、业务流程与系统、贸易合作伙伴完美结合在一起。其基础流程包括 ERP/供应链优化、用户/合作伙伴关系管理、产品生命周期协作等三个方面,帮助用户建立一个强大、集成、灵敏的供应链,围绕制造设计流程联结所有合作伙伴,在适当的时间开发最适合的产品。

四、供应商管理

惠普对供应商或服务提供伙伴的管理方法是独特的。两者是合作的关系,惠普采用一种长期战略,它为自己也为供应商寻找增加供应链附加值的方式。惠普支持其贸易伙伴、物流合作伙伴和产品供应商,使之给惠普的顾客带去更好的物流服务解决方案。

惠普与供应商公司都有一个执行保证程序"Pre-Merger"。这个程序包括惠普的五十家最大、最关键的供应商和服务提供商,这些供应商占惠普采购费用的 90%。

惠普设置了执行委员、副主管以上级别的职位,负责代表惠普全球供应链的利益。惠普与供应商们一年至少见面两次,预先计划和预先设定议程,而议程迫使与议程相关的其他重要决策者出席。这种会议的主旨是加强惠普与供应商的关系从而使双方都获得好处。

五、独特的"买-卖"过程

惠普有一个独特的称作"买-卖"的过程,这一流程是为计划和确保战略性原材料的购买,与惠普的合同制造商和原始设计制造合作伙伴共同使用。惠普每年通过这个流程购买 200 亿美元的原材料,它在这个流程中有四个合作伙伴,拥有一个非常好的业务流程,而且有着很好的基础设施进行支持,这使惠普每 1 美元的采购降低了超过 70% 的成本。这个流程是全球性的,通常被咨询公司作为行业中最好的流程的例子,而且,惠普已经向几个顾客也提供了这种服务。

案例1思考题:

(1)惠普的供应链采购为惠普带来了什么益处?

(2)惠普如何实施电子化采购?

案例2

一次成功的网上药品招标

某年 8 月 11 日,一次大规模药品网上招标采购在广东省佛山市轰轰烈烈地结束了。超过 1 800 种药的中标价格与从前的最低采购价相比平均降幅达 25%,药品成交总额超过 1 亿元。这次采购全是通过电子商务来完成的。采购价格降低后,市属医疗机构也将相应调低药品的零售价,估计此番会给患者让利近千万元。此次招标有两大亮点:一是投标企业多,一共有 62 家药品生产经营企业投标,投标的药品来自 446 个生产厂家和进口药的一级代理商,品种达 1 811 种,为全国已开展药品集中招标的单位药品品种采购之最;二是利用现代信息网络技术进行药品集中招标采购,为交易双方提供一个公平、公正、公开、便捷、高效和监督有力的现代技术服务,在广东省尚属首次。这次招标由佛山市所有二级以上医院(共19家)参加,采购药品分抗生素、抗肿瘤药、生物制品三大类,约占佛山市全年用药的20%。这次使用 eTradeStar 软件网上招标,较好地避免了人工招标的弱点。招标的厂商可以通过自己的密码到招标网站查看有关情况,并只需上传一份资料。而招标者面对数千种药品数据的统计处理,现代信息技术代替了大量人手,在5天内将其整理得有条有理。对于专家对药品、生产厂和经销商进行评分的环节,如果用传统的方式起码要花费15天的时间,而网上一目了然地从比较到打分只需花2天时间。机器操纵了整个招投标过程60%的信息处理。这次评选是以"双盲"形式进行的。首先,专家从370位候选人中随机抽取15位,要他们立即赶到全封闭的评标场地。其次,专家所评选的生产厂家和经销商资格、药品的质价这三项内容是分离的,即他不知道哪种药品是哪家生产、哪家经销的,而只能分类地去评价其价格。这个软件能根据药品的质量、价格、质量价格比、厂商的服务及信誉等五大项给出一个评分系统,评标专家几分钟就可以打出分数。定量打分留下5名候选。评标专家又通过软件进行定性打分,确定两个中标者,由医院挑选。定标后,由医院的采购员、药房主任和院长通过不同的界面上网,各尽其责进行药品采购。据佛山市某医院反映,网上招标对医疗机构和生产企业都有好处。最大的让利空间将吸引更多的人来看病,人气旺了,医院的效益也就有了保障;同时,招标采购成本降低,促进了医院的资金运作。医院每年采购药品的成本占整个医院消耗物质的70%~80%,通过招标,药品采购的成本每年将降低10%。

案例2思考题:
(1)该公司如何实施网上招标采购药品?
(2)网上招标采购对企业有哪些好处?

第六章 采购洽商

◆ 学习目标
①理解供应商选择标准;
②掌握供应商选择方法;
③能够结合实际选择最适宜的采购谈判方式。

供应商供货不力

临近春节,生产任务特别紧张,甚至从办公室抽人去生产线增援了。然而手机塑胶外壳的供应商却不给力,承诺好的交货期一再延误,喷漆与丝印良品率跌至50%。采购总监驻厂催货都难以确保交货,为了赶时间,从深圳交货到上海都采用空运。这个供应商据说在深圳是较好的手机塑胶壳生产供应商,专注于供应国内知名品牌客户,但为何我家的需求就一再满足不了,而且其董事长出面保证也不奏效。

思考题:
(1)为何供应商不能保证供货?
(2)如何选择供应商?

知识点一 供应商选择标准与方法

当今的经济环境充满了竞争性和不确定性。客户的需求总在不断变化,企业对市场反应速度的要求越来越快,相应地,制造商的产品生命周期也越来越短。为了满足这种需求的多变性,许多企业采用了敏捷制造、精益生产等创新性战略以实现生产的柔性化。然而单纯依靠制造商的能力来强化供应链的柔性是不够的,供应链上游企业的活动对决定供应链的柔性起着至关重要的作用,也就是说,供应商的活动对制造商的生产有重要影响,因而,如何正确选择合适的供应商对提高制造商生产柔性和降低成本有重要意义。

一、供应商选择标准

供应商选择是实施采购的前提,在选择供应商的过程中,选择标准是一个关键的环节。供应商选择与评价问题一直是学术界和业界研究的热点问题,不少专家学者通过企业调查或切身实践,都提出了各自较为合理的评选指标体系。其中,对供应商的选择问题研究最早、影响最大的是迪克森。他通过分析170份对采购代理人和采购经理的调查结果,得到了对供应商进行评价的23项指标,并对指标的重要性进行了分类。迪克森认为:质量是影响供应商选择的一个

"极其重要"的因素;交货、历史绩效等7个因素则"相当重要";"一般重要"的因素包括顾客投诉处理程序、沟通系统等14个;最后一个因素,"相互之间协商"则归入"稍微重要"之列。在迪克森的研究中,我们能够发现在选择供应商时重要性最高的前3个指标分别为质量、交货期和历史绩效。之后,Stamm和Golhar、Ellram、Roa和Kiser分别发文指出他们认为重要的供应商选择指标是13、18和60个。根据华中科技大学管理学院CIMS-SCM课题组1997年的一次调查统计数据显示:关于我国企业对供应商的选择标准(见图6-1),98.5%的企业考虑了产品质量的准则,92.4%的企业考虑了价格的准则,69.7%的企业考虑了交货提前期的准则,批量大小及品种多样性也是企业考虑的准则之一。因此,对供应商的选择是一个多准则评价问题,是在对各个准则定量和定性分析的基础上对供应商给出综合量化指标,以选择最合适的供应商。通过多个行业的调查分析,对供应商的评价多集中在质量、交货期、批量柔性、交货期与价格的权衡、价格与批量的权衡、多样性等指标因素。对于供应商来说,要想在所有的内在特性方面获得最佳是相当困难的,或者说是不可能的,一个高质量产品的供应商不可能有最低的产品价格。因此,在实际的选择过程中必须综合考虑供应商的主要影响因素。

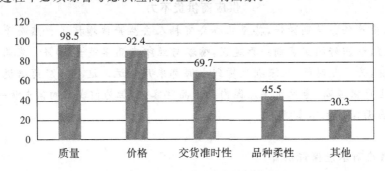

图 6-1 我国企业对供应商的选择标准

1. 质量

质量是供应商选择的首要参考目标,也是采供双方合作达成的基本条件。质量指标对于一个企业的重要性,等同于企业的生命。质量指标主要是指供应商所供给的各类物资,包括原材料、初级产品或消费品组成部分的质量。通常情况下,采购方在与某家供应商合作之前,必然会考察该供应商所生产产品的质量。考察活动可能有样品质量检验、实际生产和质量监控流程的参观以及供应商质量控制体系的考评等。与生产工艺能达到的最高质量水平相比,供应商能够持续保持的质量水平更有意义。当然,如果样品或少量交付的样品质量就很低劣的话,那这个供应商就更不能考虑了。一般来说,采购物资的质量并非越高越好,关键在于满足企业所要求的质量水平,如果质量水平过高,需要采购方支付相应的超质量成本,那么高质量可能会成为企业的负担,与企业的产品定位及竞争策略产生冲突。而在考察供应商的产品质量要求方面,采购方关键要看供应企业是否有一套有效执行的产品质量检验制度,即控制质量的能力。在对供应商的质量管理要求上,考察的因素包括质量管理方针、政策,质量管理制度的执行及落实情况,有无质量管理制度手册,有无质量保证的作业方案、年度质量检验的目标和改善的目标,有无权威评价机构的评鉴等级,是否通过了ISO9000质量管理体系认证。

2. 价格

在满足质量要求的供应商间选择的时候,采购方首先考虑的因素是各个供应商的报价。尤其是采用招标方式采购的标准件,价格更是决定哪些供应商被选择的最关键指标。价格因素主要是指供应商所供给的原材料、初级产品或消费品组成部分的价格,供应商的产品价格决定了采购方或下游企业的产成品的价格以及整条供应链的投入产出比,对生产商和销售商的利润率有相应程度的影响。在采购谈判中,价格经常是采供双方争执和博弈最激励的一个环节。相关调查研究表明,20 世纪 90 年代,我国企业在选择供应商时,主要的标准是产品质量,其次是价格。虽然近几年来,非质量和价格因素越来越多地被供应商选择的研究人员所关注,但是这两个因素的重要性仍可见一斑。

3. 交货能力

供应链管理的思想摒弃了传统企业与企业竞争的狭隘竞争理念,转为供应链与供应链之间的竞争。对于企业来说,供应链上的其他企业以及市场都是外在系统,它的变化或波动都会引起企业或供应链的变化或波动,市场的不稳定性会导致供应链各级库存的波动,而交货提前期的存在又必然造成供应链各级库存变化的滞后性和库存的逐级放大效应。交货提前期越小,库存量的波动越小,企业对市场的反应速度也越快,对市场反应的灵敏度也越高。由此可见,交货提前期是一个重要的概念。交货能力的概念比交货提前期更为丰富,它包括交货提前期、交货准时性、对采购方变更交货数量和交货时间的反应水平等这些与准时按需交付满足采购方需求物资的所有能力。交货准时性是指按照采购方所要求的时间和地方,供应商将指定产品准时送到指定地点。如果供应商的交货准时性较低,必定会影响生产商的生产计划和销售商的销售计划及时机。沃尔玛为其供应商设定了交货时间窗,每个供应商必须在规定时间范围(通常精确到分钟)内交付沃尔玛超市所订购的商品,超过时间交付将会被拒绝接收。这一交付条件就考验了供应商的交货准时水平。

4. **服务水平**

服务水平因素指的是在采购合同执行过程中,供应商对采购商在物资或设备的使用、残次品的调换、设备使用方法培训、相应故障的排除等方面的帮助,即供应商为采购企业提供质量保证和相应售后服务的所有活动。如果销售过程中的相关服务跟不上,产生的相关问题会给采购企业带来诸多麻烦,轻者增加企业的物料成本和生产成本,重者影响生产的连续性和新设备的上马进度,给企业带来重大经济损失。因此,现在很多采购企业都很重视客户服务水平这一因素,它已成为供应商选择过程中的另一重要因素。

5. 供应商的地理位置

对于不同的物资,供应商的地理位置这一因素的重要性也不相同。如果物资的配送成本尤其是运输成本占采购方采购成本的比例越大,那么供应商相对采购商的地理位置就越重要;如果所采购的物资或设备需要采供双方频繁密切地配合,尤其是在供应商参与新产品开发的过程中,地理位置无疑也会给直接沟通的难易程度以及相应差旅成本造成直接重要的影响。另外,供应商所在的地理位置有时候也决定了它获得某种原材料的稳定程度和价格水平,这可能直接影响采购商采购物资的进货成本,进而左右采购方对供应商的抉择。最后,随着供应商的地理位置不同,各类自然灾害,如旱灾、涝灾、地震、台风等发生的风险也各不相同,如果采购物资易于受这些灾害影响,那么供应商的地理位置就决定了它发生停产、减产甚至倒闭等风险的可能性,这些都应该考虑在供货伙伴尤其是长期合作伙伴的选择过程中。

6. 供应商的信誉

供应商的信誉是供应商与本采购企业或其他买家合作过程中积累起来的声望。它可以看作是供应企业无形资产的组成部分,优秀的供应商为了维护其良好声誉,按约保质保量地履行合同的愿望要远远高于那些声名狼藉的供应企业。

7. 供应商的财务状况

采购企业的供应部门有时还会把供应商的财务状况纳入考核的指标体系之中,原因在于制造企业供应部门担心本企业财务部门及时支付货款的比例不足。如果制造企业的货款支付制度是财务中心根据销售部门或其他资金进项的时间安排支付应付账款,而不是按照应付账款到达财务部门的时间去筹措相应资金,那么供应部员工在选择供应伙伴时就不得不把对方的财务状况考虑在内。如果供应企业是其他条件优越而财务链条管理比较紧张的小型供应企业,且采购企业的份额又占供应商销售额较大比例时,采购企业财务部门拖欠货款可能给供应企业造成巨大风险,严重时甚至直接导致其停工停产以及双方的法律纠纷。但这种情况对于资金雄厚的大型供应企业来说问题就不会这么严重。

当然,上述指标的讨论还是基于传统的采供双方的供需管理模式。随着供应链管理、供应商关系管理、战略联盟等思想不断深入人心,供应商评选指标也渐渐由上述以价格和质量等为主的体系向有利于采供双方长期互利合作关系的方向转变。较之传统的指标体系和评选过程,新型供应链模式下的供应商评选指标体系更利于采供双方在动态、合作、竞争的环境中成为实现信息共享、风险共担的合作伙伴关系,实现对多变市场需求的快速反应。这时,供货柔性、供应商的技术创新能力、合作的态度、信息共享水平以及对市场的反应能力等都将成为采购方评价并选择供应链合作者的重要因素。

二、供应商选择方法

供应商评价与选择是企业将投入转换为产出过程的起点,是企业采购管理的重要内容,也是建立供应链合作、联盟甚至战略伙伴关系的基础。选择供应商的方法有许多种,具体的方法要根据供应商的数量、对供应商的了解程度、采购物品的特点、采购的规模以及采购的时间性等具体要求确定。目前国内外常用的供应商选择方法有以下几种,分别适用于不同的情况。

(一)经验评价法

经验评价法是根据征询和调查的资料,并结合采购人员的经验对合作伙伴进行分析、评价的一种方法,通过调查、征询意见、综合分析和评价来选择供应商。它是一种主观性较强的方法,主要是倾听和采纳有经验的采购人员的意见,或者直接由采购人员凭经验做出判断。

经验评价法根据其评价过程和分析工具的结构化程度分为非结构化方法和结构化方法。

1. 非结构化方法

非结构化方法包括头脑风暴法(brain storming)和德尔斐法(Delphi method)。

1) 头脑风暴法

头脑风暴法是由美国创造学家亚历克斯·F. 奥斯本(Alex Faickney Osborn,1888—1966)于1939年首次提出并于1953年正式发表的一种激发参与者思维的群体决策方法。头脑风暴法又可分为直接头脑风暴法(通常简称为头脑风暴法)和质疑头脑风暴法(也称反头脑风暴法)。前者是在专家群体决策时尽可能激发群体中每一位个体的创造性,产生尽可能多的设想方法;后者则是对前者提出的设想和方案逐一质疑,分析其现实可行性的方法。采用头脑风暴法组织群体决策来选择供应商时,要集中有关专业人员(包括采购专家和内部客户的专家)召开专题会议,主持者以明确的方式向所有参与者阐明供应商选择的原则,说明会议的规则,尽力创造融洽轻松的会议气氛。主持者一般不发表意见,以免影响会议的自由气氛。由专家们自由、充分地发表意见,推荐优秀的供应商并给出依据,或对备选供应商进行充分的评价。最终,可通过少数服从多数的原则确定最优供应商。

2）德尔斐法

德尔斐法是在20世纪40年代由O.赫尔姆(Olaf Helmer)和N.达尔克(Norman Dalkey)首创,经过戈登(T.J.Gordon)和兰德公司(RAND Corporation)进一步发展而成的一种利用群体智慧预测未来的方法。德尔斐是古希腊的一座城市,相传城中的阿波罗能预卜未来,德尔斐法便由此命名。德尔斐法依据设定好的程序,采用向专家发出问卷、专家匿名发表意见的方式(即专家之间不得互相讨论,不发生横向联系,只能与调查人员发生关系),通过多轮调查专家对问卷所提问题的看法,经过反复征询、归纳、修改,最后汇总成专家基本一致的看法,作为预测的结果。

德尔斐法用于决策具有如下特征:①充分利用专家的智慧;②由于采用匿名或背靠背的方式,能使每一位专家独立地做出自己的判断,不会受到面对面讨论问题时权威的影响;③经过问卷—归纳—再问卷的多次循环,最终结论会收敛到理想的决策结果。正是由于德尔斐法具有以上这些特点,它广泛用于诸多决策过程中。这种方法的优点主要是简便易行,具有一定科学性和实用性,可以避免会议讨论时产生的因害怕权威而随声附和,或固执己见,或因顾虑情面不愿与他人意见冲突等弊病;同时也可以使大家发表的意见较快收敛,参加者也易接受结论,具有一定程度综合意见的客观性。

2. 结构化方法

将供应商选择评价的维度(或指标)明确下来,并定义出不同的级别,之后再由相关专家基于其经验来评价的方法,就是结构化的经验评价法。结构化方法的具体操作是首先列举出评价供应商的各项指标,然后按供应商的优劣档次,分别对各供应商进行评分,最后将各项得分相加,选得分高者为最佳供应商。

（二）综合评分法

综合评分法是现行企业应用得比较普遍的一种供应商评价选择方法,它比直观判断法更加科学,易于理解,操作起来也较为方便。企业的一般物资大多采用这种方法选择供应商。此外,该方法也易于程序化,虽然在打分过程中不可避免地带有主观色彩,但用打分的方法量化评价的效果还是比较好的。其不足之处在于无法体现不同评选指标的不同重要性,这与现实情况并不符合,所以这一方法也渐渐被综合权重评分法或层次分析法等方法所代替。综合权重评分法的操作流程如下:

(1) 针对要采购的资源和内部客户要求列出评价指标和相应的权重;

(2) 列出所有的备选供应商;

(3) 由相关人员对各供应商的各项指标打分;

(4) 对各供应商的所有指标得分加权求和得到综合评分;

(5) 按综合评分将供应商排序,选择得分最高,也就是综合评价结果最好的供应商。

（三）招标采购法

招标采购法也是一种使用得越来越广泛的采购方法,已经受到业界的普遍关注。所谓招标采购法,就是通过招标方式寻找最好的供应商的采购方法,它是政府及企业采购的基本方式之一。招标采购最大的特征就是其公开性,凡是符合资源规定的供应商都有权参加投标。招投标业务通常集中在建设工程、生产设备或资本品采购以及政府采购中。在政府采购过程中,因强调公开、公平和公正的原则,招标采购方式具有不可替代的优势。在企业经营活动中,生产性原材料的采购或各类业务外包也可以用招标来确定一个阶段的最佳供应商。因为招标采购程序复杂、涉及面广,也会产生一定的人、财、物的耗费,所以,并不是所有的物资采购都适合招标的方法。并且,招标确定的供应商在合作过程中一般会产生短期行为,因此,招标采购也会有一些缺点。采购企业采用招标采购法选择供应商的流程如下。首先,由采购单位提出招标条件,然后,符合条件的各投标单位进行竞标,最后,采购单位决标,并与提出最有利条件的供应商签订协议。招标方法可以是公开招标,也可以是选择性招标,也叫邀请招标。公开招标也叫竞争性招标,是由招标人在国家指定的报刊、信息网络或其他媒体上发布招标公告,邀请不特定的企业单位参加投标竞争,招标人从中选择中标单位的招标方式。按照竞争程度,公开招标又可分为国际竞争性招标和国内竞争性招标。而选择性招标也称邀请招标或有限竞争性招标,是指由招标单位选择一定数目的企业,一般选择3～10家供应商参加较为适宜,向其发出投标邀请书,邀请它们参加投标竞争。由于被邀请的投标者有限,招标方可以节约招标费用,缩短招标有效期,提高每个中标者的中标机会。具体的招标流程和评标方法参见《中华人民和共和国招标投标法》。招标方法竞争性强,企业能在更广泛的范围内选择适当的供应商,以获得供应条件有利的、便宜而实用的物资。但招标采购法往往手续繁杂,所需时间长,订购机动性差,有时双方未能充分协商而造成货不对路或不能按时到货的情况。目前,采用招标采购的企业多将该方法与谈判结合使用,以规避招标采购的诸多不足。

(四)协商选择法

在可选择的供应商较多、企业难以抉择时,可以采用协商选择的方法选择供应商,即由企业先选出供应条件较好的几个供应商,同它们分别进行协商,以确定适宜的合作伙伴。和招标采购法比较,协商选择方法因双方能充分协商,在商品质量、交货日期和售后服务等方面较有保证;但由于选择范围有限,不一定能得到最便宜、供应条件最有利的供应商。当采购时间紧迫、投标单位少、供应商竞争不激烈、订购物资规格和技术条件比较复杂时,协商选择方法比招标采购法更合适。

(五)采购成本比较法

对于采购商品质量与交付时间均满足要求的供应商,通常是进行采购成本比较,即分析不同价格和采购中各项费用的支出,以选择成本较低的供应商。采购成本通常包括价格、订购费用、运输费用等。采购成本比较法是通过分析比较各供应商的采购成本,选择采购成本较低的合作伙伴的一种方法。

(六)ABC成本法

ABC成本法(activity-based costing)又称作业成本分析法,是罗宾·库珀(Robin Cooper)和罗伯特·S.卡普兰(Robert S. Kaplan)在借鉴前人研究成果的基础上,于1988年提出的成本控制方法。该方法实际上是以作业量为基础计算产品和服务成本的方法。

(七)层次分析法

层次分析法(AHP)的基本思路与人分析、判断一个复杂的决策问题的过程大体上是一样的。该方法在供应商选择领域也得到了广泛的应用,它克服了综合评分法将各备选方案同时判断,难以给出准确的相对优劣判断结果的困难,同时,也非常便于确定准则(或指标)的相对权重。AHP 的基本步骤如下:

(1) 在确定决策的目标后,确定目标决策的准则(或评价指标)并分解(如必要)。在供应商选择问题中,目标是确定最优的供应商。对某种外购原材料或服务供应商的一般评价准则或指标包括产品质量、企业信誉、价格以及交付时间等。如有必要,指标还需进一步分解,如质量还可以分解为使用寿命、可靠性以及外观等。

(2) 列出所有备选方案。找出某种外购原材料或服务的所有备选供应商。

(3) 建立目标、准则、备选方案的多层次结构。层次结构是 AHP 最主要的分析工具。为了便于分析计算,层次结构中的每一个元素的下属元素不要过多,否则,难以保证比较结果的一致性。一般地,每个元素的下属元素不要多于 7 个,如果多于 7 个,可以通过将指标分类(分组)、增加层次的方法来解决。

层次分析法(AHP)

层次分析法(analytic hierarchy process,简称 AHP)是将与决策总是有关的元素分解成目标、准则、方案等层次,在此基础之上进行定性和定量分析的决策方法。该方法是美国运筹学家、匹茨堡大学教授萨蒂于 20 世纪 70 年代初,在为美国国防部研究"根据各个工业部门对国家福利的贡献大小而进行电力分配"课题时,应用网络系统理论和多目标综合评价方法,提出的一种层次权重决策分析方法。

层次分析法的优点如下:

(1) 把研究对象作为一个系统,按照分解、比较判断、综合的思维方式进行决策,成为继机理分析、统计分析之后发展起来的系统分析的重要工具。

(2) 把定性方法与定量方法有机地结合起来,使复杂的系统分解,能将人们的思维过程数学化、系统化,且计算也经常简便,并且所得结果简单明确。

(3) 所需定量数据信息较少。

层次分析法的缺点如下:

(1) 不能为决策提供新方案。

(2) 定量数据较少,定性成分多,不易令人信服。

(3) 指标过多时数据统计量大,且权重难以确定。

(八) 平衡计分卡

平衡计分卡(balance scorecard,BSC)是绩效管理中的一种新工具,适用于对一个组织或部门绩效的考核,当然也适应于对供应商的选择和考核。BSC 是 1992 年由哈佛大学商学院教授罗伯特·S. 卡普兰(Robert S. Kaplan)和复兴国际方案总裁戴维·P. 诺顿(David P. Norton)最早提出的,与企业战略相关联的全面绩效管理体系。BSC 是一种全方位的、包括财务指标和非财务指标相结合的策略性评价指标体系。平衡计分法最突出的特点是将企业的愿景、使命和发展战略与企业的业绩评价系统联系起来,注重将企业的使命和战略转变为具体的目标和评测指标,以实现战略和绩效的有机结合。

平衡计分卡分别从以下 4 个视角分析评价一个组织的绩效。

(1) 财务类指标:净资产收益率、总资产周转率、资本增值率等。

(2) 顾客视角类指标:顾客满意率、合同准时率、优质项目率、投诉降低率等。

(3) 内部管理流程类指标:技术、生产效率、设备利用率等。

(4) 成长性指标:学习与创新(产品与服务的创新与员工能力提高)、员工满意度、员工保持率、创新数目、合理化建议数等。

知识点二　采购谈判

采购谈判,是指企业为采购商品作为买方,与卖方厂商对购销业务的有关事项,如商品的品种、规格、技术标准、质量保证、订购数量、包装要求、售后服务、价格、交货日期与地点、运输方式、付款条件等进行反复磋商,谋求达成协议,建立双方都满意的购销关系。采购谈判的程序可分为计划和准备阶段、开局阶段、正式洽谈阶段和成交阶段。

一、采购谈判的影响因素

采购与供应双方的力量对比受多种因素影响,具体而言,影响谈判实力强弱的因素有以下 7 个方面。

(一) 交易内容对双方的重要性

参加谈判的各方其目的都是要取得良好的经济利益,谈判的具体内容对双方的重要性往往并不相同。交易内容对一方越重要,说明该方的需求程度越高,其主动权就越差,因此谈判实力就越弱;反之,谈判实力就越强。

(二) 各方对交易内容和交易条件的满足程度

交易中的某一方对交易内容和交易条件的满足程度越高,那么在谈判中的实力就越强;反之,则谈判实力就越弱。比如,如果卖方对自己在货物数量、质量和交货时间等方面的要求都能充分予以保障和满足,那么卖方在谈判中的实力就较强。

(三) 市场的供需与竞争的状况

市场竞争状况是影响买卖双方力量对比的重要因素。产品的最低价格取决于该产品的成本费用,最高价格取决于产品的市场需求状况,而在上限和下限之间,企业能把这种产品价格定多高,则取决于市场竞争状况。依据市场竞争程度的不同,市场竞争结构可分为完全竞争(perfect competition)市场、垄断竞争(monopolistic competition)市场、寡头垄断(oligopoly monopoly)市场和完全垄断(perfect monopolistic)市场,垄断竞争和寡头竞争也统称为不完全竞争市场。采购方在以上 4 种市场格局中的谈判实力由强转弱,供应商则正好相反,由弱转强。市场竞争状况是采购谈判的大环境,在具体谈判的小环境中经常存在多个买主或多个卖主的情况,他们之间存在着竞争。很显然,多个卖主的形势有利于增强买方的实力;相反,多个买方的形势会有利于卖方实力的增强。

(四) 对于商业行情的了解程度

不同的商务谈判信息对谈判的影响作用是不同的,有的起着直接作用,有的起着间接作用。

谈判信息对采购谈判的计划、进程和结果有深刻的影响。

（1）谈判资料和信息是制订谈判计划和战略的依据。一个好的谈判方案应当是战略目标正确可行、适应性强、灵敏度高。这就必须有可靠的大量资料和信息作为依据。在商务谈判中，谁在谈判资料和信息上拥有优势，掌握对方的真正需要和他们的谈判利益界限，谁就有可能制定正确的谈判战略，在谈判中掌握谈判的主动权。

（2）谈判资料和信息是谈判双方相互沟通的纽带。采购谈判是一个相互沟通和磋商的过程。没有谈判资料和信息作为双方之间沟通的中介，谈判就无法排除许多不确定因素和疑虑，也就无法进一步协商、调整和平衡双方的利益。掌握了一定的谈判资料和信息，就能够从中发现机会和风险，捕捉住达成协议的契机，使谈判活动从无序到有序，消除不利于双方的因素，促使双方达成协议。

（3）谈判资料和信息是控制谈判过程的手段。为了使谈判过程始终指向谈判目标，使谈判在合理规定的限度内正常进行，必须有谈判资料和信息作为准则和尺度；否则，任何谈判过程都无法有效地加以控制和协调。因此，在实际谈判中通过对方的言行获取信息，及时反馈，使谈判活动得到及时调节、控制，按照规定的谈判目标顺利进行。

（五）企业的信誉和实力

谈判者的信誉包括资信状况、业绩记录、企业形象、知名度、美誉度、口碑、社会影响等因素。在商务谈判中，信誉是谈判者最宝贵的资本，是构成谈判实力最重要的组成部分之一。企业的商业信誉越高，社会影响越大，企业的谈判实力越强。

谈判者经济实力通常表现为谈判者的资金状况、规模、技术水平、经营状况、市场占有率等，经济实力越强，谈判者的承受力和影响力就越强，谈判实力自然越强。但需要指出的是，经济实力不等于谈判实力，它只是形成谈判实力的基础因素和潜在条件。

（六）谈判时间耐力的高低

谈判者在谈判中应有充分的时间余地。时间是改变谈判实力对比的重要因素，谈判者对时间的耐力反映了需求的强度和迫切程度，时间耐力越强，谈判的承受力和主动性越强，谈判实力自然就越强。谈判的某一方如果希望早日结束谈判，达成协议，那么谈判时间的限制就会削弱他的谈判实力，迫使其接受对其不利的谈判结果。

（七）谈判的艺术和技巧

谈判的艺术和技巧是影响谈判实力的一个很重要的因素，有时甚至超过企业的实力和影响力。谈判人员如果能充分调动有利于本方的因素而避免不利的因素，再加上谈判人员高超的谈判艺术和技巧，那么该方的谈判实力就会大大增强。但是需要记住的是，谈判技巧不能替代谈判实力，谈判技巧只能带来一时的优势。

二、采购谈判的程序

采购谈判的过程可以分为3个显著的阶段：谈判前、谈判中和谈判后。

（一）采购谈判前计划的制订

（1）确立谈判的具体目标。

（2）分析各方的优势和劣势。

(3) 收集相关信息。
(4) 认识对方的需要。
(5) 识别实际问题和情况。
(6) 为每一个问题设定一个成交位置。
(7) 开发谈判战备与策略。
(8) 向其他人员简要介绍谈判内容。
(9) 谈判预演。

(二) 采购谈判过程

采购谈判过程一般分为如下 5 个阶段：
(1) 双方互做介绍，商议谈判议程和程序规则。
(2) 探讨谈判所涉及的范围，即双方希望在谈判中解决的事宜。
(3) 要谈判成功，双方需要达成一致意见的共同目标。
(4) 在可能的情况下，双方需要确定并解决阻碍谈判达成共同目标的分歧。
(5) 达成协议，谈判结束。

(三) 采购谈判后的工作

(1) 起草一份声明，尽可能清楚地详述双方已经达成一致的内容，并将其呈送到谈判各方以便提出自己的意见并签名。
(2) 将达成的协议（也就是双方就哪些事项达成协议，从该协议中可以获益什么）提交给双方各自的委托人。
(3) 执行协议。
(4) 设定专门程序监察协议履行情况，并处理可能会出现的任何问题。
(5) 在谈判结束后和对方举行一场宴会是必不可少的。在激烈交锋后，这种方式可以消除谈判过程中的紧张气氛，有利于维持双方的关系。

三、采购谈判的内容

在采购谈判中，谈判双方主要就以下几项交易条件进行磋商：

(1) 商品的品质条件。商品的品质、价格、数量和包装条件是谈判双方磋商的主要交易条件。只有明确了商品的品质条件，谈判双方才有谈判的基础，也就是说谈判双方首先应当明确双方希望交易的是什么商品。在规定商品品质时，可以用规格、等级、标准、产地、型号和商标、产品说明书和图样等方式来表达，也可以用一方向另一方提供商品实样的方式表明己方对交易商品的品质要求。

(2) 商品的价格条件。在项目采购过程中，谈判双方的焦点主要就价格的高低进行磋商。而在国际货物买卖中，商品价格的表示方式除了要明确货币种类、计价单位以外，还应明确以何种贸易术语成交。

(3) 商品的数量条件。在磋商商品的数量条件时，谈判双方应明确计量单位和成交数量，在必要时订立数量的机动幅度条款。

(4) 商品的包装条件。在货物买卖中，大部分货物都需要包装。因此，谈判双方有必要就包装方式、包装材料、包装费用等问题进行洽谈。

(5) 商品的交货条件。交货条件是指谈判双方就商品的运输方式、交货时间和地点等进行的磋商。

(6) 货物保险条件。货运保险条件的确定则需要买卖双方明确由谁向保险公司投保,投保何种险别,保险金额如何确定,以及依据何种保险条款办理保险等。

(7) 货款的支付条件。货款的支付问题主要涉及支付货币和支付方式的选择。不同的支付方式,买卖双方可能面临的风险大小不同,在进行谈判时,要根据情况慎重选择。

(8) 检验、索赔、不可抗力和仲裁条件,有利于买卖双方预防和解决争议,保证合同的顺利履行,维护交易双方的权利,是采购谈判中必然要商议的交易条件。

(9) 需要采购商品的总量、采购批量(单次采购的最高订量与最低订量)等。

(10) 供应商交货时间、周期,交货地点,最高与最低送货量,保质期,验收方式等。

四、采购谈判的策略

在采购谈判中,为了使谈判能够顺利进行和取得成功,谈判者应善于灵活运用一些谈判策略和技巧。谈判策略就是谈判人员通过某种方法来达到预期的目标,而谈判技巧则是指谈判人员采用某种具体行动执行谈判策略,在实际的运用中,应根据不同的谈判内容、谈判目标和谈判对手等某种情况选用不同的谈判策略和技巧。以下是采购中常用的谈判策略,需根据实际情况灵活运用。

(一) 避免争论策略

谈判中出现分歧是很正常的事。出现分歧时应始终保持冷静,防止感情冲动,尽可能地避免争论。冷静倾听对方的意见,当对方说出你不愿意听或对你很不利的话时,不要感情冲动或生气而立即打断以及反驳对方,应耐心地听完对方的发言,必要时还可承认自己某方面的疏忽。婉转地提出不同意见,不应直截了当地提出自己的否定意见,否则会使对方在心理上产生抵触情绪,反而迫使对方千方百计维护自己的意见;而应先同意对方的意见,然后再做探索性的提议。谈判无法继续时应马上休会,如果某个问题成了彼此继续谈判的绊脚石,使谈判无法再顺利进行,应在双方对立起来之前就及时休会,从而避免引起更进一步地僵持和争论。休会的策略为固执型的谈判人员提供了请示上级的机会,也可借机调整双方思绪,以利于问题在心平气和的友好氛围中得以最终圆满地解决。

(二) 抛砖引玉策略

抛砖引玉策略是指在谈判中,一方主动提出各种问题,但不提供解决的办法,让对方来解决。这一策略不仅能尊重对方,而且又可摸清对方的底细,争取主动。这种策略在以下两种情况下不适用:①谈判出现分歧时,对方会误认为你是故意在给他出难题;②若对方是一个自私自利、寸利必争的人,就会乘机抓住对他有利的因素,使你方处于被动地位。

(三) 留有余地策略

在实际谈判中,不管你是留有余地或真的没留什么余地,对方总认为你是留有余地的,所以若在对方最看重的方面做了让步,可在其他条款上争取最大利益。例如你的报价即使分文不赚,对方却还是总觉得你利润不薄,你不做让步,他便不会签约,因此在价格上适当地做些让步,你就有可能为自己争取到最好的付款条件。在以下两种情况下尤其需要这种策略:①对付寸利必争的谈判方;②在不了解对方的情况下。

(四)避实就虚策略

避实就虚策略是指你方为达到某种目的和需要,有意识地将洽谈的议题引导到相对次要的问题上,借此来转移对方的注意力,以求实现你的谈判目标。例如,对方最关心的是价格问题,而你方最关心的是交货问题,这时,谈判的焦点不宜直接放到价格和交货时间上,而是放到运输方式上。在讨价还价时,你方可以在运输方式上做出让步,而作为双方让步的交换条件,要求对方在交货时间上做出较大的让步。这样,对方感到满意,你方的目的也达到了。

(五)保持沉默策略

保持沉默,是处于被动地位的谈判人员常用的一种策略,是为了给对方造成心理压力,同时也起缓冲作用。但是如果运用不当,易于适得其反。例如在还价中沉默常被认为是默认,沉默时间太短常意味着你被慑服。在对方咄咄逼人时,你方适当地运用沉默可缩小双方的差距。在沉默中,行为语言(如倒茶等)是唯一的反应信号,是对方十分关注的内容,所以应特别加以运用,以达到保持沉默的真正目的。

(六)忍气吞声策略

谈判中占主动地位的一方有时会以一种咄咄逼人的姿态表现自己。这时如果表示坚决反对或不满,对方会更加骄横甚至退出谈判。这时你方可对对方的态度不做任何反应,采取忍耐的策略,则可慢慢地消磨对方的棱角,挫其锐气,以柔克刚,反而能变弱为强。因为被动方忍耐下来,对方得到默认的满足之后,反而可能会因此而通情达理,公平合理地与你谈判。

(七)多听少讲策略

多听少讲是忍耐的一种具体表现方式,也就是让对方尽可能多地发言,充分表明他的观点,这样做既能表示尊重对方,也可使你根据对方的要求,确定你对付对方的具体策略。例如,卖方为了说明自己产品的优越性而滔滔不绝,结果让买方觉得是自卖自夸,产生逆反心理。如果让买方先讲,以满足对方需求为前提,再做恰当的介绍,重在说明该产品能给买方带来哪些好处和方便,这样就可大大减少买方的逆反和戒备心理,有助于促成交易。

(八)情感沟通策略

人有七情六欲,满足人的感情和欲望是人的一种基本需求。在谈判中充分利用感情因素以影响对方,不失为一种可取的策略。例如可利用空闲时间,主动与谈判方一起聊天、娱乐,讨论对方感兴趣的话题,也可馈赠小礼品,请客吃饭,提供食宿的方便,还可通过帮助解决一些私人问题,从而达到增进了解、联系感情、建立友谊,从侧面促进谈判的顺利进行。

(九)先苦后甜策略

先苦后甜技巧,是一种先用苛刻的虚假条件使对方产生疑虑、压抑、无望等心态,以大幅度降低其期望值,然后在实际谈判中逐步给予优惠或让步,使对方满意地签订合同,你方从中获取较大利益的技巧。生活中人们常用的"漫天要价,就地还钱""减价要狠"等均属于此类手法。

在一次商品交易中,买方想要卖方在价格上多打些折扣,但同时也估计到如果自己不增加购货数量,卖方很难接受这个要求。于是,买方以价格、质量、包装、运输条件、交货期限、支付条款作为洽谈业务的蓝本。此谓先给对方一点"苦",然后在讨价还价的过程中,买方先让卖方明显地感到在绝大多数的交易项目上买方都做了重大让步,此谓后给对方一点"甜"。这时,卖方鉴于买方的慷慨表现,在比较满意的情况下,往往会同意买方在价格上多打些折扣的要求。结果,买方并没有多费口舌就实现了自己的目标。

先苦后甜技巧在商务谈判中发挥作用的原因在于人们对来自外面的刺激信号,总以先入之见作为标准并用来衡量后入的其他信号。若先入信号为甜,再加一点苦,则感到更苦;若先入信号为苦,稍加一点甜,则感到很甜。在谈判中,人们一经接触便提出许多苛刻条件的做法,恰似先给对方一个苦的信号,后来的优惠或让步,有时尽管一点点,也会使人感到已经占了很大便宜,从而欣然在对方要求的条件上做出较大让步。

(十) 最后期限策略

处于被动地位的谈判者,总有希望谈判成功达成协议的心理。当谈判双方各持己见、争执不下时,处于主动地位的谈判者就可利用这一心理,提出解决问题的最后期限和解决条件。期限是一种时间"通牒",可使对方感到如不迅速做出决定,他会失去机会,从而给对方造成一种心理压力——谈判不成损失最大的还是他自己。只要你处于谈判的主动地位,就不要忘记抓住恰当的时机来使用该策略。使用该策略时还应注意:切记不可激怒对方,而要语气委婉、措辞恰当、事出有因;要给对方一定的时间进行考虑,让对方感到你不是在强迫他,而是向他提供了一个解决问题的方案,并由他自己决定具体时间。

知识点三 采购合同的概念和形式

合同的种类很多,但人们在生活中最常见的就是经济合同,它是法人之间为实现一定的经济目的的协议。

一、采购合同的概念及主要特征

(一) 采购合同的概念

《中华人民共和国合同法》规定:"合同是平等主体的自然人、法人及其他组织之间设立、变更、终止民事权利义务关系的协议。"也就是说,合同本质上是一种协议,是双方当事人意见一致的产物。

采购合同是买方(采购方)与卖方(供应商)在双方谈判协商一致的基础上签订的反映"供需关系"、明确双方权利义务关系的法律性文件,受法律保护,具有法律约束力。采购合同俗称买卖合同,是商品交换最普遍的形式,也是典型的有偿合同。

采购是指产品或服务的所有权从卖方向买方的转移,而采购合同可以作为所有权转移的见证。如采购合同如约履行,所有权转移成功,交易成功;如一方或双方问题导致合同履行失败,所有权转移失败,交易失败。

(二) 采购合同的主要特征

(1) 采购合同是转移标的物所有权和经营权的合同。

采购合同的基本内容是出卖人向买受人转移合同标的物的所有权或经营权,买受人向出卖人支付相应的货款,因此它必然导致标的物的所有权或经营权转移。

(2) 采购合同的主体比较广泛。

从国家对流通市场的管理和采购实践来看,除生产企业外,流通企业也是采购合同的重要主体,其他社会组织和具有法律资格的自然人也是采购合同的主体。

(3) 采购合同与流通过程密切联系。

流通是社会再生产的重要环节之一,对国民经济和社会发展有着重大影响,重要的工业品生产资料的采购关系始终是国家调控的重要方面。采购合同是采购关系的一种法律形式,以采购这一客观经济关系作为设立的基础,采购合同直接反映采购的具体内容,与流通过程密切联系。

二、采购合同的形式

采购合同的签订形式多种多样,最为人熟知的有两种,即口头合同和书面合同。口头形式的合同是指当事人以直接对话的方式或者以通信设备(如电话)交谈订立的合同。相对而言,书面合同更为正规,是目前采购实践中采用最广泛的一种合同形式。书面合同是指以文字为表现形式的合同,多以合同书、信件和数据电文(包括电报、电传、传真、电子数据交换和电子邮件)等有形地表现。

关于合同的形式,《中华人民共和国合同法》规定:"当事人订立合同,有书面形式、口头形式和其他形式。法律、行政法规规定采用书面形式的应当采用书面形式。"

(一) 口头形式

口头形式是指以语言为意思表示订立合同,而不用文字表达协议内容的形式。口头形式简便易行,在日常生活中经常被采用。集市的现货交易、商店里的零售等一般都采用口头形式。

若合同采取口头形式,不需当事人特别说明。凡当事人无约定、法律未规定采用特定形式的合同,均可采用口头形式。但发生争议时,当事人必须举证证明合同的存在及合同关系的内容。

口头形式的缺点是发生合同纠纷时难以取证,不易分清责任。所以,对于不能即时结清的合同和标的数额较大的合同,不宜采用这种形式。

(二) 书面形式

书面形式是指以文字表现所订合同的形式。合同书以及任何记载当事人要约、承诺和权利义务内容的文件都是合同的书面形式的具体体现。《中华人民共和国合同法》第十一条规定,书面形式是指合同书、信件以及数据电文(包括电报、电传、传真、电子数据交换和电子邮件)等可以有形地表现所载内容的形式。其优点在于有据可查,权利义务记载清楚,便于履行,发生纠纷时容易进行取证和责任认定。一般采购业务都会选择此种合同形式。

常见的书面合同的表现形式有以下几类:

1. 表格合同

表格合同是当事人双方合意的内容及条件,主要体现为一定表格上的记载,能全面反映当事人权利义务的简易合同。表格合同及其附件、有关文书、通用条款组成完整的合同。

2. 车票、保险单等合同凭证

车票、保险单等合同凭证不是合同本身,它的功能在于表明当事人已存在的合同关系。合同凭证是借以确认双方权利、义务的一种载体。虽然双方的权利、义务并未完全反映在合同凭证上,但因法律及权力机关制定的规章已有明确的规定,因而可以确认合同凭证标示着双方的权利、义务关系。

3. 合同确认书

当事人采用电信、数据电文形式订立合同的,须有确认文件,即确认书。此确认书与电信、数据电文一起构成合同文件。

4. 格式合同

如运输合同,其主要内容按国家有关部门的规定制作,但并未与托运人协商。托运人托运货物时,要按照表格上规定的项目逐项填写,经承运人确定后,合同即告成立。铁路及航空货物运输中的货运单就是格式合同。

书面形式最大的优点是合同有据可查,发生纠纷时容易举证,便于分清责任。因此,对于关系复杂的合同、重要的合同最好采取书面形式。但双方当事人均承认的口头合同、已经履行了主要义务的口头合同、法律认可的其他口头合同均有效。

知识点四 采购合同的内容和订立原则

一、采购合同的内容

一般而言,采购合同分为首部、正文和尾部三个部分。

(一) 首部

合同首部应包括合同名称、合同编号、签订日期、签订地点、买卖双方的名称。

(二) 正文

合同正文是合同的主体部分,应包括商品名称、品质规格、数量、价格、包装、运输、到货期限、到货地点、付款方式、保险、商品检验、违约责任、纷争与仲裁、不可抗力等。

(1) 商品名称。商品名称是指采购方需采购的物资名称。需要注意的是,在合同中必须注明商品的全称,尽量采用国际编码。

(2) 品质规格。品质规格作为质量的参考标准,与后期的各种质量问题、追偿等情况息息相关。因此,品质规格条款中需要包含技术规范、质量标准、规格、品牌等内容,尽量做到规格清晰、明确。供应商按照确定的规格条款备货,采购方按照确定的规格条款验货,能够最大程度减少摩擦。一旦发生产品质量纠纷,可参考其条款进行责任认定。

(3) 数量。数量条款是指按一定度量制度来确定的采购合同中货物的重量、个数、长度、面积、容积等。其规定必须具体明确,避免使用"大约""左右"等字眼。

(4) 价格。价格包括单价和总价,一般情况下,合同的价格一旦确定就很少更改,即为固定价格。价格条款是采购合同中最容易发生舞弊现象的部分。例如,采购人员在订立采购合同时,接受供应商的回扣,没有在价格条款中明确所采购商品的价格,而是约定"商品价格不得超过向当地市场供应的最低价格,如有违反价格协议需进行赔偿",这一规定只是文字游戏,并无实际约束作用,供应商完全有可能以次充好。针对此种情况,采购方需要进行价格控制和市场调查分析,了解价格底线,在合同中明确规定产品单价和总价,让投机之徒无机可乘。

(5) 包装。包装条款的内容应包括包装标志、包装方法、包装材料要求、包装质量和包装成本等。包装费用一般包含在货物总价内,不再另外计价。

(6) 运输。运输条款包括运输方式、装运地点与目的地、装运方等。其中,运输方式有海洋运输、铁路运输、航空运输和公路运输等。最为关键的是确定装运方,由供应商、采购方或者第三方物流公司装运。如果货物在运输途中损坏,需追究装运方责任。

(7) 到货期限。到货期限是指最晚到货时间,由双方协商后确定,原则是在供应商的能力范围内不影响采购方的正常生产经营。一旦超过到货期限会有相关违约责任产生,有一定的处罚措施。

(8) 到货地点。到货地点是指货物送达的地点,由采购方确定。

(9) 付款方式。付款方式条款应包含付款方式、付款时间、支付地点和支付工具等。其中,支付工具包括货币、汇票、本票和支票。付款与结算联系紧密,具体内容会在"采购结算管理"章节中介绍。

(10) 保险。保险条款主要包括投保人、保险类型及保险金额等,主要目的是减少货物在运输过程中的损失,一般适用于进出口货物采购。

(11) 商品检验。商品检验可以发生在供应商交货前,由供应商组织进行;也可以在采购方收货后入库前,由采购方组织进行。关于由哪一方进行检验,以及商品检验的手段和方法等,需要在此条款中注明。

(12) 违约责任。违约责任的设置是合同风险控制的重要手段。在合同的执行过程中,由于多方面因素的影响,合同的一方或双方可能会有违约行为的出现。违约行为是指当事人一方不履行合同义务或履行合同义务不符合约定条件的行为,包括不能履行、延迟履行、不完全履行和拒绝履行等。例如,交付的货物数量不够、质量过差。不完全履行是最可能出现的违约行为。

(13) 纠纷与仲裁。一般而言,处理合同纠纷的方式有和解、调解、仲裁和诉讼。

(14) 不可抗力。不可抗力是一项免责条款,是指采购合同签订后,不是由于合同当事人的过失或疏忽,而是由于发生了合同当事人无法预见、无法预防、无法避免和无法控制的事件(如战争、车祸等)或自然灾害(如地震、火灾、水灾等),以致不能履行或不能如期履行合同,发生意外事件的一方可以免除履行合同的责任或者推迟履行合同。当事人延迟履行后发生不可抗力的,不能免除责任。

(三) 尾部

合同尾部包括合同份数、合同使用的语言和效力、附件、合同生效日期和双方签字盖章。

材料采购合同

合同编号:(略)

签订合同时间:××××年××月××日

签订合同地点:(略)

甲方:××××房地产开发企业(需方)

乙方:××××有限企业(供方)

在参考《中华人民共和国合同法》以及其他法律的基础上,经双方协商一致,特制定本合同,具体条款如下。

一、所购材料的名称、规格、数量、金额,如表 1 所示。

表 1　所购材料的具体情况

序号	产品名称	规格/型号	数量	单位	单价/元	总价/元	备注
1							
2							

续表

序号	产品名称	规格/型号	数量	单位	单价/元	总价/元	备注
3							
4							
5							
合计							

合计人民币金额(大写)：

二、质量技术要求及验收方法

1. 乙方提供《产品合格证》《质量保证书》《质量检验报告》及经设计师确认的材料封样样板。

2. 特殊材料还要提供当地政府部门允许使用该项材料的文件。

3. 验收标准及验收方法。按产品质量标准或封样样板验收。

三、供货方式

1. 交货时间：××××年××月××日。

2. 交货地点：(略)。

3. 送货人：××××。电话：×××××××××。传真：×××××××××。

4. 收货人：××××。电话：×××××××××。传真：×××××××××。

5. 运输方式及费用：货到工地后由甲方组织人员卸货。

6. 包装要求及费用：(略)。

四、付款方式及时间(略)

五、乙方要为甲方提供最优惠的价格，不得对甲方有关人员给予回扣或变相回扣，如违背本条，甲方将取消合同或不支付材料余款。

六、供货方必须取得收货方数量、质量双方签字的有效单据(即《入库单》)。

七、双方责任

(一)甲方责任

1. 甲方按规定时间及方式向乙方付款。

2. 甲方按合同规定接收材料，组织卸货。

(二)乙方责任

1. 乙方负责货物的运输和交付到甲方指定地点，所供材料的品种、规格不符合本合同规定时，乙方应负责退、换，由于上述原因延误交货时间，每延期一日，乙方应按延期交货部分货款总值的 5‰ 向甲方支付违约金。

2. 产品包装不符合合同规定时，乙方应负责返修或重新包装，并承担返修或重新包装的费用。

3. 如果乙方不能按合同规定的产品数量交货，则乙方付给甲方不能交货部分货款总值的 5‰ 的违约金。

4. 乙方不能按合同规定时间交货时，每延期一天，乙方应按延期交货部分货款总值的 5‰ 向甲方支付违约金。

八、纠纷解决方法

甲乙双方出现合同纠纷时,应首先通过充分协商解决,协商不成的,交乙方所在地的仲裁部门仲裁解决。

九、本合同一式两份,经双方法定代表人或法定代表人授权的委托代理人签章后生效(若此合同为法定代表人授权的委托代理人,必须将授权书附后,方可签订合同)。

甲方: 乙方:
法定代表人: 法定代表人:
委托代理人: 委托代理人:
地址: 地址:
电话: 电话:
传真: 传真:

十、附件

1. 双方签认的材料样板。
2. 供应商营业执照复印件、法人委托书、供应商代理人身份证复印件。
3. 《入库单》(略)。
4. 《出库单》(略)。
5. 《材料验收单》(略)。

二、采购合同订立的原则和程序

(一) 签订采购合同的原则

企业签订采购合同,必须遵循如下的法定原则:

(1) 合同的当事人必须具备法人资格。这里所指的法人,是有一定的组织机构和独立支配财产、能够独立从事商品流通活动或其他经济活动、享有权利和承担义务、依照法定程序成立的企业。

(2) 合同必须合法。也就是必须遵照国家的法律、法令、方针和政策签订合同,其内容和手续应符合有关合同管理的具体条例和实施细则的规定。

(3) 签订合同必须坚持平等互利、充分协商的原则。

(4) 签订合同必须坚持等价、有偿的原则。

(5) 当事人应当以自己的名义签订经济合同。委托别人代签的,必须要有委托证明。

(6) 采购合同应当采用书面形式。

(二) 签订采购合同的程序

签订采购合同的程序是指合同当事人对合同的内容进行协商,取得一致意见,并签署书面协议的过程。一般有如下五个步骤:

(1) 订约提议。订约提议是指当事人一方向对方提出的订立合同的要求或建议,也称要约。订约提议应提出订立合同所必须具备的主要条款和希望对方答复的期限等,以供对方考虑是否订立合同。提议人在答复期限内不得拒绝承诺,即提议人在答复期限内受自己提议的约束。

(2) 接受提议。接受提议是指提议被对方接受,双方对合同的主要内容表示同意,经过双方签署书面契约,也叫承诺,合同即可成立。承诺不能附带任何条件,如果附带其他条件,应认为是拒绝要约,而提出新的要约。新的要约提出后,原要约人变成接受新要约的人,而原承诺人成了新的要约人。实践中签订合同的双方当事人,就合同的内容反复协商的过程,就是要约—新的要约—再要约—承诺的过程。

（3）填写合同文本。

（4）履行签约手续。

（5）报请签证机关签证,或报诸公证机关公证。有的经济合同,法律规定还应获得主管部门的批准或工商行政管理部门的签订。对没有法律规定必须签证的合同,双方可以协商决定是否签证或公证。

知识点五　采购合同争议的解决办法

采购合同签订完成后,进入合同的执行阶段,随着经营环境和市场等因素的变化,合同的执行并非一帆风顺,若其中一方或双方未能履行合同,就会产生争议。

一、采购合同的索赔处理

（一）违反合同的责任划分

采购业务中处理好争议索赔是一项重要的工作。索赔一般有三种情况:购销双方之间的贸易索赔、向承运人的运输索赔和向保险人的保险索赔。因此,一定要分清谁应该承担违反合同的责任,从而确定应该由谁进行赔偿。

1. **违反采购合同的责任**

1）供方责任

供方责任包括如下两点：

①商品的品种、规格、数量、质量和包装等不符合合同规定,或未按合同规定日期交付,应偿付违约金、赔偿金。

②商品错发到货地点或接货单位,除应按合同规定负责运到规定地点或接货单位外,还要承担因此而多付的运杂费,如果造成逾期交货,应偿付逾期交货违约金。

2）需方责任

需方责任包括如下几点：

①中途退货应偿付违约金、赔偿金。

②未按合同规定日期付款或提货,偿付违约金。

③错填或临时变更到货地点,承担因此多支出的费用。

2. **违反运输合同的责任**

当商品需要从供方所在地运送到需方指定的地点时,如未能按采购合同的要求到货,要分清是货物承运方的责任还是托运方的责任。

1）承运方的责任

承运方的责任包括如下几点：

①不按运输合同规定的时间和要求发运的,偿付托运方违约金。

②商品错运到货地点或接货人,应无偿运至合同规定的到货地点或接货人,如果货物运到时已逾期,偿付逾期交货的违约金。

③运输过程中商品灭失、短少、变质、污染、损坏,按实际损失赔偿。

④联运的商品发生灭失、短少、变质、污染、损坏,应由承运方承担赔偿责任的,由终点阶段的承运方按照规定赔偿,再由终点阶段的承运方向负有责任的其他承运方追偿。

⑤在符合法律和合同规定条件下运输,由下列原因造成商品丢失、短少、变质、污染、损坏的,承运方不承担违约责任:如不可抗力的地震、洪水、风暴等自然灾害,商品本身的自然性质,商品的合理损耗,托运方或收货方本身的错误。

2)托运方的责任

托运方的责任包括如下几点:

①未按运输合同规定的时间和要求提供货物和运输条件,偿付给承运方违约金。

②出于在商品中夹带、匿报危险商品,错报笨重货物重量而招致商品摔损、爆炸、腐蚀等事故,承担赔偿责任。

③罐车发运的商品,因未随车附带规格质量证明或化验报告,造成收货方无法卸货时,托运方需偿付承运方卸车等存费和违约金。

3)保险方的责任

已投财产保险时,保险方对保险事故造成的损失和费用在保险金额的范围内承担赔偿责任。其中,海洋货物运输的保险条款包括三种基本险别,即平安险、水渍险和一切险,另外还有附加险。附加险分为一般附加险和特殊附加险两类。被保险方为了避免或减少保险责任范围内的损失而进行的施救、保护、整理、诉讼等所支出的合理费用,依据保险合同的规定偿付。

(二)索赔与理赔

索赔和理赔是一项维护当事人权益和信誉的重要工作,也是涉及面广、业务技术性强的细致工作。因此提出索赔和处理索赔时,必须注意如下问题:

1. 索赔期限

索赔期限是指争取索赔的当事人向违约方提出索赔要求的违约期限。关于索赔期限,应根据不同商品的具体情况做出不同的规定。一般,农产品、食品等的索赔期限较短,一般商品的索赔期限较长,机器设备的索赔期限则更长。如果逾期提出索赔,对方可以不予理赔。

2. 索赔的依据

提出索赔时必须出具因对方违约而造成需方损失的依据,当争议条款为商品的质量条款或数量条款时,该证明要与合同中检验条款相一致,同时出示检验的出证机构。

3. 索赔及赔偿方法

关于处理索赔的办法和索赔的金额,除个别情况外,通常在合同中只做笼统规定,而不做具体规定。因为违约的情况较为复杂,当事人在订立合同时往往难以预计。有关当事人应根据合同规定和违约事实,本着平等互利和实事求是的精神,合理确定损害赔偿金额或其他处理办法,如退货、换货、补货、整修、延期付款、延期交货等。

当出现因商品质量与合同规定不符造成采购方蒙受经济损失的情形时,如果违约金能够补偿损失,则不再另行支付赔偿金;如违约金不足以抵补损失,还应根据所蒙受的经济损失额,支付赔偿金以弥补其差额部分。

二、仲裁与仲裁裁决的执行

(一) 仲裁

经济仲裁,是指仲裁机构依照法定程序对当事人在经济活动中所产生的经济争议居中调解、进行裁决的活动。它是指仲裁委员会对合同纠纷和其他经济纠纷进行法律性质解决的一种具有约束力的司法活动。合同发生纠纷时,当事人应当及时给予协商解决,如果双方协商不成,应根据合同中订立的仲裁条款或纠纷发生后达成的仲裁协议向仲裁委员会申请调解和仲裁,也可以直接向人民法院起诉。通过仲裁活动,阐明事实,分清是非,明确责任,及时解决合同纠纷,保护当事人合法权益。为保证公正、及时的仲裁经济纠纷,保护当事人的合法权益,保障社会主义市场经济健康发展,1994 年 8 月 31 日第八届人民代表大会常务委员会第九次会议通过了《中华人民共和国仲裁法》(简称《仲裁法》)。

当采购方与供应商发生纠纷需要仲裁时,可按照一般的仲裁程序到相应的受理机构提出仲裁申请。仲裁机构受理后,经调查取证,先行调解,如调解不成,进行庭审,开庭裁决。

1. 仲裁的受理机构

根据我国相关法律规定:凡是我国法人之间的经济合同纠纷案件,统一由国家工商行政管理局设立的经济合同仲裁委员会仲裁管辖;凡是有涉外因素的经济纠纷或海事纠纷事件,即争议的一方或双方是外国法人或自然人的案件,以及中国企业、公司或其他经济组织间有关外贸合同和交易中所发生的争议案件,由民间性(非政府)的社会团体——中国国际贸易促进委员会附设的中国国际经济贸易仲裁委员会和中国海事仲裁委员会仲裁管辖。

2. 仲裁的程序

1) 提出仲裁申请

仲裁申请人必须是与本案有直接利害关系的当事人。仲裁申请书应当写明以下事项:申诉人名称、地址、法人代表姓名、职务;被诉人名称、地址、法人代表姓名、职务;申请的理由和要求;依据、证人姓名和住址。

2) 立案受理

仲裁机关收到仲裁申请后,经过审查,符合仲裁条例规定的,应当在 7 日内立案;不符合规定的,应在 7 日内通知申诉人不予受理,并说明理由。

案件受理后,应当在 5 日内将申请书副本发送被诉人;被诉人收到申请书副本后,应当在 15 日内提交答辩书和有关证据。

3) 调查取证

仲裁员必须认真审阅申请书、答辩书,进行分析研究,确定调查方案及搜集证据的具体方法、步骤和手段。

为调查取证,仲裁机关可向有关单位申请查阅与案件有关的档案、资料和原始凭证。有关单位应当如实地提供材料,协助调查,必要时应出具证明。仲裁机关在必要时可组织现场勘察或者对物证进行鉴定。

4) 先行调解

仲裁庭经过调查取证,在查明事实、分清责任的基础上,应当先行调解,促使当事人双方互谅互让、自愿达成和解协议。

调解达成协议，必须双方自愿，不得强迫。协议内容不得违反法律、行政法规和政策，不得损害公共利益和他人利益。

达成协议后，仲裁庭应当制作调解书。调解书应当写明当事人的名称、地址，代表人或者代理人姓名、职务，纠纷的主要事实，责任协议内容和费用的承担。调解书由当事人签字，仲裁员、书记员署名，并加盖仲裁机关的印章。

调解书送达后即发生法律效力，双方当事人必须自动履行。调解未达成协议或者调解书送达前一方或双方后悔，仲裁庭应当进行仲裁。

5）开庭裁决

仲裁庭决定仲裁后，应当在开庭前，将开庭时间、地点以书面形式通知当事人。

在庭审过程中，当事人可以充分行使自己的诉讼权利，即申诉、答辩、反诉和变更诉讼的权利，委托律师代办诉讼的权利，申请保全的权利，申请回避的权利。仲裁庭认真听取当事人陈述的辩论，出示有关证据，然后以申诉人、被诉人的顺序征询双方最后意见，再行调解。调解不成的，由仲裁庭评议后裁决，并宣布裁决结果。闭庭后10日内将裁决书送交当事人。

（二）仲裁裁决的执行

《中华人民共和国仲裁法》规定，仲裁裁决书自做出之日起发生法律效力，当事人应当履行仲裁裁决。仲裁调解书与仲裁裁决书具有同等的法律效力，调解书经双方当事人签收，即应自觉予以履行。通常情况下，当事人协商一致将纠纷提交仲裁，都会自觉履行仲裁裁决。但实际上出于种种原因，当事人没有自动履行仲裁裁决的情况并不少见，在这种情况下，另一方当事人即可请求法院强制执行仲裁裁决。

1. 仲裁裁决执行的概念

所谓仲裁裁决的执行，即仲裁裁决的强制执行，是指人民法院经当事人申请，采取强制措施将仲裁裁决书中的内容付诸实现的行为和程序。

执行仲裁裁决是法院对仲裁制度予以支持的最终和最重要的表现，它构成仲裁制度的重要组成部分，执行仲裁裁决在仲裁制度上具有重要意义。

首先，执行仲裁裁决是使当事人的权利得以实现的有效保证。仲裁裁决的做出只是为权利人提供实现其权利的可能性，因为仲裁裁决被赋予法律上的强制力，可以迫使义务人履行自己的义务，但是，仲裁裁决只有在真正得到执行后，权利人才能由此实现自己的权利。

其次，执行仲裁裁决是仲裁制度得以存在和发展的最终保证。在义务人不主动履行仲裁裁决时，如果法律不赋予仲裁裁决强制执行的效力，仲裁裁决书无疑只是一纸空文。只有按规定执行程序，才能体现仲裁裁决的权威性，才能在保证实现当事人权利的同时，也保证仲裁制度的顺利发展。

2. 执行仲裁裁决的条件

仲裁裁决的执行，必须符合下列条件：

（1）必须有当事人的申请。

一方当事人不履行仲裁裁决时，另一方当事人（权利人）须向人民法院提出执行申请，人民法院才可能启动执行程序。是否向人民法院申请执行，是当事人的权利，人民法院没有主动采取执行措施对仲裁裁决予以执行的职权。

(2) 当事人必须在法定期限内提出申请。

仲裁当事人在提出执行申请时,应遵守法定期限,及时行使自己的权利;超过了法定期限再提出申请执行时人民法院不予受理。关于申请执行的期限,《中华人民共和国仲裁法》规定,当事人可以依照《中华人民共和国民事诉讼法》的有关规定办理,即申请执行的期限,双方或一方当事人是公民的为1年,双方是法人或者其他组织的为6个月。此期限从法律文书规定履行期间的最后一日起计算;法律文书规定分期履行的,从规定的每次履行期间的最后一日起计算。

(3) 当事人必须向有管辖权的人民法院提出申请。

当事人申请执行仲裁裁决,必须向有管辖权的人民法院提出。如何确定人民法院的管辖权,根据《中华人民共和国仲裁法》的规定,应适用《中华人民共和国民事诉讼法》的有关规定。《中华人民共和国民事诉讼法》规定由人民法院执行的其他法律文书,由被执行人住所地或者被执行人财产所在地人民法院执行。也就是说,当事人应向被执行人住所地或者被执行人财产所在地的人民法院申请执行仲裁裁决。

3. **执行仲裁裁决的程序**

1) 申请执行

义务方当事人在规定的期限内不履行仲裁裁决时,权利方当事人在符合上述条件的情况下,有权请求人民法院强制执行。当事人申请执行时应当向人民法院递交申请书,在申请书中应说明对方当事人的基本情况以及申请执行的事项和理由,并向法院提交作为执行依据的生效的仲裁裁决书或仲裁调解书。

2) 执行

当事人向有管辖权的人民法院提出执行申请后,受申请的人民法院应当根据《中华人民共和国民事诉讼法》规定的执行程序予以执行。人民法院的执行工作由执行员进行。

① 执行员接到申请执行书后,应当向被执行人发出执行通知,责令其在指定的期间履行仲裁裁决所确定的义务。如果被执行人逾期不履行义务,则采取强制措施予以执行。

② 被执行人未按执行通知履行仲裁裁决确定的义务,人民法院有权冻结、划拨被执行人的存款,有权扣留、提取被执行人应当履行义务部分的财产,有权强制被执行人迁出房屋或者退出土地,有权强制被执行人交付指定的财物或票证,有权强制被执行人履行指定的行为。

③ 被执行人未按仲裁裁决书或调解书指定的期间履行给付金钱义务的,应当加倍支付延迟履行期间的债务利息,未在规定期间履行其他义务的,应当支付延迟履行金。人民法院采取有关强制措施后,被执行人仍不能偿还债务的,应当继续履行义务,即申请人发现被执行人有其他财产的,可以随时请求人民法院予以执行。当被申请人因严重亏损,无力清偿到期债务时,申请人可以要求人民法院宣告被执行人破产还债。

④ 在执行程序中,双方当事人可以自行和解。如果达成和解协议,被执行人不履行和解协议的,人民法院可以根据申请执行人的申请,恢复执行程序。被执行人向人民法院提供担保,并经申请执行人同意的,人民法院可以决定暂缓执行的期限。被执行人逾期仍不履行的,人民法院有权执行被执行人的担保财产或担保人的财产。

麦当劳采购案例

麦当劳作为全球最大的快餐巨头,在全世界拥有三万多家餐厅、大量的食品和复杂的供应链条，却能在各个环节保证食品的安全、质量与卫生。这里面到底拥有什么样的秘诀呢？麦当劳在选择供应商方面有一整套严格可行的标准，这个标准是全球统一的，麦当劳的供应商必须是行业专家，即在其精通的领域，无论是产品质量控制还是经营管理，都必须是行业的佼佼者。

麦当劳要与上海怡斯宝特面包工业有限公司（简称怡斯宝特）建立长期合作关系，于是派一名高级食品监督人员带队与其谈判。该食品技术监管人员为了不负使命，做了充分的准备工作。他查找了大量有关该公司生产面包的资料，花了很多的精力对国内市场上的面包公司的行情及这家上海公司的历史和现状、经营情况等了解得一清二楚。掌握了足够的资料后，该监督人员开始了与怡斯宝特面包工业有限公司的谈判。

谈判开始，该公司一开口就对第一年的合作订金要价100万元，且不予松口。但麦当劳不同意，坚持出价90万元。

到了这种僵局，怡斯宝特表示价格已经到了他们的极限，如果麦当劳坚持压价，他们将不愿继续谈下去了，并把合同往麦当劳谈判人员面前一扔，说："我们已经做了这么大的让步，贵公司仍不能合作，看来你们对这笔交易没有诚意，这笔生意就算了，期待下次能合作。"麦当劳谈判人员对此并未有急切挽留的表现，闻言轻轻一笑，把手一伸，做了一个优雅的"请"的动作。怡斯宝特谈判方果真走了。

一同进行谈判的麦当劳的其他人对此突发状况有些着急，甚至开始埋怨该食品监管人员不该抠得这么紧，表示公司已经准备同怡斯宝特签订合同，这样把对方逼走完全破坏了公司的发展计划。该食品监管人员说："放心吧，他们会回来的，这只是他们的谈判策略。根据我们的前期调查，同样的合同成交价格，去年他们同另外一家快餐厅建立合作首批面包定价只有85万元，即使有涨幅，也不应过高。"

果然不出所料，一个星期后怡斯宝特又回来继续进行谈判了。谈判员向怡斯宝特点明了他们与另一家快餐厅的成交价格，怡斯宝特又愣住了，没有想到眼前这位谈判人员如此精明，于是不敢再报虚价，只得说："现在物价上涨得厉害，比不了去年。"麦当劳谈判人员说："每年物价上涨指数没有超过6%。一年时间，你们算算，该涨多少？"怡斯宝特被问得哑口无言，在事实面前，不得不让步，最终以90万美元达成了这笔交易。

麦当劳采购案例的启示：
（1）事前做好详细的市场调查；
（2）明确谈判目标；
（3）要具备必胜的信念，敢于面对任何困难和挑战；
（4）采用稳健的谈判方式。

重要概念

采购谈判　交货能力

本章小结

供应商选择是实施采购的前提，在选择供应商的过程中，选择标准是一个关键的环节。对供应商的评价多集中在质量、交货期、批量柔性、交货期与价格的权衡、价格与批量的权衡、多样性等指标因素。对于供应商来说，要想在所有的内在特性方面获得最佳是相当困难的，或者说是不可能的,一个高质量产品的供应商不可能有最低的产品价格。因此,在实际的选择过程中必须综合考虑供应商的主要影响因素。

采购谈判是企业为采购商品作为买方,与卖方厂商对购销业务的有关事项进行反复磋商,谋求达成协议,建立双方都满意的购销关系。采购谈判的程序可分为计划和准备阶段、开局阶段、正式洽谈阶段和成交阶段。

采购合同是商业合同的一种,是对采供双方均有法律约束力的正式协议。采购合同是采购关系的法律形式,是在社会经济生活中出现的一种合同。它是明确平等主体的自然人、法人、其他组织之间设立、变更、终止在采购物料过程中的权利义务的协议,是确立物料采购关系的法律形式。采购合同是典型的双务合同,是合同双方当事人的合法权益的保障。

一份完整的采购合同包含很多内容,一般分首部、正文、尾部三大部分。首部主要包括合同名称、合同编号、签订日期、签订地点、买卖双方的名称,正文一般包括商品名称、品质规格、数量、价格、包装、运输、到货期限、到货地点、付款方式、保险、商品检验、违约责任、纷争与仲裁、不可抗力等,尾部包括合同份数、合同使用的语言和效力、附件、合同生效日期和双方盖章等。

采购合同的签订包括要约和承诺两个过程。要约是希望和他人订立采购合同的意思表示。要约一般有特定的对象,在订立采购合同的过程中,多为采购人向对方当事人提出要约。承诺是受要约人同意要约的意思表示。受要约人对要约的内容做出实质性变更的为新要约。

复习思考题

一、填空题

1. 供应商选择标准有( )、( )、( )、( )、( )、( )和( )。
2. 非结构化供应商选择方法有( )、( )。
3. 平衡计分法有4类指标:( )、( )、( )、( )。
4. 采购谈判的过程可以分为三个显著的阶段:( )、( )和( )。
5. 商品的( )、( )、( )和( )是谈判双方磋商的主要交易条件。
6. 交货条件是指谈判双方就商品的( )、( )和( )等进行的磋商。
7. 一般而言,采购合同分为( )、( )和( )三个部分。
8. 合同当事人必须具备( )资格。

二、单项选择题

1. 通过调查、征询意见、综合分析和判断来选择供应商的一种方法,称作( )。
   A. 直观判断法　　　B. 评分法　　　C. 采购成本比较法　　　D. 招标采购法
2. ( )是供应商选择的首要参考目标,它也是采供双方合作达成的基本条件。
   A. 价格　　　B. 质量　　　C. 服务　　　D. 信誉
3. 分析不同价格和采购中各项费用的支出,以选择采购成本较低的供应商。这种供应商选择方法称作( )。
   A. 直观判断法　　　B. 评分法　　　C. 采购成本比较法　　　D. 招标采购法
4. ( )由企业先选出供应条件较好的几个供应商,同它们分别进行协商,以确定适宜的合作伙伴。
   A. 直观判断法　　　B. 评分法　　　C. 协商选择法　　　D. 招标采购法
5. 平衡计分卡的英文缩写是( )。

A. BBC　　　　　　B. BSC　　　　　　C. BCS　　　　　　D. SBC

6. 在谈判中,一方主动提出各种问题,但不提供解决的办法,让对方来解决。这一策略不仅能尊重对方,而且可摸清对方的底细,争取主动权。这种谈判策略是(　　)。

A. 留有余地　　　B. 避实就虚　　　C. 抛砖引玉　　　D. 多听少讲

7. 层次分析法的英文缩写是(　　)。

A. AHP　　　　　　B. APH　　　　　　C. PHA　　　　　　D. HPA

8. (　　)是指你方为达到某种目的和需要,有意识地将洽谈的议题引导到相对次要的问题上,借此来转移对方的注意力,以求实现你的谈判目标。

A. 留有余地　　　B. 避实就虚　　　C. 抛砖引玉　　　D. 多听少讲

三、判断题

1. ABC 成本法(activity-based costing)又称作业成本分析法。(　　)

2. 交货能力的概念比交货提前期更为丰富。它包括交货提前期、交货准时性、对采购方变更交货数量和交货时间的反应水平等这些与准时按需交付满足采购方需求物资的所有能力。(　　)

3. 对供应商的选择是一个多准则评价问题,是在对各个准则定量和定性分析的基础上对供应商给出综合量化指标,以选择最合适的供应商。(　　)

4. 将供应商选择评价的维度(或指标)明确下来,并定义出不同的级别,之后再由相关专家基于其经验来评价的方法就是层次分析法。(　　)

5. 综合评分法是一种定性与定量分析相结合的多因素决策分析方法。这种方法将决策者定性的经验判断数量化和结构化,在决策目标、准则以及备选方案结构复杂且缺乏必要数据的情况下使用更为方便,因而在实践中得到了广泛的应用。(　　)

6. 交易中的某一方对交易内容和交易条件的满足程度越高,那么其在谈判中的实力就越弱,反之,则谈判实力就越强。(　　)

7. 时间是改变谈判实力对比的重要因素,谈判者对时间的耐力反映了需求的强度和迫切程度,时间耐力越强,谈判的承受力和主动性越强,谈判实力自然就越强。(　　)

8. 参加谈判的各方其目的都是要取得良好的经济利益,谈判的具体内容对双方的重要性往往并不相同。交易内容对一方越重要,说明该方的需求程度越高,因此谈判实力就越强;反之,谈判实力就越弱。(　　)

四、简答题

1. 简述供应商选择的标准。
2. 简述供应商的交货能力。
3. 简述采购谈判前计划的内容。
4. 供应商选择方法有哪些?
5. 简述采购谈判策略。
6. 简述采购谈判的影响因素。

五、案例分析

案例 1

在某一次中美合作建厂的谈判中,美方代表对中方提出的各项条件都十分满意,尤其是中方的厂长是一位踏实稳重又具有开拓和冒险精神的人,这非常符合美方代表的要求。就是看中这一点,谈判才进展得非常顺利。就在谈判进入尾声,中方举行的酒会中,这位厂长可能出于显示自己工厂实力的目的,向美方代表说道,现在他领导的工厂员工已达到2 000人,每年能为国家创收600万元人民币。本来厂长的意图是想显示工厂的实力,争取美方的好感,赢得谈判。但是恰恰相反,本来顺利进行的谈判在这次酒会后被无限期地搁置,到底问题出在了什么地方呢?

案例1思考题:
(1)问题出在了什么地方呢?
(2)在谈判中有什么注意事项?

案例2

著名谈判专家荷伯·科恩讲了一则故事:"在一次谈判技巧研讨会上,史密斯先生告诉我他最近打算买一套漂亮的房子,幸运的是他已看中了一处。"

史密斯说:"卖主要15万美元,我准备付13万美元,你看我怎样才能少付那2万块钱呢?请给我介绍点谈判诀窍吧。"荷伯·科恩问他:"如果你不买这所梦寐以求的房子又如何呢?"他答道:"那可不行,那样一来我的妻子就会悲伤,我的孩子也会离家出走!"荷伯·科恩于是嘟哝道:"嗯——告诉我,你对你的妻儿好不好?"他答道:"啊,荷伯,我很爱他们,为了他们我可以做一切。但现在我必须使房子的要价降低。"

最后,史密斯还是花了15万美元,就他那种迫不及待的态度,他没付16万美元已够幸运的了。

案例2思考题:
(1)史密斯买房为什么没能少付2万美元?
(2)简述采购谈判的影响因素。

第七章 采购合同的履行

◆ 学习目标

①理解采购合同履行的概念、原则,采购订单管理的概念,采购结算的概念;

②掌握采购订单管理的内容,进货管理的内容,采购结算的流程、管理及工具,退货处理流程及管理;

③能够结合采购合同履行的实际处理相应的问题。

明日制造公司的合同纠纷

2010年3月6日,明日制造公司(以下简称甲方)与南方金属签订供货合同。其中,共需要20 mm Q235钢板400吨(已交货350吨)、50W540硅钢片500吨(已交货400吨)。对方承诺,余下部分2011年2月中旬交货。经过艰苦谈判,双方对产品标准、交货时间、质量负责条件及期限、验收标准和方法、结算方式及期限、定金支付、争议解决方式都做了约定。时至交货时间,甲方不见所购货物,向乙方催货。乙方答复,合同没有约定交货地点,认为甲方应到乙方所在地提货。

引例分析:

按照《中华人民共和国合同法》第六十二条第三款的规定:"履行地点不明确,给付货币的,在接受货币一方所在地履行;支付不动产的,在不动产所在地履行;其他标的,在履行义务一方所在地履行。"由于甲、乙双方没有约定交货地点,依据法律规定,合同交货地点应在乙方所在地。合同履行地点是指一方当事人履行合同义务和对方当事人接受履行的地点,它同时也是发生合同纠纷确定由哪地法院管辖的依据。可见,合同履行的约定具有重要的法律意义。因此,在合同签订过程中应明确、具体地规定履行地点。

知识点一 订单管理

采购合同的履行,就是指供求双方通过完成合同规定的义务,使债权人的权利得以实现的行为。而采购合同的履行是通过采购订单的管理来进行细化的,采购合同签订后,企业采购员可根据企业经营的需要,按照各部门的采购申请和计划制作采购订单,定期向供货商下达采购订单,并进行订单的跟踪与执行,直到对采购订单进行传递和归档为止。

一、采购合同与采购订单

1. 采购合同概述

采购方在与单个或多个供应商就价格、产品规格、交货时间等问题进行谈判后,根据谈判的结果确定最终的供应商,签订采购合同。采购合同作为交易的凭证,意义重大。

采购合同是采购方和供应商在双方谈判协商一致的基础上签订的,反映买卖双方之间供需关系的法律性文件,受法律保护并具有法律约束力。如果说采购是产品或者服务的所有权从卖方转向买方,那么采购合同就是所有权转移的见证。

采购合同签订的形式有很多种,最被熟知的是口头合同和书面合同两类。口头合同指的是当事人直接以对话的方式或借助通信设备交谈来订立的合同。其优点是缔约方便,不受时间限制和空间限制;其缺点在于一旦发生纠纷,取证困难,责任难以进行划分。口头合同适用范围有限,主要用于即时结清、关系简单的交易,抑或在采购活动双方保持长期合作关系基础上的小额临时交易。相对于口头合同而言,书面合同更正规,是目前采购活动中使用最广泛的合同形式。书面合同是指以文字为表现形式的合同,如合同书、数据电文、信件等形式。其优点在于有据可查、权利、义务记载详细,便于履行,双方发生纠纷时容易进行责任认定和取证,所以一般采购活动会采取这种合同形式。

采购合同的履行就是采购双方当事人按照合同的约定或者法律的规定,全面、正确地履行自己所承担的义务。如采购合同如约履行,则采购过程中的商品所有权转移成功;如一方或双方问题导致合同履行失败,则所有权转移失败,交易失败。采购合同的履行主要包括订单管理、进货验收、货款支付和违约处理等几个环节。

2. 采购订单概述

采购订单是企业根据产品的用料计划和实际能力以及相关的因素所制订的切实可行的采购订单计划,并下达至订单部门执行。在执行的过程中要注意对订单进行跟踪,以使企业能从采购环境中购买到企业所需的商品,为生产部门和需求部门输送合格的原材料和配件。

采购订单是商品在采购业务中流动的起点,是详细记录企业物流的循环流动轨迹、累积企业管理决策所需要的经营运作信息的关键。通过它可以直接向供应商订货并可查询采购订单的收货情况和订单执行状况,通过采购订单的关联跟踪,采购业务的处理过程可以一目了然。

一份完整的采购订单应当标明以下信息:

(1) 供应商。
(2) 要订购的物资或服务。
(3) 数量。
(4) 价格。
(5) 供货日期和供货条款。
(6) 支付条款。

除了以上信息之外,采购订单还要确定订购的物资是存入库存还是在收货时就直接被消耗。

采购合同和采购订单的区别和联系

采购合同是具有权利和义务内容的经济合同。合法、有效的合同是具有法律约束力的,其对合同双方当事人有法律效力,可以强制执行,违反法律的一方必须承担法律责任。合同对双方当事人规定的义务是双方当事人在平等的地位上,依各自的自由意志选择的结果,可以确实约束和控制双方的行为,保护双方的利益。如果说采购是产品或者服务的所有权从卖方转向买方,那么采购合同就是所有权转移的见证。而采购合同的履行是通过采购订单的形式来管理和细化的。采购订单往往又伴随着订单和物料的流动,贯穿整个采购过程,其作用是执行采购合同,实施采购计划,从采购环境中购买物料,为生产过程输送合格的原材料和配件,同时对供应商群体的绩效表现进行评价反馈。

采购合同和采购订单不是完全一样的。例如原材料采购,采购合同只是一个采购准则,双方确定贸易、付款期、交货期等条款,后面由采购订单执行具体的采购产品。整个过程是采购双方先签合同,根据合同上的价格下订单,具体采购的数量和一些细节问题以订单为标准。

在内容上,采购订单和合同的区别在于:采购订单一般只有采购货物的数量、交货期等简单的要求,而合同包括订立合同双方的名称、地址、货物名称、数量、品质、交货时间、结算方式、双方的责任和义务、争议处置、合同生效和终止的条件等条款完整的文件。订单只是意向,合同一定要执行,不执行就要负法律责任,而订单可以随时取消。

在时效上,采购订单和合同的区别在于:采购合同时效为合同约定的期限,如1年、2年、5年等;订单的时效短于合同期限,在完成订单的整个周期后就终止,如15天、30天等。

采购订单和采购合同的联系:订单条款往往是依据合同条款制定的,合同条款约定订单条款的内容,订单是合同生效、实施的载体。因此人们经常认为合同就是订单,订单就是合同,订单也具有法律效力。

二、采购合同履行的原则和规则

采购合同的履行,就是指供求双方通过完成合同规定的义务,使债权人的权利得以实现的行为。合同的履行应遵循以下几个原则:

(1) 全面履行的原则。合同订立后,当事人应当按照合同的约定全面履行自己的义务,包括履行义务的主体、标的、数量、质量、价款或者报酬,以及履行期限、地点、方式等。

(2) 诚实信用的原则。当事人履行合同要遵循诚实信用的原则,要守信用、讲实话、办实事。双方当事人在合同履行中要相互配合协作,便于合同更好地履行。《中华人民共和国合同法》规定,当事人应当根据合同的性质、目的和交易习惯履行义务。这就要求当事人要根据不同合同的不同情况,按照诚实信用的原则履行自己的义务,比如:有的需要提供必要的条件和说明;有的需要协作;有的需要及时通知对方,以便做好准备;有的需要保密等。

(3) 公平合理的原则。在订立合同时,由于当事人的疏忽,有的问题没有约定或者约定不明,应以公平合理的原则采取补救措施,由双方当事人协商一致,签订补充条款加以解决;若当事人协商不成,就应按照有关条款或者交易习惯确定;如果不能确定,就按《中华人民共和国合同法》的有关规定来确定。

规则与原则不同,规则只适用于某些特殊的场合,而原则却在一般的场合都适用。合同履行的规则主要是指当事人就某些事项没有明确约定时的处理方法。《中华人民共和国合同法》第六十一条规定:合同生效后,当事人就质量、价款或者报酬、履行地点等内容没有约定或者约定不明确的,可以协议补充;不能达成补充协议的,按照合同有关条款或者交易习惯确定。

当事人就有关合同内容约定不明确,依照上述规定仍不能确定的,适用下列规定:

(1) 质量要求不明确的,按照国家标准、行业标准履行;没有国家标准、行业标准的,按照通常标准或者符合合同目的的特定标准履行。

（2）价款或者报酬不明确的，按照订立合同时履行地的市场价格履行；依法应当执行政府定价或者政府指导价的，按照规定履行。

（3）履行地点不明确，给付货币的，在接受货币一方所在地履行；交付不动产的，在不动产所在地履行；其他标的，在履行义务一方所在地履行。

（4）履行期限不明确的，债务人可以随时履行，债权人也可以随时要求履行，但应当给对方必要的准备时间。

（5）履行方式不明确的，按照有利于实现合同目的的方式履行。

（6）履行费用的负担不明确的，由履行义务一方负担。

由于合同履行的效果取决于采购双方（或者多方）的共同配合，同时，作为采购方为保障采购的质量，必须对各环节进行控制管理。

三、采购订单的管理

采购订单和采购合同的管理是采购管理中的重要内容，一般企业在确定了需要量和供应商之后，就会向供应商发出采购订单，以作为日后双方订约合同的一个依据；而采购合同是在双方协商取得一致的基础上所签订的一种经济合同。可以说采购订单和采购合同都是采购流程中的重要环节，这一环节将会直接影响到采购的作业流程是否顺利。

采购订单的管理是指企业根据市场的需求预测、企业的生产能力、企业的用料计划以及相关因素所制订的切实可行的采购计划，并下达给订单部门执行，从而从资源市场上购买到合格的原材料和配件。

采购订单管理包含制订、管理和追踪三个连续阶段。

采购订单和采购合同的管理是采购管理中的重要内容，采购订单和采购合同都是采购流程中的重要环节。

1. 采购订单的明细管理

采购订单的明细管理主要是通过对采购订单各项目的管理，使企业相关部门能够明确掌握商品订货的情况。当采购单位决定采购对象后，企业通常会寄发订购单给供应商，以作为双方将来交货、验收、付款的依据。订购单内容主要侧重于交易条件、交货日期、运输方式、单价、付款方式等。因用途不同，订购单可分为厂商联（第一联），作为供应商交货时间的凭证；回执联（第二联），由供应商签字确认后寄回给企业；物料联（第三联），作为企业控制存量和验收的参考；请款联（第四联），作为结算货款的依据；承办联（第五联），由制发订购单的单位自存。

2. 采购订单的跟踪管理

订单跟踪是采购人员的重要职责，订单跟踪的目的有三个：促进合同正常执行，满足企业的商品需求，保持合理的库存水平。在实际订单操作过程中，合同、需求、库存三者之间会产生矛盾，突出表现为由于各种原因合同难以执行、需求不能满足导致缺货、库存难以控制。恰当地处理供应、需求、缓冲余量之间的关系是衡量采购人员能力的关键指标。

（1）合同执行前订单跟踪。订单人员在完成订单合同之后，要及时了解供应商是否接受订单，是否及时签返订单合同。在采购环境里，同一商品往往有几家供应商可供选择，独家供应商的情况很少。虽然每个供应商都有分配比例，但在具体操作时可能会遇到各种原因造成的拒单现象，由于出现变化，供应商可能会提出改变某些合同条款，包括价格、质量、交货日期等。如果供应商按时返签订单合同,则说明对供应商的选择正确;如果供应商确实难以接受订单,可以在采购环境里另外选择其他供应商。与供应商正式签订的合同要及时存档,以备后查。

(2) 合同执行过程中订单的跟踪。进入订单实际作业阶段的第一项工作,就是要与供应商签订一份正式合同。这份合同具有法律效力,订单人员应全力跟踪,并且应和供应商相互协调,建立起相互之间的业务衔接、作业规范的合作框架。合同跟踪应注意以下事项:

① 严格跟踪供应商准备商品的详细过程,保证订单正常执行。在跟踪过程中,发现问题要及时反馈,需要中途变更的要立即解决,不可贻误时间。不同种类的商品,其准备过程不同,总体上可分为两类。一类是供应商需要按照样品或图纸定制的商品,存在着加工过程周期长、变化多的特点。对这类订单的跟踪管理,可以向供应商单位派常驻代表,以起到信息沟通、技术指导和监督检查的作用。常驻代表应当深入生产线各个工序、各个管理环节,帮助发现问题,提出改进措施,切实保证彻底解决有关问题。另一类是供应商有存货,不存在加工过程,周期短。对这类订单的跟踪管理,可视情况分别采用定期或不定期到工厂进行监督检查,或者设监督点对关键工序或特殊工序进行监督检查,或要求供应商自己报告生产条件情况、提供相应检验记录、让大家进行评议等办法实行监督控制。

② 紧密响应生产需求形势。如果因市场原因需求紧急,要求本批商品立即到货,应马上与供应商协调,必要时可帮助供应商解决疑难问题。有时市场需求出现滞销,企业经研究决定延缓或取消本次订单商品供应,订单人员也应尽快与供应商进行沟通,确定其可承受的延缓时间,或终止本次订单操作,给供应商相应的赔款。

③ 慎重处理库存控制。库存水平在某种程度上体现了订单人员的水平。订单人员既要保证销售正常,又要保持最低的库存水平,也就是必须保持与正常经营相适应的商品库存量。因为企业库存过大,占用资金,增加管理费用;库存过小,则品种不全,数量不足,容易造成脱销。

④ 控制好商品验收环节。商品到达订单规定的交货地点,对国内供应商来说一般是企业仓库,对境外交货则是企业国际物流中转中心。在境外交货的情况下,供应商在交货前会将到货情况表传真给订单人员,订单操作者应按照原先所下的订单对到货的物品、批量、单价及总金额等进行确认,并进行录入归档,开始办理付款手续。境外的付款条件可能是预付款或即期付款,一般不采用延期付款,因此订单人员必须在交货前把付款手续办妥。

(3) 合同执行后订单跟踪。应按合同规定的支付条款对供应商进行付款,并进行跟踪。订单执行完毕的柔性条件之一是供应商收到本次订单的货款。如果供应商未收到付款,订单人员有责任督促付款人员按照流程规定加快操作,否则会影响企业信誉。商品在使用过程中,可能会出现问题,偶发性的小问题可由采购人员或现场督验者联系供应商解决,重要的问题可由质检人员解决。

3. 采购订单的使用管理

对于尚未使用计算机系统的公司,一份订单通常有7~9份副本,而在使用计算机的条件下,将1份采购订单分寄到每个部门的电子邮箱就可以了。供应商在原件上签字后将其送回买方,就表明供应商已收到订单并同意订单的内容。从法律上来讲,发送订单的采购部门构成了合同提供者,而确认订单的供应商则构成合同接受者,提交和接受是合同的两个具有法律约束力的重要组成部分。

采购部门将1份订单副本(例如应付账款副本)送达会计部门,提出需求的部门接收并进行交易。采购部门通常保留有几份订单的副本及相关收据,采购订单和收款收据应有很高的透明度：

①会计部门能够得知未来的支付条件，同时还持有1份订单副本，以便在货物到达时对付款进行核对。

②采购订单应有订单编号以便相关部门备案。

③接收部门持有与商品收据相匹配的订单副本，该部门还可以用特殊的采购订单帮助预测进货的作业量。

④提出需求者在需要查询1份订单状况时有可参考的采购订单数字。

⑤运输部门知晓交货要求，针对每一次交货安排承运人或使用公司内部运输。

⑥订单将在所有的部门长期有效，直到买方公司确认货物已收且符合数量及质量要求为止。

订单管理流程再造案例

明日制造公司在流程改进过程中，除对现有流程进行深入分析和理论论证之外，更重要的是本着使用可靠的、已经过充分测试的技术和方法来对流程进行改造的原则，对流程运作过程中的障碍进行清除。订单管理流程再造就是其中一个成功的案例。

按照以前的订单管理流程，一张订单确定后，需要在明日制造公司内部流经采购部、财务部、分公司、车间等四个环节，才能进入生产阶段。原有订单管理流程的主要弊端有如下几点：①过多的重复职能导致了大量同质工作的多次操作，浪费了时间，降低了效率；②订购单的主要内容与销售部在信息系统中输入的订单信息相同，却被分散在整个流程的各个环节，增加了流程的长度及无效的沟通。正是由于订单管理工作被分散到不同的部门，巨大的信息流以及相同信息的多次系统输入增加了信息扭曲、丢失以及输入错误等人为错误。更危险的是，由于各个使用制造、订购单的生产部门在生产过程中没有第二份订单信息，这样订单管理过程中发生的错误导致生产错误的概率就变得相当高。

订单管理流程再造即通过对原有流程谨慎全面的分析，集团实施了"3X计划"，对订单管理流程进行再造。"3X计划"是通过对整个公司订单管理流程的整合，组成一个新的OMD（order management department，订单管理部），以此实现订单管理的"一站式"服务。

知识点二 进货管理

进货验收关系着采购业务的最终完成，因此也是采购管理中非常重要的一环。

一、进货验收

（一）进货方式

采购进货的方式有三种，即自提进货、供应商送货、委托外包进货。这三种进货方式的管理方式和要求也不尽相同。

1. 自提进货

自提进货，就是在供应商的仓库里交货，交货以后的进货过程全由采购者独家负责管理。这种进货方式对采购者要求较高，整个进货途中的风险以及进货验收环节的任务都由采购方独自承担。自提进货管理主要包括以下几个环节：

①货物清点环节管理。

②包装、装卸、搬运上车环节管理。

③运输环节管理。

④中转环节管理。

⑤验收入库环节管理。

2. 供应商送货

供应商送货对采购商来说是一种最简单、轻松的采购进货管理方式。它基本上省去了整个进货管理环节，把整个进货管理的任务以及进货途中的风险都转移给了供应商，只剩下一个入库验收环节。而入库验收也主要是供应商和保管员之间的交接，进货员最多提供一个简单的协助。

3. 委托外包进货

委托外包进货，就是把进货管理的任务和进货途中的风险都转移给第三方物流公司。这时供应商和采购商都得到了解脱。因此这对采购商、供应商来说都是一种最好、最轻松的进货方式。对第三方物流公司来说，也是一种最理想的进货方式，因为它有利于发挥第三方物流公司的自主处理的优势、联合处理和系统化处理，提高了物流运作效率，降低了物流运作成本。

（二）进货验收一般流程

进货验收过程需要确定检验时间、地点和人员，一般由采购方在供应商的生产现场与货物到库时进行检验。检验部门一般是质量检验部门。物料检验包括包装、品质、卫生、安全性、数量、重量等。

以供货商送货为例，进货验收一般流程如图7-1所示。

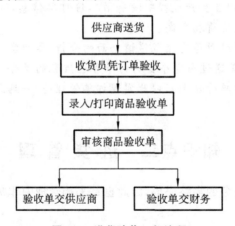

图 7-1　进货验收一般流程

供货商送来货物，采购部（仓管员）需对照订购单上订购货物的名称、规格及其他要求进行验收，没有订购单或超订购单送货，原则上不允许签收，特殊情况需由主管经理指示处理。

企业仓库验收员根据采购员填写的收货通知单或供应商的随货同行联清点货品并登记手工收货记录，然后在随货同行联上签字，再进行验收并在系统中填写验收结果，生成收货处理方案，根据不同的收货处理方案在系统中勾兑进货合同，生成入库单。

为了对进货验收各环节进行有效控制，有必要对验收环节与结果给予记录，如表7-1所示。

表 7-1 进货验收表

编号：　　　　　　　　　　　　　　　　　　日期：　　年　　月　　日

编号	名称	订货数量	规格符合 是	规格符合 否	单位	实收数量	单价	总价

是否分批交货	□是 □否	科目会议		供应商供应		合计	
检查		验收结果		检查主管		检查员	
抽样：　　％不良 全数：　　个不良							
总经理		成本合计		仓库		采购	
主管		核算		主管	收料	主管	制单

采购员填写收货通知单、供应商的随货同行联,清点货品并登记收货记录。

(三) 物资检验

根据订单安排,采购方需要根据物资项目的品种、特征确定检验供应商提供的货物的时间和地点。例如:一些大型机械设备、电子装置,往往需要检验员到现场进行检验;一些小型物资可以由供应商送货上门进行检验。同时还要安排好检验人员,在遵循检验制度的前提下,对不同物资进行不同程度的灵活检验。例如,对重要物资或者质量稳定性较差的物资进行严格的检验,对一般物资进行正常检验,对不重要的物资或者质量稳定的物资可以适当放宽检验,从而提高效率。

1. 物资质量检验的实施

假设采购方是生产企业,完整的质量检验过程不仅包括进货检验,还应包括生产过程的质量检验以及最终产品完工的质量检验。因为生产商作为供应链的核心企业,不仅要控制采购原材料的质量,还要控制生产出的产品质量,这关系到生产商下游企业的采购活动。

1) 进货检验

所谓进货检验(incoming quality control,IQC),主要是对企业购入的原材料、外购配套件和外协件入厂时的检验。这是保证生产正常进行和确保产品质量的关键措施。为确保外购物资的质量,应配备专业的质检人员来进行入厂时的验收,严格按照规定的检查内容、检查方法和检查数量进行认真的检验。原则上供应商提供的物资应该进行全检达到"件件合格",如有特殊情形不能全检,必须按照科学可靠的抽检方法检验。

进货物资经检验合格后,检验人员要做好记录并在入库单签字或盖章,及时通知库房收货,做好保管工作。若检验不合格,应当按相应的不合格品管理制度办好退货或者进行其他处理。

2）过程检验

过程检验(in process quality control, IPQC)也称为工序检验，其目的是防止不合格品流入下一道工序进行继续加工。因此，过程检验不仅要检验产品本身，还要对影响产品质量的主要工序要素（如4M1E）进行检验。过程检验主要有三种形式：首件检验、巡回检验和末件检验。

首件检验也称作"首检制"，它是提早发现问题、防止产品成批报废的有效措施。通过首件检验，可以及时发现诸如工夹具严重磨损或安装定位错误、测量仪器偏差等问题的存在，从而纠正问题，防止不合格品发生。

巡回检验，就是检验员按一定的时间间隔和路线到生产现场用抽查的形式进行检验，检查刚加工完成的产品是否合乎设计图纸或检验指导书的要求。当巡回检查发现问题时，应马上查寻工序不正常的原因并采取有效措施纠正，为防止不合格品流入下道工序，要对上次巡检后到本次巡检前所生产的所有产品全部进行重检和筛选。

末件检验，即在一批产品完工后对最后一件产品进行全面的检查，若发现有质量缺陷，可在下批产品投产前把相应的模具或装置修理好，以免下批投产后因为模具原因而影响生产。

3）最终检验

最终检验(finally quality control, FQC)又称完工检验，它指的是对某一加工或装配车间全部工序结束后的半成品或成品的检验。

对于半成品来说，往往是零部件入库前的检验。半成品入库前，必须由专职的检验员根据情况实行全检或抽检，如果在加工时已经进行100％自检，一般在入库前可进行抽检，否则要由检验员实行全检才能入库。但若企业在实行抽检时发现不合要求，也要进行全检来重新筛选。

成品的最终检验是对完工后的产品进行全面的检查和试验。其目的是防止不合格产品流到用户手中，避免对用户造成损失，同时也是为了保护企业的信誉。对于制成成品后立即出厂的产品，成品检验即出厂检验；对于制成成品后不立即出厂需要储存的产品，在出库发货前需要再进行一次出厂检查。

2. 物资质量检验的方法

物资质量检验的方法有多种分类：按照是否对产品进行逐一检验可以分为全数检验和抽样检验，按照统计对象可以分为计数检验和计量检验，按照测量方式可以分为理化检验和感官检验，按照是否破坏被检验产品可以分为破坏性检验和非破坏性检验，按照检验的集中程度可以分为固定检验和流动检验。在具体的运用中，要根据具体的物料品种或特定的要求来选择不同的检验方法。

如何选择合适的质检方法

对于如何选择物料的质量检验方法还没有特别的定论，主要是把握合适的原则。在实际操作中，可以根据不同的物料品种采取不同的质检方法，也可以根据不同的检验要求采取不同的质检方法。比如：一些大型的机械设备往往需要质检员到现场检验，并且可以采用全数检验的方法，因为大型机械重量大、数量少；而有些批量大的轻小型物品，如电子元器件则可以由供应商送货上门来进行检验，并采取抽样检验的方式，随机抽取适量的产品样本进行质量检验，然后将结果与质量标准进行对比，从而确定该产品是否合格。又比如，对产品的形状、颜色、气味、伤痕、锈蚀和老化程度等检验,往往需要靠人的感官来进行检查和评价,而感官检验往往依赖于质检人员的经验并具有较大的波动性,虽然如此,由于目前理化检验技术发展的局限性以及质检问题的多样性,感官检验在某些场合依然是质量检验方式的一种选择或补充。再比如一些特殊的质量检验要求,如电视机的寿命试验、高分子材料产品的强度试验以及一些爆炸试验等,这些质检试验都需要破坏被检验产品本身,受检物品不再具有原来的使用功能,这时需要采用破坏性检验方法。

二、验收中常见问题处理

进货验收中常见问题主要有数量不符、代管转入库、不合格品等。

1. 数量不符

收货数量大于收货通知单数量时要电话通知采购员,采购员落实后补进合同并重新生成收货通知单;否则,多出部分拒收。由于合同可以分多次勾兑,所以收货的数量小于合同数量的情况属于正常情况,如少量缺少、破损,直接扣减勾兑。

2. 代管转入库

对于代管转入库的情况,首先采购员应补合同,并制作代管出库单,打印后交给代管库保管员出库。验收员勾兑合同生成入库单,再传正常库保管员复核后入库。

3. 不合格品

检验为不合格的货物时,应在货物上贴上"不合格"标签,并填写物资不良或者差异报告,同时,将检验情形告知采购单位、请购单位,由其依实际情形判定是否需要特采、扣款或退货等。

有些企业对于验收不合格的货品走代管入库流程入代管保管账,货品入不合格区,待采购员与供应商联系后处理;赠样品根据采购员处理方案直接入正常库或通知赠样品库保管员做赠样品入库。

何 为 特 采

所谓特采,也称特采处理量,指的是当材料不符合品质规格,且已进行了选别、追加工等最大努力后,仍不能完全满足品质规格时,为了防止生产停顿或遭受更大的经济损失,在影响品质不大的范围内,限定条件(如数量)而进行的生产。这些产品在品质上仍旧被判定为不良品,并没有改判为良品,换言之,特采是一种明知的、短暂的、有限的牺牲品质换取成本的行为,仍存在潜在的不良。特采不单是对材料,有时也对其他生产要素引发的品质不良物品而进行特采。

通常在以下情况会采取特采的措施:

1. 材料突发不良,又无良品材料可替代,如若不用,则会引发全部停产,造成更大的损失,这种类型的特采最多。

2. 标准作业书和标准检验书里未有该项目品质的要求,实际作业也未加实施,事后通过某一偶然的因素才发现,但木已成舟,挽回成本巨大。

3. 不良品的品质偏离质量标准不远或者对客户造成的影响不大,材料价格又比较昂贵,如果报废的话,损失较大。

三、签收订购单,开具入库单

仓库点收验收完毕,即按要求于订购单或借料单上签收,仓管员同时根据当次验收入库良品数或特采数开具物资入库单,并将入库单(第二联)送至财务入账,增加存货及应付账款,同时将已签收完毕的订购单送至财务,留待付款时用,入库单(第三联)送至采购部门。

四、岗位操作示例

1. 验收员

收货,验收,确定收货单生成收货处理方案,勾兑收货单、进货合同生成入库单。

2. 采购员

填写或补填进货合同,生成收货通知单,与供应商联系判断收货处理方案并通知验收员做相应操作。

3. 保管员

入库,填写代管入库单、代管出库单、赠样入库单、赠样出库单,记账。

4. 采购会计

凭入库清单记商品采购账、存货账。

知识点三 采购结算

采购结算指的是在商品经济条件下,各个经济单位之间因商品交易、劳务供应或资金调拨等经济活动而引起的货币收付行为。

一、采购结算流程

采购结算流程(见图 7-2)包括采购资金结算、采购发票核销、采购返款管理、进货返款收益管理等。

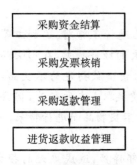

图 7-2 采购结算流程

具体来说,在企业中物资的采购结算一般都是采取优质优价结算,结算标准和结算条款也是合同中重要的、不可缺少的部分。

(1)进货单、进货退回单、关联进货单、关联进货退回单生效后将自动产生往来应付款。

(2)采购发票核销。将收到的采购发票清单与相应进货单进行核销,确定应收发票余额。

(3)采购返款管理。采购返款产生并放入返款库,在后续的进货中随进货单按比例返回,返款库的结存金额等于返款的放入数减去已返回的返款。

(4)进货返款收益管理。随进货单返回的返款,随进货单进入仓库存货中,产品销售后需根据商品出货比例调出返款收益(冲减进货成本),系统自动计算进货返款结存。

二、采购结算管理

采购结算也称采购报账,是指采购核算人员根据采购入库单、采购发票核算采购入库成本。

采购结算的结果是采购结算单,它是记载采购入库单记录与采购发票记录对应关系的结算对照表。

采购结算从操作处理上分为自动结算和手工结算两种方式,另外运费发票可以单独进行费用折扣结算。自动结算是由系统自动将符合结算条件的采购入库单记录和采购发票记录进行结算。

系统按照如下三种结算模式进行自动结算:

(1) 入库单和发票,即将供应商、存货、数量等完全相同的入库单记录和发票记录进行结算,生成结算单。

(2) 红蓝入库单,即将供应商、存货相同,数量绝对值相等、符号相异的红蓝入库单记录进行对应结算,生成结算单。

(3) 红蓝发票,即将供应商、存货相同,金额绝对值相等、符号相异的采购发票记录对应结算,生成结算单。

手工结算时可拆单拆记录,一行入库记录可以分次结算;可以同时对多张入库单和多张发票进行手工结算;支持下级单位采购,付款给其上级主管单位的结算;支持三角债结算,即甲单位的发票可以结算乙单位的货物。

三、采购结算的主要工具

采购结算的方式与价格是构成企业采购成本的重要因素,同时采购结算过程也对合同履行阶段起着审查和监督的作用。企业合理选择银行结算方式对加速资金周转、抑制货款拖欠、加强财务管理、提高经济效益具有重要意义。可供企业单位选择的结算方式包括银行汇票、银行承兑汇票、商业承兑汇票、银行本票、支票、信用卡、汇兑、委托收款、托收承付、国内信用证等。

在传统的手工联行、同城票据交换业务开办的同时,正在进行现代化支付系统的建设,人民银行电子联行已将网络终端延伸到商业银行营业网点,实现了天地对接和业务到县。大多数商业银行已开通行内电子汇兑业务,全国银行卡联网工作也已成功完成,资金汇划即时到账已变为现实,结算方式进一步增多,清算体系更加完善,清算手段更为现代化,这些使得结算方式的选择多样化成为可能。各种结算方式各具特点,各有其适用范围,客观上要求企业单位进行结算方式的选择。

目前我国已经逐步建立了以"三票一卡"为主体的结算体系,大大规范了采购结算方式。

1. 银行汇票

银行汇票以签发银行作为付款人,付款保证性强。代理付款人先付款,后清算资金,特别适用于交易额不确定的款项结算与异地采购。使用银行汇票的方式票据自带,避免携带大量现金,十分便捷。银行汇票票样如图 7-3 所示。

2. 银行本票

使用银行本票方式时见票即付,如同现金,出票银行作为付款人,付款保证性高。银行本票既有定额本票,又有不定额本票,可以灵活使用。缺点是由银行签发,与支票相比手续相对繁杂,在同城范围内使用。银行本票票样如图 7-4 所示。

3. 支票

支票由出票单位签发,出票单位开户银行为支票的付款人,手续简便。支票既有现金支票,又有转账支票,还有普通支票。支票要求收妥抵用,在同城范围内使用,已被企业单位广泛接

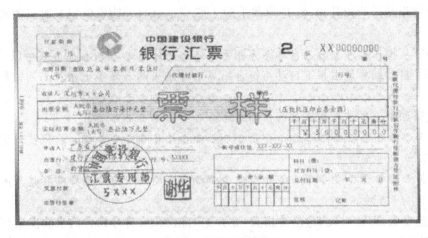

图 7-3　银行汇票票样

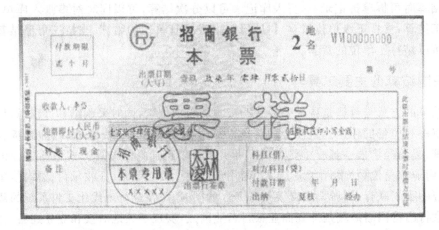

图 7-4　银行本票票样

受。但在支票结算中可能存在签发空头支票、支票上的实际签章与预留银行印鉴不符等问题，因此使用支票方式存在一定风险。支票票样如图 7-5 所示。

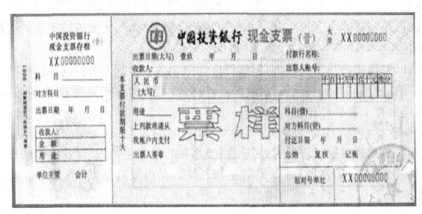

图 7-5　支票票样

4. 信用卡

信用卡可用于电子支付,其方便、灵活、快捷,同城、异地均可使用,发展前景非常广阔。但该结算方式受特约商户与ATM机普及程度、银行卡网络的完善程度、银行卡功能开发程度等的影响。几种信用卡式样如图7-6所示。

总之,几种结算方式各具特色,各有针对性和局限性,使用范围也存在差异,在实际结算中必须合理选择。

图7-6 几种信用卡式样

结算过程中容易出现的问题

企业采购业务中,由于供应商生产、运输、装卸等种种因素的影响,采购的货物会发生溢余短缺等情况,需要根据不同的情况进行相应的处理。常见的问题有入库数量与发票数量不一致以及订单数量与入库数量不一致。

1. 入库数量与发票数量不一致

由于入库数量+合理损耗数量+非合理损耗数量=发票数量,如果入库数量大于发票数量,在发票的附加栏中"合理损耗数量"为负数,账务处理时可以降低入库货物的单价,将多余数量按照赠品处理;如果入库数量小于发票数量,在发票的附加栏"合理损耗数量""非合理损耗数量""非合理损耗金额"中输入短缺数量、短缺金额时,其数量和金额均为正数,账务在处理时可以提高货物的单位成本,保持总成本不变。总之,在处理入库数量和发票数量不一致的问题时,先确定其是否为合理损耗,合理损耗直接计入成本,相应提高入库货物的单位成本,也就是说总成本是不变的,损耗改变货物单位成本。非合理损耗则根据业务选择相应的非合理损耗类型,各个企业有专门的处理方式。

2. 订单数量与入库数量不一致

如果采购方和供应商之间建立了长期的合作关系,且采购的是常用的、多次采购的物品,这时由于供应商自身生产或者装运时为了更好地利用空间,供应商会将比订单数更多或更少的产品一并发给采购方。若入库数量大于订单数量,则下次供应商在供货时少发一部分材料即可;同理,若入库数量小于订单数量,下次供应商会补齐所欠的材料。对此类问题的处理方式是建立供应商往来账,将这些交易情况,订单发货、收货数量都记录在案,在双方规定的账期内进行结算。如果采购方和供应商之间不是长期合作关系,则需要根据合同的相关条款进行多退少补的处理。

知识点四 采 购 退 货

一、退换货处理的一般流程

退换货处理是指采购人员依据采购合同规定的某些因素而把所购货物退还给供应商或者

与供应商调换的一种违约处理方式。

退换货处理的一般流程如图 7-7 所示。

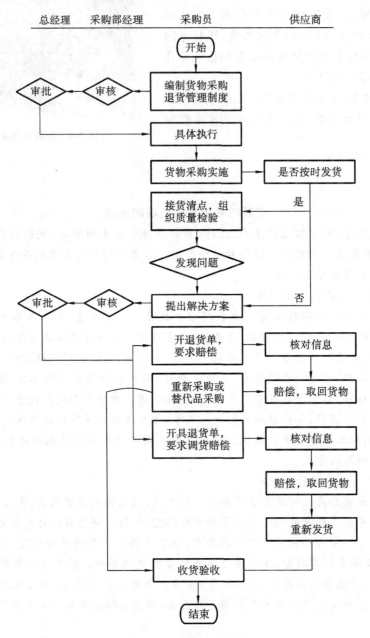

图 7-7 采购退换货流程

二、采购退货管理

对于采购退货,国内会计一般会根据采购价格,贷记"物资",借记"应付账款",同时调整退货物资的单位成本。只要退货物资的单价不等于库存中物资的单位成本,则退货会引起库存单位成本的变化。例如,库存中 B 物资的数量为 10 个,单位成本为 6 元,再以单价 10 元采购 10

个,则 B 物资的单位成本变为 8 元,总成本为(20×8)元＝160 元。由于某种原因将刚刚采购的物资退货,则库存中的 B 物资恢复为(10×6)元＝60 元。如果退货时库存中数量较少,就可能出现负数的单位成本。例如,如果 B 物资发生退货前的库存数量为 12 个,单位成本为 8 元,则 10 个 B 物资退货后的单位成本是[(12×8－10×10)/2]元＝－2 元。

在 ERP 软件中发生采购退货时,按采购价格减少"应付账款",但按当前库存的单位成本减去库存物资成本,差额记在"库存调整"科目中。例如,库存中 B 物资的数量为 10 个,单位成本 6 元,再以单价 10 元采购 10 个,则 B 物资的单位成本变为 8 元,总成本为(20×8)元＝160 元,由于某种原因将刚刚采购的物资退货,则库存中的 B 物资的单位成本仍然为 8 元,记账方式是借记"应付账款"(10×10)元＝100 元,贷记"物资"(8×10)元＝80 元,则 20 元的差额贷记在"库存调整"上。

从表面上看,中国会计的记账方式好像十分合理,在总金额上也相当准确,但当物资的库存数量较少时,容易出现异常的物资成本,并且处理复杂。而 ERP 软件记账方式的特点是处理简单,其依据是认为采购退货出现的机会比较小,退货价格与库存单价的差距比较小,记录在"库存调整"科目下的差额也比较小,不必做复杂的处理。

根据增值税暂行条例及其实施细则和增值税专用发票使用规定,企业购进货物发生退货时,购货方已取得的增值税专用发票应区分为如下两种情况分别处理:

第一种情况:购货方在未付货款并且未做账务处理的情况下,须将原发票联和税款抵扣联主动退还销售方;销售方收到后,应在该发票联和税款抵扣联及有关的存根联、记账联上注明"作废"字样,作为扣减当期销项税额的凭证。在收到购买方退回的专用发票前,销售方不得扣减当期销项税额。

第二种情况:在购货方已付货款,或者货款未付但已做账务处理,发票联及抵扣联无法退还的情况下,购货方必须取得当地主管税务机关开具的进货退出证明单,作为销售方开具红字专用发票的合法依据,送交销售方。销售方在未收到证明单以前,不得开具红字专用发票,收到证明单后,根据退回物资的数量、价款向购货方开具红字专用发票。其存根联、记账联作为销售方扣减当期销项税额的凭证,发票联、税款抵扣联作为购买方扣减进项税额的凭证。

与此相对应,企业发生的进货退出业务在会计处理上也可分为两种情况:第一种情况,企业进货时还未做账务处理,退货时也自然无须进行账务处理;第二种情况,企业进货时已进行账务处理,在办理退货时,应将原账务处理冲回,即发生进货退出时,借记"应付账款"或"应付票据""银行存款"等账户,贷记"应交税费——应交增值税(进项税额)""物资采购""制造费用""管理费用""其他业务成本"等账户。

企业购进物资后,由于各种原因,可能会发生全部退货、部分退货与进货折让等事项。对此,应根据不同情况,进行不同的账务处理。

企业进货后尚未入账就发生退货或折让的,无论物资是否入库,必须将取得的增值税专用发票的发票联和税款抵扣联退还给销售方注销或重新开具,无须做任何会计处理。

企业进货后已做会计处理,发生退货或索取折让时,若专用发票的发票联和抵扣联无法退还,企业必须找当地主管税务机关开具"进货退出或索取折让证明单"送交销售方,作为销售方开具红字专用发票的合法依据。企业收到销售方开来的红字专用发票时,按发票上注明的增值税额,红字借记"应交税费——应交增值税(进项税额)"科目;按发票上注明的价款,红字借记"物资"等科目;按价税合计数红字贷记"银行存款"等科目。

采购退货管理有其相应的制度,具体如下所述:

第一条 目的

明确退货条件、退货手续、货物出库、退款回收等规定,及时收回退货款项。

第二条 退货条件

验收人员应该严格按照企业的验收标准进行验收,不符合企业验收标准的物资视为不合格,不合格的物资应办理退货。

1. 对于数量上的短缺,采购员应及时与供应商联系,要求供应商予以补足,或价款上予以扣减。

2. 对于质量上的问题,采购员应首先通知使用部门不能使用该批物资,然后与使用部门、质量管理部门、相关管理部门联系,决定是退货还是要求供应商给予适当的折扣。

3. 经采购部经理的审阅、财务总监审核、总裁审批后与供应商联系退货事宜。

第三条 退货手续

检验人员应在检验不合格的物资上贴"不合格"标签,并在"物资验收报告"上注明不合格的原因,经负责人审核后转给采购部门处理,同时通知请购单位。

第四条 物资出库

当决定退货时,采购员编制退货通知单,并授权运输部门将货物退回,同时,将物资通知单副本寄给供应商。运输部门应于物资退回后,通知采购部和财务部。

第五条 退回款项回收

1. 采购员在物资退回后编制借项款单,其内容包括退货数量、价格、日期、供应商名称以及贷款金额等。

2. 采购部经理审批借项凭单后,交财务部相关人员审批,由财务总监或总裁按权限审批。

3. 财务部应根据借项凭单调整应付账款或办理退货贷款的回收手续。

第六条 折扣事宜

1. 采购员因对购货质量不满意而向供应商提供的折扣,需要同供应商谈判后最终确定。

2. 折扣金额必须由财务部审核、财务总监审核后交总裁批准。

3. 折扣金额经审批后,采购部应编制借项凭单。

4. 财务部门根据借项凭证来调整应付账款。

不合格物资的责任认定和处理

一般来说,采购的物资很难达到100%的合格率,各种因素都会导致不合格产品的出现,如工艺控制不严、人员操作失误、设备损坏、搬运不当等。对于采购双方而言,无法绝对避免不合格品的出现,但重要的是要建立一套清晰透明的不合格物资处理体系。

首先,对不合格物资需要加以区分,通常需采用唯一性的标记来进行区别分类,防止不合格物资流入生产程序,保证生产的秩序。其次,需要对不合格物资进行责任的认定。经过调查,导致物资不合格的原因主要有三种:第一种是物资出厂就不合格,此时主要是供应商的责任;第二种是由于搬运过程中的不规范导致物资不合格,这时要看是谁负责搬运,是采购方、供应商还是第三方物流公司,追究负责方的责任;第三种是供应商检验合格,搬运过程没出现问题,但采购方检测发现物资不合格,这主要是由不同的环境和不同的安装方式造成的,此时需要采购双方派出人员在双方都认可的环境条件下进行检测,确认责任归属。最后,还要对不合格物资进行处理,采购双方签订的合同中应该在双方协商的基础上写明不合格物资的处理方式,按照合同办事。比如在合同中注明可接受的不合格物资的比例,如果物资合格率达到规定的比例就接受该批物资,否则,不接受并退回处理。根据实际调查结果,采购中对于不合格物资的主要处理办法有如下三种:

1. 退换货处理

按照采购合同规定的物资规格要求,采购方所购买的原材料、外购外协件、零星物资等没有达到相关要求,缺乏使用性或有质量问题的,应给予退货处理。退货的具体方法是由检验员填写退货单,注明退货物资名称、规格、型号、数量、不合格项、退货原因、退货金额、退货时间等,并附上检验报告交给采购部门,由采购部交给供应商进行后续处理。换货处理同上。

2. 返工返修

采用返工返修处理办法的主要是外协件。为了使不合格物资能够满足预期的用途投入生产,企业会考虑返工或返修的决策。不合格品是否返修返工以及返修返工的数量的确定,要综合考虑合格率、废品残值、生产可用原材料、生产能力等诸多因素。

3. 让步使用

考虑到退换货和返修返工的处理方式会产生大量的费用,如运输搬运成本、保管成本等,如果不合格物资仍然可使用,采购双方会权衡考虑价值和成本,共同协商对不合格品进行降低等级使用,但供应商要退还部分货款。

需要注意的是,采购方对于不合格品需要建立数据库,将往来的不合格品的名称、批次、数量等信息记录在案,作为供应商评估的指标之一,也可作为采购支付的依据。

齐鲁石化公司供应公司的采购合同管理

企业要生存、要发展,离不开采购成本的降低,而物资采购合同在签订过程中的监督和管理,将直接影响采购成本的降低空间与企业效益最大化的创造。因此,合同管理在物资供应工作中占有不可替代的重要地位和作用。齐鲁石化公司供应公司是承担齐鲁石化生产建设主要物品采购供应的专业化公司,每年对外签订各类合同6 000份,总标的额18亿元左右。为了应对复杂多变的市场竞争环境,保护企业的合法权益,防止效益流失,它从加强合同管理入手,认真贯彻落实《中华人民共和国合同法》,强化物品采购全过程管理。1999—2001年,三年共采购物品49.52亿元,降低采购成本2.49亿元,降低率达到5.03%,并先后获得山东省"重合同守信用企业""中国石化集团公司物资管理先进单位"等荣誉称号。强化物品采购全过程管理的具体做法如下:

第一,加强合同的立项审批。合同立项是合同管理的起点,合同立项的主要依据是企业内部的各项专业管理计划。超过计划数量购置的不能对外签合同。

第二,认真开展资信调查。签约对方主体是否合格、是否有履约能力,是合同签约前要搞清楚的一个重要问题。1994年,齐鲁石化公司供应公司业务部门与南方某公司签订了一份化工产品合同,标的额为300万元。当时对方提出需交120万元的预付款,经合同管理部门审查发现,对方没有"化工产品""化学危险品"经营许可证,且对该公司经营信誉、履约能力均不了解,故坚决不予盖章,供应商为此事非常愤怒,到处找人求情,但合同管理部门也未予履行。最后,齐鲁石化公司供应公司从该供应商所在地的工商局了解到,该公司确属诈骗公司。如果当时轻易放行,齐鲁石化公司供应公司至少有120万元货款被骗。

第三,实施物资招标采购。齐鲁石化公司供应公司把实行招标作为降低采购成本的一条主要途径,扩展到物品采购的全方位、全过程。目前,齐鲁石化公司供应公司物资采购的招标率已达到49.05%,按照可比价格计算,共节约采购成本1 011.20万元,降低率达到4.29%,其中通过招标的采购金额5 721.27万元,降低额315.99万元。招标订购解决了物品采购过程中出现的人情货、弄虚作假等问题,使采购行为更加公开、公平、公正。

第四,加强合同审查。1996年,业务部门与某供应商签订了阀门采购合同,采购阀门共计70台,单价6 000元。经合同管理部门审查合同后感到价格太高,通过多方市场调查、询价了解到该产品当时出厂价格只有5 300元,虽然本合同标的额不大,但性质严重,且价格比出厂价高700元/台。最后经过重新洽谈,以此产品的出厂价签订了合同,为公司挽回经济损失4.9万元。

第五,抓好合同的鉴证。通过鉴证,一方面可保证合同履约率达到100%,另一方面对合同文本、对方证件等再进行一次全面的审查,有力地保证了合同的合法性和签约质量。

第六,合同的履行。合同的履行是合同签约的落脚点。对签订的所有合同,要求在合同履行完毕后必须写履行报告书,经业务、仓管、质量、合同等部门审核、签字后,方可到财务部门办理结算付款手续。通过加强合同履行管理,减少了重复付款、无合同付款现象,堵塞了漏洞,维护了企业利益。

齐鲁石化公司供应公司的采购合同管理的启示:
(1) 加强采购合同的立项批准。
(2) 签订采购合同前必须对供应方进行资信调查。
(3) 主管部门必须加强对采购合同的审查。
(4) 做好采购合同的鉴证工作。
(5) 加强采购合同的履行管理。

重要概念

采购合同 采购订单 采购结算

本章小结

在采购合同管理中,采购合同体现了任意性,体现了当事人的期待利益,还体现了创造财富的功能。采购合同中经济权利的实现和经济义务的履行,不仅要靠经济权利主体和经济义务主体自觉遵守国家法律、法规,自觉履行义务,更重要的是依据采购合同的担保。在采购合同中,有定金、保证、抵押、留置等担保形式。

采购合同管理是采购管理的重要环节,如果不重视采购合同管理也就不能有效地管理采购。采购合同是对采供双方当事人行为的约束,不仅从经济权利做出了规定,而且从经济义务上做出了诠释。重视合同的签订,理解并能运用采购合同的法律关系解释实际操作,在出现合同风险时,依据合同规定做出裁决,保障双方当事人的合法权益。

复习思考题

一、填空题

1. 订购单内容主要侧重于(　　)、(　　)、(　　)、(　　)、(　　)等。
2. 材料请购申请一般由(　　)提出。
3. 收集供应商信息资料一般可以从不同渠道收集,主要是(　　),也可(　　)。
4. 供应商档案资料可分为(　　)和(　　)两部分。
5. 采购结算从操作处理上分为(　　)、(　　)两种方式。
6. 系统按照(　　)、(　　)、(　　)等结算模式进行自动结算。
7. 目前我国已经逐步建立了以"三票一卡"为主体的结算体系,包括(　　)、(　　)、(　　)、(　　)等,大大规范了采购结算方式。

二、单项选择题

1. 供应部门应根据(　　)编制材料订购单。
   A. 经济合同　　　B. 请购单　　　C. 购货发票　　　D. 材料卡片
2. 下列(　　)属于材料。
   A. 产成品　　　B. 商品　　　C. 周转材料　　　D. 半成品
3. 下列(　　)不属于原材料。
   A. 外购半成品　　　B. 修理用备件　　　C. 包装材料　　　D. 自制半成品
4. (　　)不是寻找供应商一般应遵循的原则。
   A. 质量从优、价格从低原则　　　B. 就近原则
   C. 随行就市原则　　　　　　　　D. 就远原则
5. 购销合同是指一方当事人将商品出售给另一方当事人,另一方当事人接受该商品,并按约定(　　),明确相互权利义务的协议。
   A. 基建部门　　　B. 销售商品　　　C. 收取价款　　　D. 支付价款

三、判断题

1. 采购订单管理包含制订、管理两个连续阶段。(　　)
2. 采购进货的方式有三种,即自提进货、供应商送货、委托外包进货。(　　)
3. 进货验收中常见问题主要包括数量不符、代管转入库、不合格品等几个方面。(　　)
4. 采购会计的主要岗位职责是凭入库清单记商品采购账、存货账。(　　)
5. 采购结算流程包括采购资金结算、采购发票核销及采购返款管理。(　　)
6. 银行本票即见票即付,如同现金,收票银行作为付款人。(　　)
7. 企业进货后尚未入账就发生退货或折让的,无论货物是否入库,必须将取得的增值税专用发票的发票联和税款抵扣联退还给销售方注销或重新开具。(　　)

四、简答题

1. 简述采购合同的内容。
2. 采购合同的履行有哪些步骤?
3. 怎样进行采购退货?

4. 什么是违约责任？解决采购合同的纠纷主要有哪些方法？
5. 举例说明怎样保护采购合同中的法律关系。

五、案例分析

案例1

A公司是否应该承担违约责任？

A公司与B公司签订购销合同，购买B公司价值100万元的电脑设备。合同约定，A公司预付50万元货款，款到后10日内供货。合同签订后，B公司因欠数家银行贷款，办公场所、库存商品、银行账户相继被人民法院查封、冻结，无法履行与A公司的合同。为此，A公司决定拒付预付款，解除合同。B公司提出A公司拒付预付款，违约在先，应承担违约责任，要求A公司支付预付款的20%为违约金。A公司认为拒付预付款、解除合同的原因在于B公司，不同意支付违约金。

案例1思考题：

(1) A公司是否应承担违约责任？
(2) B公司在此次事件中是否有过错？

案例2

购销合同纠纷

甲、乙双方于2007年7月12日签订了一份简单的购销合同，约定乙方向甲方购买50万米涤纶哔叽，由于当时货物的价格变化大，不便将价格在合同中定死，双方一致同意合同价格只写明以市场价而定，同时双方约定交货时间为2007年年底，除上述简单约定，合同中便无其他条款。

合同签署后，甲方开始组织生产，到2007年11月底甲方已生产40万米货物，为防止仓库存储货物过多，同时为便于及时收取部分货款，甲方遂电告乙方，向乙方先交付已生产的40万米货物。乙方复函表示同意。货物送达乙方后，乙方根据相关验收标准组织相关工作人员进行了初步检验，认为货物中跳丝、接头太多，遂提出产品有质量问题，但乙方同时考虑到该产品在市场上仍有销路，且与甲方有多年的良好合作关系，遂同意接受了该批货物，并对剩下的10万米货物提出了明确的质量要求。在收取货物的15天后，乙方向甲方按5元/米的价格汇去了200万元人民币货款。甲方收到货款后认为价格过低，提出市场价格为6.8元/米，按照双方合同约定的价格确定方式，乙方应按照市场价格以1.8元/米补足全部货款，但是乙方一直未予回复。

2007年12月20日，甲方向乙方发函提出剩下货物已经生产完毕，要求发货并要求乙方补足第一批货物货款。乙方提出该批货物质量太差，没有销路，要求退回全部货物。双方因此发生纠纷并诉之法院。

案例2思考题：

(1) 案例中的甲乙双方所签订的合同有哪些问题？
(2) 如何完善此购销合同？

第八章 供应商关系管理

◆ 学习目标
① 理解供应商关系管理的概念、重要性,供应商绩效考核的原则;
② 掌握供应商关系管理的实施步骤、供应商考核指标的计算方法;
③ 能够应用供应商考核指标对供应商进行考核,能够运用不同的方法对供应商进行细分,在实际运用中能够根据实际制订供应商关系管理策略。

波音公司供应商关系管理

可以通过考察波音公司商用飞机的业务情况来分析客户关系在其全盘业务中的重要性。该公司多年来一直把重点放在性能卓越的喷气机系列 747、757、767、777 机型上,尽管每一架飞机都是由波音公司设计和制造的,但实际上全球的供应商们都为之做出了重要的贡献。长期以来,波音公司与日本的 4 家飞机制造公司:三菱重工业公司、川崎重工业公司、石川岛播磨重工业公司和富士重工业公司建立了良好的供应关系。波音公司在日本第一次试销时,为了成功地向日本航空公司推销自己的产品,其附加条件是波音公司必须把某些有关的零件制造业务承包给日本的公司。为了打开和占领日本市场,波音公司的管理者接受了这种条件。

这就使双方开始了一个动态的策略变化过程,最终导致了二者目前严重的相互依赖关系。到 20 世纪 90 年代末,部件外购的成分占了一架飞机总价值的 50%。事实上,日本这 4 家公司在宽体喷气式飞机的机体中已贡献了将近 40%的价值,使用的专业技术和工具在许多方面都是全球领先的。

这是一种双赢的伙伴关系,双方都是大赢家。日本人购买了大量的飞机,帮助波音公司成为全球主导的商用机公司;同时,与波音公司的关系也使日本的制造厂家改进了它们的技术能力,从而增加了它们对波音公司和世界范围内其他生产商的吸引力。尽管波音公司对其供应商有很大的依赖性,但公司的管理层相信,他们的系统设计能力和整合技术将防止任何供应商或若干供应商联合起来从他们手里夺走行业的控制权。

思考题:
(1) 波音公司与其供应商的关系如何?
(2) 波音公司供应商管理方面有哪些地方可以借鉴?

知识点一 供应商关系管理概述

21 世纪,随着资源在全球化范围内调配、企业间业务联盟的进一步发展、供应链业务紧密连接趋势越来越强等,企业与供应商之间的关系变得越来越重要,企业发现彼此的贡献可以融合成一种新能力和产生综合效益,且使得顾客的忠诚度得以重新建立起来,这隐含着可以与其他供应商共享合作与创新。与供应商合作创造市场价值,是业务伙伴合作中一个重要的问题,就像与客户之间的伙伴关系一样,与供应链上供应商之间的关系也将转变为企业间彼此合作的伙伴关系。

一、供应商关系管理的概念

供应商关系是指采购方基于不同的管理目标、不同的市场条件,与供应商之间建立并保持供求竞争或合作的业务联系的性质和形态。

供应商关系管理(supplier relationship management,SRM)是用来改善与供应链上游供应商的关系的,应用于企业采购活动相关的所有领域,旨在建立恰当、密切的新型采供关系管理机制。它以多种信息技术为支持和手段,在对企业的供应商(包括原材料供应商、零部件供应商、设备及其他资源供应商、服务供应商等)和供应信息科学有效的管理与运用的基础上,内容涵盖如何对供应商、产品或服务沟通、信息交流、合同、资金、合作关系、合作项目以及相关的业务决策等进行全面的优化管理与支持。在这种以合作为基础的采供关系中,采购方处于主动地位,在掌握了供应商的业务水平后,采购方可根据企业实际需要对供应商帮扶改造。采供双方从共同利益最大化的角度解决问题,所获收益共享。

Hermann 和 Hodgson 对供应商关系管理的定义为:管理、评估已选择供应商的绩效,寻找新的供应商,积累供应商管理经验并确保从供应商伙伴关系中获利。当企业认识到供应商关系作为参与市场竞争武器的价值时,供应商关系管理就成为实施供应链变革最重要的投资。著名咨询公司 Gartner 对供应商关系管理的定义为:供应商关系管理是用于建立商业规则的行为,以及企业为实现盈利而对和不同重要性的产品或服务供应商沟通进行的必要的理解。根据 Gartner 的观点,企业采用供应商关系管理能带来如下好处:

(1) 优化供应商关系,企业可以依据供应商的性质以及其对企业的战略价值,对不同供应商采取不同的对待方式。

(2) 建立竞争优势,并通过合作,快速地引入更新、更好、以顾客为中心的解决方案,从而增加营业额。

(3) 扩展、加强与重要供应商的关系——把供应商集成到企业流程中。

(4) 在维持产品质量的前提下,通过降低供应链与运营成本来促进利润提升。

二、供应商关系管理的重要性

长期以来,企业作为个体经济角色处于一种冷漠孤独、恶意相残且相互争斗的"自然状态",但随着全球经济一体化进程的加速,随着互联网在全球范围内的蓬勃发展以及推广应用,这种状态开始分崩殆尽,取而代之的是供应链上的成员为了市场价值而彼此联手合作的潮流。对许多企业而言,与其供应商之间的伙伴关系已然成为它们获取资源、传送供应链上产品与服务的主要模式。供应商关系管理的重要性表现为如下几点。

(一) 效率与规模经济

人们渐渐发现,供应商可以通过与同业的伙伴关系,运用科技的力量,合力削减成本和改善效率,这在零售业中尤其盛行。例如 J. C. Penny 把其存货控制与产品补充系统与其他供应商整合在一起,这样供应链上的企业可以利用其各自的能力与资源,节省重叠的成本。不论是通过科技让整个供给过程更为精简,还是达到研发上的规模经济,供应商之间共结伙伴关系最重要的理由是追求更好效益与更佳生产效率。就这点而言,与许多供应商和客户间伙伴关系的促成因素如出一辙,即伙伴关系是为适应追求更佳的生产效率而生。

(二) 新市场价值

在某些产业中,供应链上的企业之间的伙伴关系进入了一个更高的层次——结合力量创造更多的市场价值,为整合市场创造全新的贡献。也就是说,企业之间结合彼此的核心能力,研发新的产品或推出新的方案,在最高的层次中,这种核心能力的结合甚至会扭转整合产业的方向。从日常运营层面来看,经由合作共同创造的新的市场价值,为结为伙伴的厂商带来更强而有力的竞争优势。例如苹果公司、IBM 与摩托罗拉之间合作共同创造 PowerPC 以及其他产品。

(三) 更好地满足顾客的新需求

改变和创新整个产业策略最强而有力的理由在于满足客户的期望与需求。企业之间的携手合作渐渐成为客户的基本要求与期盼,特别是在高科技产业中,这种合作尤为突出。这是由于客户所寻找的不仅仅是能提供产品与服务的供应商,更要求供应商能切入整个供给项目并有能力与他人共谋合作,客户还要求强力的伙伴关系为他们带来完整的解决方案,以及提供最优良的产品和服务。有效的供应商关系管理系统将能够帮助企业增进与供应商的交流并与其建立起更有效的合作,同时也能够帮助企业改进生产流程控制,做出更完善的供应商分析,选择并优化企业的供应商选择决策。

优化供应商关系,SRM 能够帮助企业针对供应商的性质及其对企业的战略价值而进行分类,评出不同的优先等级,从而采取不同的对待方式;SRM 能够帮助企业扩展、加强与重要供应商的关系,与其建立合作关系,共享计划、产品设计和规范信息,并在运作方式上进行改进,只要有利,甚至可以采取外包的方式;建立竞争优势,SRM 能够主动地帮助企业去建立、改进与供应商之间的战略同盟,不是被动地与供应商打交道,而是主动地引导、改变和管理它们之间的合作关系与业务模式;在保证产品质量的前提下,SRM 能够帮助企业通过降低供应链成本与运营成本来提升企业的利润。

供应链

供应链是指商品到达消费者手中之前各相关者的联结或业务的衔接,是围绕核心企业,通过对信息流、物流、资金流的控制,从采购原材料开始,制成中间产品以及最终产品,最后由销售网络把产品送到消费者手中的,将供应商、制造商、分销商、零售商,直到最终客户连成一个整体的功能网链结构。供应链管理的经营理念是从消费者的角度,通过企业间的协作,谋求供应链整体最佳化。成功的供应链管理能够协调并整合供应链中所有的活动,最终成为无缝连接的一体化过程。图 8-1 所示为供应链网络结构模型。

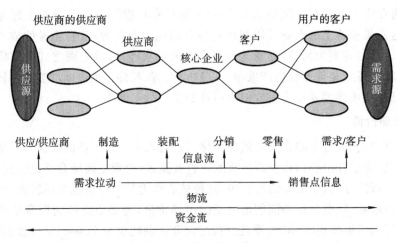

图 8-1 供应链网络结构模型

三、供应商关系管理的实施步骤

(一)分析企业市场竞争环境

市场需求是企业一切活动的驱动源。企业必须首先分析市场竞争环境,确定现在的产品需求是什么,需求的类型和特征是什么,以确认用户的需求,从而为目前企业产品进行市场定位。通过对市场竞争环境的了解和分析,针对目前企业的供应商关系现状,确认企业供应链合作关系是否有变化。

(二)产品定位及物资构成分析

分析企业市场竞争环境之后,进行企业产品定位。只有正确进行产品的定位,才能生产出符合需求的产品,产品生产出来也才有销路。如果产品的市场定位不好,企业得耗费各种资源,即使建立战略合作伙伴关系,也只能使生产的产品更多地积压,从而加速企业的灭亡。同时,要对定位好的产品进行构成分析,确定该产品需要哪些原料或配件,以及各原料和配件的质量和数量。

特别是制造型企业,采购物资种类繁多,供应商队伍非常庞大,这给供应商关系的定位增加了难度。但无论一个企业的供应商数量如何庞大,也都符合供应商为企业提供的价值的规律。这些供应商是企业的重要供应商,是企业的潜在战略伙伴,要求企业给予更多的关注和重视。也就是说,在资源有限的情况下,制造企业必须把精力放到起关键作用的供应商身上,加强管理的针对性,提高管理效率。所以,供应商关系管理的第一步就是对供应商关系进行合理定位,选择对自身有战略意义的供应商来开展双赢关系,然后考虑余下供应商的资源分配。

(三)采购物料的重要性分析和供应市场的风险分析,确定战略物资

企业生产产品的过程中,不可能自己生产所需的原材料、零部件。为实现最大的效益,企业必须把非核心竞争力的部分外包出去,即必须采购大量的原材料、零部件以及各种辅助物料。由于企业不可能与这些需要购买的所有物料的供应商都建立战略伙伴关系,因此,需要对采购物资的重要性和供应市场的风险进行分析,其中最关键的目的是要确定战略性物资,并与相应的供应商建立战略伙伴关系。

(四)建立专家小组

企业必须建立专家小组,以控制和实施供应商关系管理。组员以来自采购、质量、生产、技术、研发等与供应商有联系的部门为主。需要注意的是,建立战略合作伙伴关系是一个双方互相选择的过程,既是采购企业选择供应商,又是供应商选择其客户的过程,所以,专家小组需要得到双方最高领导层的支持。

(五)供应商选择

供应商选择包括战略供应商和其他类型供应商选择。供应商选择过程是一个多层次、反复的过程,除了调查、收集供应商相关信息外,需要借助很多工具和方法,对大量的影响因素进行筛选、分析。

(六)供应商绩效考核

供应商关系管理是一个动态过程,不能仅仅停留在对供应商的定位与选择上,还需要对它进行长期维护。供应商关系会随着市场的变化而发生变化,而且供应商的供应情况也是一个变量,因此需要采购企业对战略合作伙伴进行跟踪评价,并对其进行改善。在实施供应商战略合作伙伴关系的过程中,随着市场需求的不断变化,需要根据实际情况及时修改合作伙伴的评价标准,或者重新开始合作伙伴的评价选择过程。

知识点二 供应商绩效考核

供应商绩效考核是指对现有供应商的日常表现进行定期监控和考核。传统的对供应商考核主要是对重要供应商的商品质量进行定期检查。

一、供应商绩效考核的原则

在供应链管理模式下,只有较好的供应商才能作为合作伙伴。企业发展和维持合作伙伴关系的目的在于借助合作伙伴的专家和技术建立自己的竞争优势。对供应商进行评估,了解供应链中关键供应商的绩效,一方面可以挑选较好的、可信赖的供应商;另一方面可以与供应商保持良好的合作关系,提高对整个供应链运作的预见性,避免突发事件造成的不良影响,为进一步的价值增值提供更多的机会。

供应商绩效管理的主要目的是确保供应商供应的质量,同时在供应商之间进行比较,以便继续同优秀的供应商进行合作,而淘汰绩效较差的供应商。供应商的绩效管理同时也是了解供应存在的不足之处的方式,将不足之处反馈给供应商,可以促进供应商改善其业绩,为日后更好地完成供应活动打下良好的基础。供应商绩效考核应遵循以下基本原则:

(1)绩效考核的持续性原则。定期对供应商进行考核,有助于供应商改进质量和服务,尤其是对优先型供应商和一般供应商,当它们知道会定期地被评估时,自然就会致力于改善自身的绩效,从而提高供应质量。对于战略伙伴型供应商和重要供应商的绩效考核,应建立在诚意合作的基础上,将相关的信息及时反馈,有助于提升供应链的整体运营效率。

(2)充分考虑环境影响因素。供应商的绩效总会受到各种外来因素的影响,包括供应链上的其他与之相关的节点企业,以及供应链以外的因素影响。因此,对某个供应商的绩效进行评估时,要充分考虑这些因素的影响,确定真正属于供应商本身的影响范围和影响结果。

（3）从供应链整体运营效率出发，确立双方共同认可的评价指标。确立整体的评价指标，不能孤立地单方面设定指标来衡量一个供应商的绩效，而应在整体运作效益指标的基础上设定企业和供应商共同认可的考核标准。

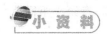

世界先进水平的厂商原则

1. 考评所有的供应商，并且明文规定考评什么、何时考评、怎样考评、由谁考评；
2. 事先确定好考评指标，并通过信息系统自动计算考评结果；
3. 考评指标明确、合理，与公司的大目标保持一致；
4. 考评指标具体，考评准则体现跨功能精神；
5. 考评表现反馈给供应商，并通报公司内部相关人员；
6. 组织供应商会议跟踪相应的改善行动，设定明确的改进目标。

二、供应商绩效考核范围

绩效考核的范围是没有一定限制的，这是一个广泛的事项，我们所知晓的考核多是对员工的考核，其实绩效考核的对象可以概括为每一个人，其中对于供应商的绩效考核，需要从目的、原则、范围和准备工作这几方面进行考虑。

任何绩效考核都是有目的地进行的，供应商的绩效考核主要是为了确保供应商供应的质量，在众多竞争者之间选取较优秀的来进一步合作，而且同时也能够了解到供应存在的一些不足，并将这些不足告知供应商，从而促进供应商改进自身的不足之处，这样为以后的合作做了很好的铺垫，间接使得自己的利益得到保障。

与此同时，不同的供应商所对应的单位也是不同的，所以针对供应商的绩效考核要求也是不一样的，相对应的一些指标更是不同，每一步工作都要做到位，所制定的标准要契合实际，明确合理是必须要做到的，不仅仅是要衡量供应商的交货质量，其他因素也是很重要的。首先应该记住供应商的绩效考核基本原则，供应商的绩效管理一定要持续进行，定期进行检查其达到目标的程度，一定要从供应商和企业自身的运营进行整体的衡量，对供应商的绩效进行评估时，一定要考虑外在因素带来的一些影响。

在实施绩效考核之前，我们所要做的一些准备工作是必要的，必须制订一个行之有效的方法来进行。实施过程中要对供应商的表现进行检测记录，以此来作为考核量化的一种依据，与供应商之间要有很好的沟通，相互合作，确保考核的质量与时效性，使品质都能达到预期所想的效果。

三、供应商绩效考核的指标体系

为了科学、客观地反映供应商供应活动的运作情况，应该建立与之相适应的供应商绩效考核指标体系。在制定考核指标体系时，应该突出重点，对关键指标进行重点分析，尽可能地采用实时分析与考核的方法，要把绩效度量范围扩大到能反映供应活动运营时间的信息上去，因为这比事后分析有价值得多。评估供应商绩效的因素主要有质量指标，供应指标，经济指标，支持、配合与服务指标等。

（一）质量指标

供应商质量指标是供应商考评最基本的指标，包括来料批次合格率、来料抽检缺陷率、来料在线报废率、供应商来料免检率等。其中，来料批次合格率是常用的质量考核指标之一。此外，还有公司将供应商体系、质量信息、供应商是否使用、如何使用 SPC 于质量控制等也纳入考核，比如供应商是否通过了 ISO9000 认证或供应商的质量体系审核是否达到一定的水平。还有些公司要求供应商在提供产品的同时提供相应的质量文件，如过程质量检验报告、出货质量检验报告、产品成分性能测试报告等。以下几个为质量指标中常用指标的计算公式。

来料批次合格率＝（合格来料批次÷来料总批次）×100%

来料抽检缺陷率＝（抽检缺陷总数÷抽检样品总数）×100%

来料在线报废率＝[来料总报废数（含在线生产时发现的）×来料总数]×100%

来料免检率＝（来料免检的种类数÷该供应商供应的产品总种类数）×100%

（二）供应指标

供应指标又称为企业指标，是同供应商的交货表现及供应商企划管理水平相关的考核因素，其中主要的因素是准时交货率、交货周期、订单变化接受率等。交货周期是指自订单开出日到收货日的时间长度，常以天为单位；订单变化接受率是衡量供应商对订单变化灵活性反应的一个指标，是指在双方确认的交货周期中可接受的订单增加或减少的比率。值得一提的是，供应商能够接受的订单增加接受率与订单减少接受率往往不同。前者取决于供应商生产能力的弹性、生产计划安排与反应快慢及库存大小与状态（原材料、半成品或成品）；后者主要取决于供应商的反应、库存（包括原材料与在制品）大小及因减单带来的可能损失的承受力。

准时交货率＝（按时按量交货的实际批次÷订单确认的交货总批次）×100%

交货周期（常以天为单位）＝自订单开出之日到收货之时的时间长度

订单变化接受率＝（可接受的订单增加或减少的数量÷订单原定的交货数量）×100%

（三）经济指标

供应商考核的经济指标总是与采购价格、成本相联系的。与质量及供应指标不同的是，质量与供应考核通常每月进行一次，而经济指标则相对稳定，多数企业是每季度考核一次；此外，经济指标往往都是定性的，难以量化。具体的经济指标考核点有以下几个。

（1）价格水平，往往同本公司所掌握的市场行情比较或根据供应商的实际成本结构及利润率进行判断。

（2）报价是否及时，报价单（分解成原材料费用、加工费用、包装费用、运输费用、税金、利润等，以及相对应的交货与付款条件）是否客观、具体、透明。

（3）降低成本的态度及行动，即供应商是否真诚地配合本公司或主动地开展降低成本活动、制订改进计划、实施改进行动，是否定期与本公司检讨价格。

（4）分享降价成果，即供应商是否将降低成本的好处也让利给本公司。

（5）付款，即供应商是否积极配合响应本公司提出的付款条件要求与办法，开出付款发票是否准确、及时，是否符合有关财税要求。有些单位还将供应商的财务管理水平与手段、财务状况及对整体成本的认识也纳入考核。

（四）支持、配合与服务指标

同经济指标一样，支持、配合与服务指标考核供应商在支持、配合与服务方面的表现，通常也是定性的考核，每季度一次，相关的指标大致有反应与沟通、表现合作态度、参与本公司的改进与开发项目、售后服务等，具体如下所述。

（1）反应表现，即供应商对订单、交货、质量投诉等反应是否及时、迅速，答复是否完整，对退货、挑选等是否及时处理。

（2）沟通手段，即供应商是否有合适的人员与本公司沟通，沟通手段是否符合本公司的要求（电话、传真、电子邮件及文件书写所用软件与本公司的匹配程度等）。

（3）合作态度，即供应商是否将本公司看成重要客户，供应商高层领导或关键人物是否重视本公司的要求，供应商内部（如市场、生产、计划、工程、质量等部门）沟通协作是否能整体配合并满足本公司的要求。

（4）共同改进，即供应商是否积极参与或主动参与本公司相关的质量、供应、成本等改进项目或活动，或推行新的管理做法等；是否积极组织参与本公司共同召开的供应商改进会议，配合本公司开展质量体系审核等。

（5）售后服务，即供应商是否主动征询本公司的意见，主动访问本公司，主动解决或预防问题。

（6）参与开发，即供应商是否参与本公司的各种相关开发项目，如何参与本公司的产品或业务开发过程。

（7）其他支持，即供应商是否积极接纳本公司提出的有关参观、访问事宜，是否积极提供本公司要求的新产品报价与送样，是否妥善保存与本公司相关的文件等不予泄露，是否保证不与影响到本公司切身利益的相关公司或单位进行合作等。

四、供应商评估考核程序

通过供应商绩效考核，制造企业可以实现以下目标：①获得持续的绩效改进，包括成本、质量、交货、服务及技术合作等方面的改善；②鼓励供应商检查内部运作，不断改善企业本身的流程；③不断与供应商进行信息交流，建立共享机制，实现双赢的供应关系。因此，制造企业对供应商进行绩效评估可以分为如下五个步骤。

（一）确定考核主策略，划分考核层次

划分考核层次一般的做法是划分出月度考核、季度考核和年度考核（或半年考核）的标准和所涉及的供应商。月度考核一般针对核心供应商及重要供应商，考核的要素以质量和交货期为主；季度考核针对大部分供应商，考核的要素主要是质量、交货期和成本；年度考核（或半年考核）一般针对所有供应商，考核的要素包括质量、交货期、成本、服务和技术合作等。进行分层次考核的目的在于抓住重点；对核心供应商进行关键指标的高频次评估，以保证能够尽早发现合作过程中的问题；对于大部分供应商则主要通过季度考核和年度考核来不断检讨，通过扩充考核要素进行全面的评估。

（二）对供应商分类，建立评估准则

确定考核策略和考核层次之后，要对供应商进行分类，进一步建立评估细分准则。这一阶段的重点在于对供应商供应的产品分类，对不同类别的供应商建立不同的评估细项，包括不同

的评估指标和每个指标所对应的权重。例如,某家电子制造企业在月度评估时,对 IC 类供应商和结构件供应商进行考核:对于 IC 类供应商,供货周期和交货准确性是关键的评估指标;而对于结构件供应商来说,供货弹性、交货准确性和质量是关键的评估指标。进行供应商考核一般采取平衡计分卡工具。例如,某家制造企业于今年第二季度,针对一个结构件供应商进行季度考核,考核表设定了成本、质量、交货期和服务四个主评估要素,然后对每个要素设定了相应的权重,针对每个主评估要素,又分别设定了具体的评估指标,以及相应的权重。需要特别指出的是,考核策略需要根据不同层次、不同供应商类别,结合企业具体的管理策略进行定义。

(三)划分绩效等级,进行三个层次的分析

采用平衡计分卡,对供应商的每一项指标进行具体考核后,要对供应商的绩效表现划分等级。比如将供应商绩效分成五个等级,依据等级划分,可以清楚地衡量每家供应商的表现。掌握了每家供应商的表现之后,要对评估结果有针对性地分类,采取不同的处理策略。首先进行供应商的绩效分析,具体来说,可从三个层次进行:根据本次考核期的评分和总体排名进行分析,与类似供应商在本次考核期的表现进行对比分析,根据该供应商的历史绩效进行分析。通过这些不同维度的分析,我们可以看出每家供应商在单次考核期的绩效状况、该供应商在该类供应商中所处的水平、该供应商的稳定性和绩效改善状况等,从而对供应商的表现有一个清晰全面的了解。

(四)建立二维分析图,定位新的采购策略

根据供应商的绩效表现,对供应商进行重新分类,有针对性地调整采购战略。以供应商绩效和考核期所采购金额为轴,可以制作一个二维分析图,X 轴表示供应商绩效,Y 轴表示本期采购金额。图中的每一个圆代表一家供应商,圆的半径则表示公司同该供应商的采购数量。

把二维分析图分成 A、B、C、D 四个象限。比如说,在 A、B 两个象限中,供应商绩效表现相对良好,因此,无论我们向该供应商购买多少金额,都可以暂时不用给予太多关注。处于 C 象限则表示向该供应商购买的金额很大,而该供应商的绩效表现并不好,这是最需要研究的部分。这一部分,要根据实际情况尽快做出决定,是寻找替代供应商还是采取措施要求供应商进行改善。处于 D 象限的供应商,绩效表现不好,但采购金额不大,通常处于这个部分的供应商都不是一些关键供应商或不可替代的供应商。在这个部分,完全可以采用更换供应商的策略以做调整。

(五)传递改善目标,督促供应商进行改善

把供应商分类之后,对于希望继续合作但表现不够好的供应商要尽快设定供应商改善目标。首先将评估结果反馈给供应商,让供应商了解它哪里做得好,哪些地方表现不足。改善的目标一定要明确,要让供应商将精力聚焦在需要改善的主要方面。

供应商绩效评估是一个非常复杂的过程,涉及品质数据、交货数据和成本数据等各种数据的采集,数据采集之后还要进行大量的计算。此外,评估项目中还涉及主观项目的评分,需要跨部门找不同的人员共同打分。

如何解决复杂性的问题呢?比较好的解决途径是借助信息化手段,我们可以将中间最为麻烦的数据采集和计算工作交给计算机去做。一般来说,先将上述介绍的具体评估指标分成两类:一类是可以从公司已有的系统,如 ERP、SCM、MES 和 QM 等系统中抽取进行计算的数据,我们把这类指标称为客观评估项;另一类是需要协调不同部门打分操作的,我们称之为主观评估项。对于客观评估项部分,可以通过计算机从其他系统中自动抽取数据,按照事先设定的规则进行计算,获得最后的评估成绩。该过程不需要人工干预,只需要让计算机系统定期处理即可。对于主观评估项部分,我们可以通过供应商绩效评估系统,事先设定好问卷以及这些问卷的评分人员。供应商绩效考核开始后,由计算机自动发送这些问卷,让相关人员根据问卷打分,半自动地完成整个工作。通过系统进行问卷的发放、回收、考核,公司可以快速完成对整个供应商的绩效考核,让计算机自动完成对供应商的等级评定和绩效分析。对于公司决策层来说,所需要做的是根据分析结果决定如何同供应商进一步改善关系,让供应商提升绩效,打造高效持久的战略合作关系。

知识点三　供应商关系管理策略

良好的供应商关系管理对于生产企业增强成本控制、提高资源利用率、改善服务和增加收益起到了巨大的推动作用。实施有效的供应商关系管理可以大大节约时间和财力,更大限度地满足顾客的需要,为顾客创造价值。

一、供应商关系的发展

供应商关系的发展主要经历了传统的买卖关系和合作关系两个阶段。

(一)传统的买卖关系

传统的采购商与供应商之间的关系就是纯粹的买卖关系,这是一种短期的、松散的、互相竞争的关系。在这种基本关系中,采供双方竞争的核心就是价格。双方的交易如同零和博弈,一方的获利就是另一方的损失。采购方试图用最低的价格买到一定数量、质量达标的物资,而供应商则会以特殊的质量要求、特殊服务和订货量的变化等为由尽量提高价格。价格谈判过程中哪一方能够占据上风取决于采购商与供应商的议价能力,它是由市场供求结构、采购量占供应商销售量的比重、转换供应商的成本、技术专属情况、信息不对称状况等多种因素共同决定的。如果市场供不应求或有此种预期、订单量小且占供应商销售量很小比重、采购企业转换供应商成本高昂、供应商生产技术有专利保护、采购商无法掌握供应商的产品成本信息时,供应商就处于价格谈判上的优势,而采购商相对就处于劣势。传统的买卖关系注重多货源订货,尽可能减少对某个供应商的依赖,以免供应商借机抬价。如果不存在转换成本,一旦出现价格更低的供应商,采购企业会立刻中断与原来供应商的采供关系转而向价格低的供应商采购。尽可能的低价是传统的买卖关系下采购商与供应商交易谈判的核心。

对于这种供应商管理的传统观点,迈克尔·波特描述如下:"因此,购买的目标就是寻找、排除或克服这些供方实力的办法。"如果条件允许,采购商一般都是同时向多个供应商采购相同的物资,并将物资所需采购的数量在选择的供应商之间分配。这样做的目的是通过供应商之间的竞争而在价格上获得优惠和质量稳定性,同时还能规避依赖单一供应源的断货风险,保持供应的连续性。采购商与供应商保持的是一种短期合同关系,这种关系脆弱易断。在这样的交易中,焦点更多地集中在降低成本并保证供应上,合作以创造更大的利润空间的方式不被考虑。谈判永远围绕着削价和加价,买卖双方间是一种敌对的氛围,采供双方信任程度低,信息的不对称、不共享也是买卖型采供关系的特点。

（二）合作关系

全球经济一体化、企业经营全球化，以及高度竞争造成的高度个性化与迅速改变的客户需求，令企业在提高产品质量、降低产品成本、加快产品更新换代以响应全球市场需求变化方面面临着来自市场层面持续不断的压力。随着供应链思想的快速发展，竞争模式已由企业个体间的竞争转为供应链间竞争的理念已为大多数管理者所认可。在此过程中，企业作为供应链上的采购商不断地认真审视自己与供应商之间的关系，大多数企业认识到，单纯的买卖关系已经不能适应现代市场发展的要求，必须与供应商发展长期、稳定、互利互惠的合作关系。

供应商合作伙伴关系萌芽于20世纪70年代后期的日本汽车业，发展成熟于20世纪80年代中后期。随着质量管理、精益生产和即时生产（JIT）过程的实施，日本汽车制造商通过与供应商发展长期稳定的合作型采供关系获得了运营的成功。经过对比日本汽车制造商采用的合作型采供关系与美国汽车制造商信赖的买卖型采供关系，研究人士将精益生产方式和日本式合作伙伴关系的突出优势揭示了出来。这种日本式的伙伴关系被定义为一种排他的（或半排他的）采供关系，它集中关注整个供应链（价值链）效率的最大化。总结日本汽车工业中的伙伴关系的特点如下：①合作关系长期稳定，使日常沟通的频率和内容制度化，不断降低企业间的交易成本，提高生产效率；②互相帮助多于互相抱怨，共同寻求改善质量降低成本的方法以减少总的价值链成本，而不仅仅是一个企业的生产成本；③分享有价值的生产计划、市场状况、技术等多方面信息，愿意为对方进行工厂、设备及人员方面的定制化投资；④双方可以平等地分享合作过程中各项改善措施带来的利润增加部分；⑤相互信任，这一点比任何一点都重要，联盟崩溃的常见原因就是互相猜忌，缺乏信任；⑥两个企业目标高度的一致，像一个企业那样去行动。供应商合作关系最初的表现是采购商的注意力由关心成本到不仅关心成本，更注重供应商的产品质量和交货的及时性。而供应商管理进入真正意义上的合作伙伴甚至战略联盟阶段的标志则是采购商主动帮助、督促供应商改进产品的质量、设计以及在交付中存在的问题，敦促供应商主动为采购企业的新产品或新项目的研发提供设计和技术支持。传统供应商关系与供应链合作关系的比较如表8-1所示。

表8-1 传统供应商关系与供应链合作关系的比较

项目	传统供应商关系	供应链合作关系
企业关系基础	以交易为基础	以联盟为基础
相互交换的主体	物料	物料、服务
供应商选择标准	单一强调价格	全面、系统地考虑
稳定性	变化频繁	长期、稳定、紧密合作
合同性质	单一	长期合同且具有开放性
供应批量	小	大
供应商数量	多	少而精
供应商规模	小	大
信息交流	信息专有	信息共享
质量控制	输入检查控制	质量保证
选择范围	当地投标评估	在国内外广泛评估
职能领域	相互作用小	买方和供应商相互作用大
企业间关系	竞争	合作

供应商合作伙伴关系的含义

供应商合作伙伴关系是企业与供应商之间达成的最高层次的合作关系,它是指在相互信任的基础上,供需双方为了实现共同的目标而采取的共担风险、共享利益的长期合作关系。具体来讲,供应商合作伙伴关系包含以下含义:

(1) 发展长期的、信赖的合作关系。

(2) 这种关系由明确或口头的合约确定,双方共同确认并且在各个层次都有相应的沟通。

(3) 双方有着共同的目标,并且为着共同的目标有挑战性地改进计划。

(4) 双方相互信任,共担风险,共享信息。

(5) 共同开发、创造。

(6) 以严格的尺度来衡量合作表现,不断改善合作表现。

二、供应商分类

供应商分类是指在供应市场上,采购企业依据采购物品的金额、采购商品的重要性及供应商对采购方的重视程度和信赖度等因素,将供应商划分为若干个不同的群体。供应商分类是对不同供应商进行分别管理的首要环节,只有在供应商细分的基础上,采购企业才能依据供应商的不同类别实施恰当的供应商管理策略。任何一个企业都不应该用同一模式去管理所有的采购物资和供应商。为了将供应商管理的有限精力在不同供应商间合理分配,加强管理的针对性,提高管理的效率,采购企业应根据自身特点将供应商分类,并依据类别进行切实的关系管理。如下为几种不同的供应商分类方法。

(一) 80/20 原则和 ABC 分类法

ABC 分类法是将采购企业的采购物资进行分类的方法,而不是针对供应商分类的,但是将采购物资分门别类自然就可以将提供这些物资的供应商相应地区别开来,同理,采购精力分配也应有所侧重,针对不同重要程度的供应商采取不同的策略。

ABC 分类法的思想源于 80/20 原则,大意是采购数量仅占 20% 的物资的采购价值常常占到 80%,而剩余采购数量为 80% 的物资的采购价值却只有 20%。80/20 原则将供应商按照物资的重要程度划分为两类——重点供应商和普通供应商,即占 80% 采购金额的 20% 的供应商为重点供应商,而其余只占 20% 采购金额的 80% 的供应商为普通供应商。

对于重点供应商,应投入 80% 的时间和精力进行管理与改进。这些供应商提供的物资为企业的战略物资或需集中采购的物资,如汽车制造企业需要采购的发动机和变速器,电视机制造企业需要采购的彩色显像管以及一些价值高但供应保障不力的物品。而对于普通供应商,则只需投入 20% 的时间和精力就足够了,因为这类供应商所提供的物品的运作对企业的成本、质量和生产的影响较小,例如办公用品、维修备件、标准件等物资。当然,根据 80/20 原则细分的供应商种类并不是一成不变的,随着企业生产结构和产品线的调整,企业要适时地重新划分。例如随着液晶电视的日益普及,电视制造企业原来重点采购的显像管可能慢慢地就会成为普通物资,而该类供应商可能就会由重点供应商降级为普通供应商。

(二) 按照物资重要程度和供应市场复杂度分类

不同的物资对企业生产建设的重要程度不同,所产生的影响也不同。在整个物资采购网络中,企业应该针对不同物资的重要程度,选择不同的供应商关系管理模式。有教授提出了根据采购物资本身的重要程度和供应市场复杂度两大依据对物资进行分类的方法,按照这种分类方法可以把物资分成战略物资、重要物资、瓶颈物资和一般物资四类。

(1) 战略物资:需求量大,价值昂贵,属于生产经营关键物资,其质量、价格和供应的可持续性对企业生产经营有重大影响。但能够提供战略物资的合格供应商不多。

(2) 重要物资:对企业生产经营很重要,价值昂贵,库存占有资金大,市场供应充足,企业选择余地大。

(3) 瓶颈物资:企业对该类物资需求量不大,但是其质量的好坏对企业的生产影响很大,而且企业对该类物资没有多少讨价还价的余地。

(4) 一般物资:物资本身价格不高,种类繁多,供应市场上也容易获得。

(三) 二元分类法

二元分类法将供应商分为产品型供应商和服务型供应商。产品型供应商是指在产品设计、生产及价格等方面具有突出优势的供应商,而服务型供应商是指在产品质量、售后服务、交货及信息沟通上具有突出优势的供应商。对同样作为制造商的买方来说,二元分类法能体现供应商间最本质的区别,同时管理成本也较低。

产品型供应商提供的产品在设计上具有较高的可靠性、实用性以及创新性,能提供柔性程度高的产品以配合不同下游制造企业在不同生产及市场情况下的需要。最为关键的是,产品型供应商所提供的产品在价格上具有相当的竞争力。研究表明,价格是企业采购时最为关注的指标,因此产品型供应商的竞争优势在于其提供的价格相对较低,且产品特性突出,因而符合制造商或终端客户的需求。一般而言,成本领先以及标新立异是产品型供应商的竞争战略。

服务型供应商与产品型供应商不同,其最大的优势在于产品质量高,符合对产品质量要求严格的买方的需求,同时,其在保养、维护等售后服务上令买方更为满意。为提高买方的满意度,服务型供应商在交货时间上更加配合买方需要,例如提供 JIT 或 VMI 等价值增值活动。同时服务型供应商与买方建立高效、准确的信息沟通渠道,及时了解买方的需求变化并对此做出快速反应。

产品型供应商与服务型供应商之间并不存在对抗性的非此即彼的选择压力,不同的供应商能在买方价值链的不同接触点上产生相应的正向作用。例如:在汽车制造业中,发动机、离合器等关键构件对于制造商来说具有重要意义,出于对产品质量及歧异性的考虑,制造商对供应商的选择主要是基于质量,由于其单位价值较高,制造商为降低持有成本会要求供应商尽量采取 JIT 供货方式;但对于汽车内饰等构件,制造商一般会选择能提供价格相对较低且产品设计具有实用性及创新性的供应商,他们能帮助制造商降低整车成本,并且新颖实用的内饰也能增加整车的风格独特性,从而提高顾客价值。

买方对供应商就产品型、服务型进行分类的目标是实施针对性的管理(或合作)策略,以此提高双方的绩效并降低管理成本。针对不同类型的供应商,买方应采取不同的管理策略。买方对产品型供应商的管理重点主要集中在如下几个方面:

(1) 帮助供应商提高产品质量或共同设计生产流程,制定模块化标准使其提供标准化程度

更高的产品,以适应买方制造工艺的需求;

(2) 与供应商一起设计、改进物流系统,尽可能提高供应商在物流方面的绩效表现;

(3) 建立与供应商间良好的信息沟通渠道,及时交换双方对于产品的使用信息,并提高信息传递的精确性,缩短信息反馈时间。

买方对服务型供应商的管理重点主要集中在如下几点:

(1) 帮助供应商分析其供应链流程或生产工艺,在保证产品质量基本不变的前提下削减成本;

(2) 及时将使用及需求信息反馈给供应商,与其共同就产品改进、新产品开发进行合作,提高其产品新异性和柔性;

(3) 及时沟通需求信息,延长需求信息提前通知时间,以弥补由于工艺、计划等因素造成的供应商数量柔性不足的劣势。

(四) 按照合作关系的深浅分类

按照采供双方的合作关系由浅到深的次序,将供应商关系分为短期目标型、长期目标型、渗透型、联盟型和纵向集成型五类。

1) 短期目标型

短期目标型供应商关系是指采购商和供应商之间是交易关系,即一般的买卖关系。双方的交易仅停留在短期的交易合同上。双方最关心的是如何谈判、如何提高自己的谈判技巧和议价能力,从而使自己在谈判中占据优势,而不是如何改善自己的工作而使双方都获利。供应商根据合同上的交易要求提供标准化的产品或服务,保证每一笔交易的信誉。当交易完成之后,双方的关系也就终止了,双方的联系仅仅局限在采购方的采购人员和供应方的销售人员之间,其他部门的人员一般不会参加双方之间的业务活动,双方也很少有业务活动。

2) 长期目标型

长期目标型供应商关系是指采购方与供应商保持长期的关系,双方可能为了共同的利益对改进各自的工作感兴趣,并以此为基础建立起超越买卖关系的合作。长期目标型的特点是建立了一种合作伙伴关系,双方工作的重点是从长远利益出发,相互配合,不断改进产品质量与服务质量,共同降低成本,提高共同的竞争力,合作的范围遍及各公司内部的多个部门。例如,采购方对供应商提出新的技术要求,而供应商目前还没有能力实现,在这种情况下,采购方可能会对供应商提供技术上和资金上的支持。当然,供应商的技术创新也会给采购方的产品改进提供契机,采购方向供应商提供支持的原因也在于此。

3) 渗透型

渗透型供应商关系是在长期目标型基础上发展起来的,其指导思想是把对方公司看成自己公司的一部分,对对方的关心程度较上述两种都大大提高了。为了能够参与对方的活动,采购企业甚至会在产权上采取一些恰当的措施,如相互投资、参股等,以保证双方利益的共享与一致性。同时,在组织上也应采取相应的措施,保证双方派员加入对方的有关业务当中。这样做的好处是可以更好地了解对方的情况:供应商可以了解自己的产品在采购方企业中起到了什么作用,便于发现改进的方向;而采购方也可以了解供应商是怎样制造那些物资的,从而提出可行的改进意见。

4) 联盟型

联盟型供应商关系是从供应链角度提出的,其特征是在更长的纵向链条上管理成员之间的关系,双方维持关系的难度更高了,要求也更严格。联盟成员的增加往往需要一个处于供应链上核心位置的企业出面协调各成员之间的关系,它常被称为供应链上的核心企业。

5) 纵向集成型

纵向集成型供应商关系是最复杂的关系类型,即把供应链上的成员企业整合起来,像一个企业一样。但成员企业仍然是完全独立的企业,决策权属于自己。在这种关系下,每个企业都要充分了解供应链的目标、要求,在充分掌握信息的条件下,自觉地做出有利于供应链整体利益而不是企业的个体利益的决策。这一类型的供应商关系目前还只停留在学术讨论层次,实践中案例极少。

(五) 供应商关系谱

供应商关系谱将供应商分为不可接受的供应商、可考虑的供应商及 5 级不同层次的已配套的供应商,如表 8-2 所示。

表 8-2 供应商关系谱

	层次	类型	特征	适合范围
供应商关系	5	自我发展型的伙伴供应商	优化协作	态度、表现好的供应商
	4	共担风险的供应商	强化合作	
	3	运作相互联系的供应商	公开、信赖	
	2	需持续接触的供应商	竞争游戏	表现好的供应商
	1	已认可的供应商	现货买进关系	方便、合理的供应商
		可考虑的供应商		潜在供应商
		不可接受的供应商		不合适

第 1 层次的供应商关系为触手可及的关系。因采购价值低,它们对采购企业显得不很重要,因而无须与供应商或供应市场靠得太紧密,只要供应商能提供合理的交易即可。处理这类供应商的关系可采取现货买进方式。第 2 层次的供应商要求企业对供应市场要有一定的把握,如了解价格发展趋势等。采购的主要着力点是对供应市场保持持续接触,在市场竞争中买到价格最低的商品。第 3 层次的供应关系必须做到双方运作的相互联系,其特征是公开、互相信赖。一旦这类供应商选定,双方就以坦诚的态度在合作过程中改进供应、降低成本。通常这类供应商提供的零部件对本单位来说属于战略品,但供应商并不是唯一的,本单位有替代的供应商。这类供应商可以考虑长期合作。第 4 层次的供应商关系就成为一种共担风险的长期合作关系,其主要的特征是双方都力求强化合作,通过合同等方式将长期关系固定下来。第 5 层次的供应商关系是互相配合形成的自我发展型的伙伴供应商关系。这种关系意味着双方有共同的目标,必须协同作战,其特征是为了长期的合作,双方要不断地优化协作,最具代表性的活动就是供应商主动参与到采购方的新产品、新项目的开发业务中来,而采购企业亦依赖供应商在其产品领域内的优势来提高自己产品开发的竞争力。除此之外,供应商分类方法还有很多。比如按供应商的规模和经营品种进行供应商的细分,按照物资相对采购企业的重要性与风险共担程度进行供应商细分等。一个企业应该采用哪种分类方法来管理供应商,应视具体情况而定。

三、供应商关系维护

（一）供应商合作伙伴关系的内涵

经济全球化的大背景下，任何一个企业都不可能在所有业务上成为最杰出者，必须联合行业中其他上、下游企业，建立一条经济利益相连、业务关系紧密的行业供应链以实现优势互补，充分利用一切可利用的资源来适应社会化大生产的竞争环境，共同增强市场竞争力。因此，企业内部供应链管理延伸和发展为面向全行业的产业链管理，管理的资源从企业内部扩展到了外部。

供应商合作伙伴关系是企业与供应商之间达成的最高层次的合作关系，它是指在相互信任的基础上，供需双方为了实现共同的目标而采取的共担风险、共享利益的长期合作关系。

（二）合作伙伴关系的类型

合作伙伴可以分为两个层次：重要合作伙伴和次要合作伙伴。重要合作伙伴是少而精、与企业关系密切的合作伙伴，而次要合作伙伴是相对较多、与企业关系不是很密切的合作伙伴。供应链合作关系的变化主要影响重要合作伙伴，而对次要合作伙伴的影响较小。要定义"重要"和"次要"的合作伙伴，需要将合作伙伴进行定位。

企业与其合作伙伴建立的合作关系不同，合作的增值性各异，存在强弱之分。例如就供应商来说，如果与它合作不能增值，它在供应链中就不可能存在。

合作伙伴与其他同类企业相比，在产品和工艺的设计能力、特殊工艺能力、生产柔性、项目管理能力等方面的竞争力存在差别，竞争实力有高低之别。因此，以合作的增值率为纵轴，以合作伙伴的市场竞争实力为横轴，将合作伙伴的合作增值性和它们自己的竞争实力进行分类，如图8-2所示。

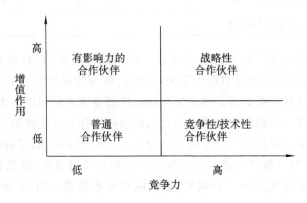

图 8-2　合作伙伴的类型

1) 战略性合作伙伴

与处于右上矩阵的合作伙伴合作的增值率大且其市场竞争实力也大，这类合作是"强-强"联合。它们属于最理想的合作伙伴，需要考虑与它们合作的持久性，建立战略性合作伙伴关系。

2) 有影响力的合作伙伴

与处于左上矩阵的合作伙伴合作的增值率大但在它们的专业领域中实力较弱，其市场竞争实力不足，这类合作是"强-弱"联合，也属于理想型的合作伙伴。"强-弱"联合关系比较稳定，称为有影响力的合作伙伴。

3）竞争性/技术性合作伙伴

处于右下矩阵的合作伙伴自身的市场竞争实力较强，但与它们合作的增值率并不大，这类合作是"弱-强"联合。对方实力较强，组织管理能力和技术水平高，可能是理想型的合作伙伴，也可能成为竞争对手。如果合作方没有纵向一体化扩张的野心，由于它们的管理和技术都很好，在合作过程中，可以从它们那里学到很多有益的技术和经验，获得技术支持服务，也属于理想型的合作伙伴，称为技术性合作伙伴关系。但正因为合作方的实力强大，如果它们倾向于纵向一体化扩张，更多体现竞争性关系，属于合作性竞争，称为竞争性合作伙伴关系，此时，合作关系的紧密程度应该降低，尤其要注重合作风险。

4）普通合作伙伴

与处于左下矩阵的合作伙伴合作的增值率较小而且其自身的市场竞争实力也不强，这类合作是"弱-弱"联合，不属于理想型的合作伙伴关系，称为普通合作伙伴关系。对于普通合作伙伴关系，企业只需与它们保持供货交易关系，基于物流作业层面的低层次往来，不必列为企业发展的合作伙伴，而是希望更多的这类伙伴参与投标，从而选择价位上最有利的企业，并与它保持交易关系。

在实际合作过程中，企业应根据不同的战略目标选择不同类型的合作伙伴。从长远来看，企业要求合作伙伴能保持较高的竞争力和增值率，因此最好选择战略性合作伙伴；而对于短期或某一短暂市场需求而言，只需选择普通的合作伙伴即可满足需求，以保证成本最小化；而对于中期而言，可根据竞争力和增值率对供应链的重要程度的不同，选择不同类型的合作伙伴。

（三）供应商合作伙伴关系的维持

良好的合作关系首先必须得到供应和采购双方最高管理层的支持和协商，双方需要了解相互的企业结构和文化，并适当地对企业组织结构进行改造和对企业文化进行再塑造，解决文化和态度之间的障碍，尽量消除业务流程和结构上存在的障碍。在长期合作伙伴关系建立的实质阶段，双方需要进行期望和需求分析，相互之间需要紧密合作，加强信息共享，相互进行技术和设计支持，可以从以下几个方面着手：

（1）供应和采购双方的高层领导建立经常性互访制度。供应和采购双方的高层领导应经常进行协调与沟通，建立有效的激励机制，共同分享战略协作带来的好处，努力营造一种良好的合作气氛。

（2）供应和采购双方经常进行有关成本、作业计划、质量控制信息的交流和沟通，保持信息的一致性和准确性，通过提供信息反馈和教育培训，促进供应商质量改善和质量保证。

（3）建立联合任务小组，实施并行工程。供应和采购双方的企业之间应建立一种基于团队的工作小组，采购方在产品设计阶段让供应商参与进来，同时采购方也积极参与到供应商的生产流程和产品研发过程中，及时响应顾客的需求，为顾客提供高质量的服务。

（4）协调供应商的计划。一个供应商能同时参与多条供应链的业务活动，在资源有限的情况下必然会造成多方需求争夺供应商资源的局面。在这种情况下，制造商的采购部门应主动参与供应商的协调计划。特别需要指出的是，要想维持长期的合作伙伴关系，相互间的信任是必不可少的。只有相互信任，双方才会共同寻找解决问题和分歧的途径，而不是寻找新的合作伙伴。相互信任比事先预测、依靠权威或进行谈判等手段可更快、更经济地减少合作伙伴间的复杂性与不确定性,并能因此大大改善双方的合作绩效。

四、供应商冲突管理

冲突是一种无所不在的社会现象,社会学家刘易斯·科塞(Lewis Coser)是这样定义冲突的:"冲突就是为了价值和对一定地位、权利、资源的争夺,以及对立双方为使对手受损或被消灭的斗争。"而在供应链管理中,制造商与供应商的冲突是由于相互依赖且不对称的关系,这种组织关系导致了企业间地位和权力的不均衡,企业成员间也存在着各种差异,这种差异体现在信息差异、认识差异、管理模式和企业文化差异,加之供应链管理机制的不完善和外部环境因素,这些都是导致企业间冲突的原因。在激烈的市场环境中,冲突有时候只是一点小摩擦,有些冲突会导致优胜劣汰,反而更能使企业保持活力、激发创新,使供应链保持更好的竞争力,而有些冲突,可能会影响到企业的经营状况甚至是整个供应链的稳定、顺畅运作。因此,有效的处理冲突,会提高供应链的运作效率,改善企业间的合作关系,若处理不当则会削弱供应链的竞争力。

针对不同的冲突种类和冲突特征,应采取不同的对应方法,制造商与供应商冲突的管理方法有如下几种:

(1) 建立相互信任关系。对于制造商和供应商之间的合作关系通常会有的一些相互制约的因素,要正确地理解和信任。互相了解企业文化和组织结构,建立统一的运作模式。在管理模式、利润分配、财务稳定等方面保留一定的兼容性。

(2) 建立有效的沟通机制。①加强信息交流与沟通,信息共享;②合作企业成员之间建立沟通机制,定期互访沟通和意见反馈;③在相互信任的基础上彼此适当的授权。

(3) 建立供应商激励机制。激励机制有助于增强相互合作关系,通过价格激励、订单激励、商誉激励等约束利益冲突,从根源上减少冲突的发生。

(4) 建立合作伙伴关系。抑制冲突最有效的方法是建立合作伙伴关系,相互合作能更有效地提高供应链的整体利益,避免制造商和供应商资源的重复投入。

Dial 公司的供应商管理

Dial 公司总部设在美国亚利桑那州的斯科茨代尔,共拥有 3 700 名员工,生产设备在美国和拉丁美洲,年生产日用消费品 17 亿美元。Dial 的品牌包括 Dial 牌香皂、Pruex 牌洗衣剂、Renuzit 牌空气清洁剂和 Armour Star 牌肉罐头。Dial 的产品通过超市、批发商、医药商店和俱乐部销售,其中,沃尔玛是它最大的客户。它的生产厂家设在艾奥瓦州的麦迪逊堡、加利福尼亚州的洛杉矶、伊利诺伊州的蒙格马利、密苏里州的圣路易斯和宾夕法尼亚州的西黑泽尔顿。

1996 年 Dial 公司从它的母公司 Viad 公司中分离出来,以便更好地专注于日常消费品业务。一份战略计划指导着 Dial 公司在 20 世纪、21 世纪发展。在快速发展和竞争的环境中,企业开发新产品并推向市场面临着巨大的压力。聪明的消费者都希望得到最实惠的产品,Dial 公司不得不努力在生产环节降低成本。在这个变化的市场环境中,采购行为转向最好的供应商并与新产品开发过程形成一个整体就非常必要了。因此,Dial 公司彻底审视了其采购模式并转向中央采购。如今,采购已经在 Dial 公司跨平台战略的发展过程中扮演着领导的角色。Dial 公司采购的整体目标是"以最好的价格,为公司获取最高质量的产品和最好的服务"。

迈克尔·H.希尔曼是Dial公司的高级副总裁和首席采购官,他介绍说:"Dial公司与很多供应商都在很好地合作。当我们向唯一的供应商进行采购,或者它们对我们的业务量足够大时,它们就需要调整并适应我们的运营模式,我们的采购也需要和供应商的代表见面和发现商业机会。我们向供应商提出大量的问题,以确保我们没有增加不增值的成本。我们的供应商能够获得健康的利润,如同我们能获得利润一样重要。"通过与几家战略供应商紧密合作,Dial公司在自己的厂区建立了由供应商管理的库存。这些库存保管在Dial公司的库房里,但是由供应商单独管理。

通过让所有员工参与,Dial公司成功地实施了旨在降低成本的"屠龙计划"。自员工根据企业的利润情况获得奖金以来,员工参与项目的积极性逐步提高。员工所有降低成本的设想和建议都提交到采购部门进行回顾和总结,采购部门根据这些建议与企业战略目标的符合程度进行排序。作为机构重组的一部分,Dial公司减少了供应商名单,与关键供应商建立了紧密的合作关系,通过跨业务部门的协同采购提高谈判能力,在全公司范围内推行降低成本计划。对于一些产品,Dial公司完全依靠单一采购。例如,Dial公司的Renuzit牌空气清洁剂的调节部件只使用一家公司的产品,Purex牌洗衣剂的瓶子都来自一家公司。在为期5年的时间内,Dial公司在采购方面所做的努力为其减少了1亿美元的成本,其中2001年节约了1 000万美元。原材料成本的变化对企业利润率的影响非常大,但Dial公司所有产品的市场竞争程度都非常高,它不能通过涨价来弥补原材料价格上涨的损失。因此,Dial公司对物料成本的管理就至关重要。虽然近期经济下滑,但Dial公司通过供应商整合成功地控制了物料成本。根据副总裁兼洗衣产品总经理斯迪文图克介绍,Dial公司直到2003年都没有涨价,在今后的日子里也不准备涨价。

Dial公司的供应商管理的启示:
(1) 采购环节在降低企业成本方面的重要作用。
(2) 单一供应商与多供应商管理战略处理。
(3) 战略供应商紧密合作关系建立的重要性。
(4) 采购管理需要企业员工的全员参与。

重要概念

供应商关系管理　供应商绩效考核　合作伙伴关系

本章小结

供应商关系管理是用来改善与供应链上游供应商的关系的,应用于企业采购活动相关的所有领域,旨在建立恰当、密切的新型采供关系管理机制。它以多种信息技术为支持和手段,在对企业的供应商(包括原材料供应商、零部件供应商、设备及其他资源供应商、服务供应商等)和供应信息科学有效地管理与运用的基础上,内容涵盖如何对供应商、产品或服务沟通、信息交流、合同、资金、合作关系、合作项目以及相关的业务决策等进行全面的优化管理与支持。

供应商绩效考核是指对现有供应商的日常表现进行定期监控和考核。传统的对供应商考核主要是对重要供应商的商品质量进行定期检查。

供应商合作伙伴关系是企业与供应商之间达成的最高层次的合作关系,它是指在相互信任的基础上,供需双方为了实现共同的目标而采取的共担风险、共享利益的长期合作关系。

复习思考题

一、填空题

1. 供应链是指商品到达（　　）手中之前各相关者的连接或业务的衔接，是围绕核心企业，通过对（　　）、（　　）、资金流的控制，从采购原材料开始，制成中间产品以及最终产品，最后由销售网络把产品送到消费者手中的将供应商、制造商、分销商、零售商，直到最终用户连成一个整体的功能（　　）结构。

2. 为实现最大的效益，必须把（　　）的部分外包出去，即企业必须采购大量的原材料、零部件，以及各种辅助物料。由于企业不可能与这些需要购买的所有物料的供应商都建立战略伙伴关系，因此，需要对采购物资的（　　）和供应市场的（　　）分析，其中最关键的目的是要确定战略性物资，并与相应的供应商建立战略伙伴关系。

3. 供应商绩效考核是指对现有供应商的日常表现进行（　　）和（　　）。

4. 评估供应商绩效的因素主要有（　　）、（　　）、（　　），支持、配合与服务指标等。

5. 供应指标，是同供应商的交货表现及供应商企划管理水平相关的考核因素，其中最主要的是（　　）、（　　）、（　　）等。

6. 供应商合作伙伴关系是企业与供应商之间达成的（　　）层次的合作关系，它是指在（　　）的基础上，供需双方为了实现共同的目标而采取的共担（　　）、共享（　　）的长期合作关系。

7. 按照采供双方的合作关系由浅到深的次序，将供应商分为（　　）、（　　）、（　　）、（　　）、（　　）五类。

8. 以合作的增值率为纵轴，以合作伙伴的市场竞争实力为横轴，将合作伙伴的合作增值性和它们自己的竞争实力进行分类，可以将供应商分为（　　）、（　　）、（　　）、（　　）四类。

二、单项选择题

1. 根据供应商分类模块法将供应商分为（　　）。
  A. 公开竞价型、网络型和供应链管理型供应商
  B. 重点供应商和普通供应商
  C. 短期目标型、长期目标型、渗透型、联盟型和纵向集成型供应商
  D. 商业型、重点商业型、优先型和伙伴型供应商

2. ABC 分类法是按照哪种标准对采购物品进行分类管理的？（　　）
  A. 价值大小　　　B. 数量多少　　　C. 重要程度　　　D. 质量指标

3. 对供应商的供货、质量、价格等进行表现跟踪、考核和评比是属于供应商评审中的（　　）。
  A. 供应商选择评估　　　　　　　B. 供应商绩效考评
  C. 供应商综合评审　　　　　　　D. 供应商资格审查

4. 准时交货率这一指标是属于供应商绩效考核指标中的（　　）。
  A. 质量指标　　　　　　　　　　B. 供应指标
  C. 经济指标　　　　　　　　　　D. 支持、配合与服务指标

5. 对供应商的价格水平考核是属于供应商绩效考核指标中的（　　）。
  A. 质量指标　　　　　　　　　　B. 供应指标

C. 经济指标　　　　　　　　　　　D. 支持、配合与服务指标

6. 供应商关系管理的英文简称（　　）。
A. CRM　　　B. MRP　　　C. SRM　　　D. SCM

7. 在供应商按矩阵分类法分类的模块中,对于那些对供应商和本企业来说均不是很重要的采购业务,相应的供应商可以很方便地选择更换。那么这些采购业务对应的供应商就是（　　）。
A. 伙伴型供应商　　　　　　　　　B. 优先型供应商
C. 重点商业型供应商　　　　　　　D. 商业型供应商

8. 在选择供应商时,下列不属于企业考虑的主要因素的是（　　）。
A. 价格　　　B. 质量　　　C. 数量　　　D. 服务

三、判断题

1. 不同类型采购项目的供应商评价需要采用的评价标准也不同。（　　）
2. 评价供应商时所要关注的两个要素是:质量和积极性。（　　）
3. 当企业的需求具有非标准化特征时,有关供应商的能力方面的因素就显得更为重要。（　　）
4. 杠杆型采购项目的供应战略要考虑两个要素:转换成本和不同供应商的产品价格变化程度。（　　）
5. 在供应商感知模型中,一旦确定了一个供应商对企业的看法,就意味着企业能确定供应商的积极性总体等级。（　　）
6. 除了企业当前的采购额以外,还有很多可以增加企业对供应商的吸引力的因素,企业应努力挖掘这些因素。（　　）
7. 针对瓶颈项目,在确定获取与选择报价的方法时,由于交易额少、对供应商没有吸引力,因此应采用简单非正式的方法。（　　）
8. 当采购成本或风险相当大并且公司只有有限的技术知识和供应市场条件及选择时,选择供应商的数量应该是少数几个。（　　）

四、简答题

1. 简述供应商关系管理的重要性。
2. 简述供应关系管理的实施步骤。
3. 简述供应商绩效考核的原则。
4. 简述评估供应商绩效的主要因素。
5. 画出按照物资的重要程度和供应市场的复杂度对供应商细分的矩阵图。
6. 如何维持供应商合作伙伴关系?

五、案例分析

案例1

本田公司供应商管理

位于俄亥俄州的本田美国公司,强调与供应商之间的长期战略合作伙伴关系。本田公司总成本的大约80%都用在向供应商的采购上,这在全球范围是最高的。因为它选择离制造厂近的供应源,所以与供应商能建立更加紧密的合作关系,能更好地保证JIT供货。制造厂库存的平均周转周期不到3小时。1982年,27个美国供应商为本田美国公司提供价值1 400万美元

的零部件,而到了1990年,有175个美国的供应商为它提供超过22亿美元的零部件。大多数供应商与它的总装厂距离不超过150里。在俄亥俄州生产的汽车零部件本地率达到90%(1997年),只有少数的零部件来自日本。强有力的本地化供应商的支持是本田公司成功的原因之一。

本田公司与供应商之间是一种长期相互信赖的合作关系。如果供应商达到本田公司的业绩标准就可以成为它的终身供应商。本田公司也在以下几个方面提供支持帮助,使供应商成为世界一流的供应商:①2名员工协助供应商改善员工管理;②40名工程师在采购部门协助供应商提高生产率和质量;③质量控制部门配备120名工程师解决进厂产品和供应商的质量问题;④在塑造技术、焊接、模铸等领域为供应商提供技术支持;⑤成立特殊小组帮助供应商解决特定的难题;⑥直接与供应商上层沟通,确保供应商的高质量;⑦定期检查供应商的运作情况,包括财务和商业计划等;⑧外派高层领导人到供应商所在地工作,以加深本田公司与供应商相互之间的了解及沟通,加深企业互信。

本田美国公司从1986年开始选择Donnelly为它生产全部的内玻璃,当时Donnelly的核心能力就是生产车内玻璃,随着合作的加深,相互的关系越来越密切(部分原因是相同的企业文化和价值观),本田公司开始建议Donnelly生产外玻璃(这不是Donnelly的强项)。在本田公司的帮助下,Donnelly建立了一个新厂生产本田的外玻璃。它们之间的交易额在第一年为500万美元,到1997年就达到6千万美元。

在俄亥俄州生产的汽车是本田公司在美国销量最好、品牌忠诚度最高的汽车。事实上,它在美国生产的汽车已经部分返销日本。本田公司与供应商之间的合作关系无疑是它成功的关键因素之一。

案例1思考题:
(1) 本田汽车如何对待自己的供应商?
(2) 本田汽车公司的供应商管理理念方面能给我们哪些启示?

案例2

沃尔玛对供应商的绩效考核

沃尔玛成功的秘密不仅仅在于先进的配送系统,更在于建立在配送系统之上的先进的供应链管理——以"中央集权式采购"为主的供应商管理体系。在所有的这些零售商当中,沃尔玛可能是对时间管理最苛刻的。沃尔玛是由总部统一开采购订单给供应商,供应商将产品交与配送中心。当所有的订单由门店汇总到总部采购,由总部下订单给供应商的时候,通常情况下,除了生鲜供应商和日配供应商之外,供应商一般先送到配送中心,而配送中心需要先预约,如果供应商超过了预约的时间,就要重新排队。沃尔玛对订单的要求也非常高,一张订单发出去,供应商被要求要在24小时之内给予确认,是否能够按照订单上面的时间、数量来送货,如果不能,必须在24小时之内给予回复,沃尔玛再给供应商重新开订单。

零售业效益提升的最大问题是零售资源的抢夺问题,即谁能以最快的速度、最低廉的成本,将优秀的产品送达顾客。所以,供应商管理能力,将成为零售业下一步发展的核心竞争力。沃尔玛对供应商的绩效管理体系是一个完整的体系,具有如下几个指标:

第一个指标——资金回报比率,也就是零售商把某个地方给供应商做陈列时,它的资金回报比率。这个指标的权重最大。

第二个指标——财务收益。账期天数(零售商和供应商之间结算的天数)和库存天数的差异,在银行当中产生的利息称之为财政收益。对于零售商来说,关键看它在整个商品周期中快速周转的能力,商品周转得越快,给供应商的账期越短。对于供应商来说,只要账期天数大于或等于库存天数,对于它们的采购考核就合格了。沃尔玛利用拥有的强大渠道力量和客户信息强迫供应商与其一样努力地降低价格,而减少库存是这其中的重要步骤。沃尔玛要求所有的供应商都能通过网络实时了解自己产品的销售情况,以便及时地安排生产计划,帮助供应商大大地降低了库存水平。沃尔玛通过各种方式向供应商传递自己的需求信息,同时,让供应商通过网络实时地了解沃尔玛销售产品的成本构成,从而探求如何在生产中间降低成本。

第三个指标——促进支持频率。一般来说,每个超市每个月都会有至少两次的海报活动。那么,供应商愿意支持多少个促销单品,就是促进支持频率所要考核的内容。

第四个指标——促销力度。促销力度就是在零售商进行促销的活动中,供应商愿意就产品价格进行多大幅度的降价。

第五个指标——产品的质量投诉,这是对供应商产品质量的考核。沃尔玛基于的理念是"总成本最低",即产品的销售成本和退货成本的总和最低。如果产品质量不能让客户满意而引起退货一样会加大企业的成本。所以,在与供应商的合同中,沃尔玛有权随时对供应商的产品进行质量检验,同时也可以在未经供应商同意的情况下允许第三方对产品质量进行抽查。这就迫使供应商必须达到一定的产品质量标准。

第六个指标——送货的少缺次数。对于零售业来说,资源就是竞争的砝码,特别是对畅销产品来说,缺货是面临的关键问题。因此,一家供应商缺货次数的多少对于零售商选择长期合作伙伴也是一个不可或缺的评价指标。

第七个指标——退货期限。很多时候,供应商很愿意给零售商送货,但退货就不大会重视了。沃尔玛会开出退货通知单,希望供应商能够在14天内给予一个积极的配合。于是退货期限内供应商的配合情况,也就成了一个新的考核指标。

这些考核标准最后汇总成为供应商的分数。考核分数在80分以上的,可以划为A类供应商,表示其业绩优秀;得分在60~80分的,可以划分为B类供应商,表示其业绩合格;得分在50~60分的,可以划分为C类供应商,表示这部分供应商的业绩还需要改进;得分在50分以下的,就要归为D类供应商了,这部分供应商的业绩基本不合格。最后,根据考核结果,对供应商进行绩效管理。不仅停留在考核本身,根据考核的分数,划分完等级之后,沃尔玛还要对不同等级的供应商进行绩效的管理。对于A类供应商,也就是所谓的优秀供应商,沃尔玛提供一系列优惠的政策,以此激励更多的供应商更加努力,争取得到这些优惠。比如:优先考虑优秀供应商产品摆放的位置;对优秀供应商产品放通道的费用进行减免;适当的开放数据,增加订单数量;收、退、换货优先考虑。对于B类供应商,也就是所谓的合格供应商,按照原先的正常程序进行。对于C类供应商,通道可能加收费用,订单也可能比较少,位置也不会特别好。但是,为了提高它们的业绩,沃尔玛还会为它们组织专门的培训。对于D类供应商,就有被替代的危险,很有可能被淘汰。

案例2思考题:

(1)沃尔玛如何对其供应商进行考核?

(2)沃尔玛如何对其供应商进行细分?

(3)沃尔玛供应商管理有哪些可以借鉴的地方?这种管理方法有没有什么弊端?

第九章　采购成本管理

◆ **学习目标**

①理解采购成本概念及构成；
②掌握采购成本的基本分析方法和成本控制方法；
③能够结合采购的实际分析采购成本和降低采购成本。

一汽的采购管理

有一个量产多年的产品，突然有了设计变更。虽说突然，但这本身没什么惊奇；惊奇的是小小的设计变更，供应商的价格竟然涨了 20% 以上，大大超出目标成本。产品部发话了，说这产品跟以前没什么大不同，怎么能一下子涨这么多？不过想想就知道，这几年来，国内人工成本每年以两位数的速度飙升，物价节节攀升，牛肉都卖到每斤 60 多元，比美国还贵。大多供应商不但涨价无门，还得年年降价，一进一出，成本压力可想而知。好不容易等到设计变更，这下好了，连本带利都涨回来。

思考题：

（1）供应商该不该涨价？
（2）如何应对 20% 的价格上涨？

知识点一　采购成本定义与构成

采购作为物流的第一环节，它的成本高低对于生产成本有着十分重要的影响，它也是构成企业产品成本和产品价格高低的重要因素。

一、采购成本的定义

采购成本指与采购原材料部件相关的物流费用，包括采购订单费用、采购计划制订人员的管理费用、采购人员管理费用等。采购成本的含义有广义采购成本和狭义采购成本之分。

狭义采购成本包括采购过程中发生的订购成本（包括取得商品、物料的费用，订购业务费用等）以及因采购而带来的库存维持成本和采购不及时带来的缺料成本。狭义采购成本不包括商品、物料的价格。

广义采购成本即整体采购成本，又称为战略采购成本或总成本，是指在企业产品的整个生产周期中所发生的与商品、物料（如原材料、零部件）采购相关的全部成本，包括采购市场调研费用、自制或采购决策成本、产品预开发与开发中供应商参与的成本，供应商交货、库存、生产、出货测试、售后服务各阶段因供应商的参与或提供的产品(或服务)所导致的成本或损失,还包括供应商的参与或提供的产品(或服务)没有达到要求而造成的二次成本或损失,以及产品生命周期的末段产生的处置成本。

作为采购人员,采购的最终目的不仅是要以最低的成本及时采购到质量最好的原材料或零部件,而且要在本公司产品的全部寿命周期过程中,即产品的市场研究、开发、生产与售后服务的各环节,都要将最好的供应商最有效地利用起来,以降低整体采购成本。广义采购成本考虑的是企业采购引发的全面成本,即战略成本。

二、采购成本的构成

根据以上采购成本的概念可以看出,广义采购成本比狭义采购成本更能全面概括采购成本,更具有实际价值,广义采购成本在本书中称为总成本。

总成本的本质是生命周期成本。对一般的生产性材料来讲,总成本包括6个部分:购买成本、运输成本、检验成本、仓储成本、品质成本与交易成本。而对于固定资产类的设备或生产线而言,总成本还包括运行成本、维护成本、售后服务成本以及处置成本。

生命周期成本

生命周期成本(life cycle cost,LCC):在产品经济有效使用期间所发生的与该产品有关的所有成本,包括开发(计划、设计和测试)、生产(加工作业)以及后勤支持(广告、销售和保证等)。具体而言,生命周期成本包括产品设计成本、制造成本、使用成本、废弃处置成本、环境保护成本等,即企业生产成本与用户使用成本之和。

生命周期成本管理源起于美国军方,主要用于军事物资的研发和采购,适用于产品使用周期长、材料损耗量大、维护费用高的产品领域。1999年6月,美国总统克林顿签署政府命令:各州所需的装备和工程项目,要求必须有LCC报告,没有LCC估算、评价,一律不准签约。

LCC管理理念的核心在于:单件产品的研制和生产成本(采购费用)不足以说明产品总费用的高低,决策人员不应把采购费和使用维护费分割开来考虑,而必须把这几者结合起来,作为产品的全寿命周期费用进行总体考虑。

LCC技术自20世纪80年代初期引入我国。我国的LCC工作由海军起头,随后,空军、中国人民解放军火箭军都积极推广运用。产品生命周期成本法在成本企划、价值工程乃至成本工程中得到了很好的运用。在民用企业、高校、研究院所中,也有不少单位正在积极研究和应用LCC方法来用于设备选型、维修决策、更新改造、维修费用控制等。

1. 购买成本

购买成本是指单价,购买单台设备或单位材料的价格。

2. 运输成本

运输成本是指谈好单价以后从供应商那里将货物运到买方指定地点而发生的所有成本。它包括装卸费、搬运费、运输费、保险费、运输途中的破损费;如果是进口的材料,还包括检验检疫费、通关费、码头费、仓租费、转包装费等。

运输成本主要取决于运输方式。运输方式不同,运输成本就不一样。运输方式主要有三种:供应商送货上门、买方自提以及第三方物流公司承运。第三方运输公司承运时还得看由哪一方来支付运费。

同样的单价,不同的运输方式,就会带来不同的总成本。因此,在采购时要特别关注运输方式并予以明确,这样才能争取更低的总成本。

3．检验成本

检验成本是指货物送到工厂之后由检验人员对货物进行检验所发生的费用。它包括检验的人工费,使用设备或仪器的折旧费与能耗,消耗的材料、试剂等费用。

检验的目的是检验货物的质量水平是否达到标准。不同的质量水平检验成本就不一样:来料质量越好,检验频率就越低,抽样的数量就越少,甚至免检,检验成本也就越低;相反,来料质量越差,材料送来检验不合格,退货后改送一批,检验还是不合格,影响生产与交货不说,检验成本也高居不下,总体来看,其实买的也就不便宜了,因为检验成本增加了。同样的单价,不同的质量水平,就会带来不同的总成本。因此,在采购时还要关注来料的质量水平,并与供应商共同努力维持稳定的质量水平,这样才能争取更低的总成本。

4．仓储成本

检验之后货物要入仓库。仓储成本是指货物入仓之后,直到出货之前为了将这批货物保管好所发生的费用,通常也叫作库存持有成本。它包括资金占用成本、搬运成本、仓储成本、折旧成本以及其他相关成本,具体说明如下:

(1) 资金占用成本:维持存货并确保品质需要投入的资金。投入了资金就使其他需要使用资金的地方丧失了使用这笔资金的机会。如果每年其他使用这笔资金的地方的投资回报率为百分之二十,则每年存货资金成本也为这笔资金的百分之二十。

(2) 搬运成本:存货数量增加,则搬运和装卸的机会也会更多,搬运工人和搬运设备同样增加,其搬运成本必然加大。

(3) 仓储成本:仓储的租金(租赁仓)或折旧(自有仓),仓库管理、盘点、清洁、维护,以及仓储设施(如货架、叉车、台车、保安、消防等)维护的费用。

(4) 折旧成本:存货容易发生品质变异、破损、报废、价值下跌、呆滞料的出现等,因而丧失的费用就加大。

(5) 其他相关成本:如存货的保险费用、其他管理费用等。

仓储成本主要是因为材料库存而引起的,没有库存就没有仓储。不同的库存管理方式,仓储成本不一样。

同样的单价,不同的库存方式就会带来不同的总成本。因此,在采购时要采取更有利的材料库存方式,这样才能争取更低的总成本。

5．品质成本

材料在仓库存放一段时间之后,就要投入生产。品质成本包括内部损失成本与外部损失成本。内部损失是指在生产过程中发生的损失,主要包括如下四个方面:

(1) 材料破损:材料本身质量有问题,或者与其他材料不配套,或者与机器配合不当,都会降低材料在生产过程中的实际利用率,增加破损。

(2) 产品返工:因为材料的原因造成产品返工将带来浪费。

(3) 降级损失:产品生产出来未达到目标等级或者返工后不能达到目标等级,则要做降级处理,其价格与目标价格之间就有差异。

(4) 报废损失:有时候无法进行返工,或者不允许进行返工,则只能报废。报废损失包括废品分析费用与处理费用。

外部损失是指产品发货出去之后,因为客户投诉而引起的相关损失,主要包括处理投诉的费用,因投诉而产生的退货、换货、保修、折扣或者销毁损失。

品质成本主要取决于材料质量的可靠性与稳定性,材料质量越不可靠,波动越大,则品质成本越高。

同样的单价,不同的质量可靠性与稳定性,就会带来不同的总成本。因此,在采购时不仅要关注质量水平是否合格可靠,还要关注其稳定性,这样才能争取更低的总成本。

6. 交易成本

交易成本是指采购部门在材料的生命周期中发生的所有事务性的费用,包括打电话、发传真、下订单、拜访工厂、跟催交货、付款以及交际应酬等费用。这主要取决于对供应商的管理水平、供应商自身的服务水平,以及供应结构是否合理。对供应商的管理做得越好,或者供应商的服务水平越高,供应商的结构越合理,就越好打交道,则交易成本越低。

同样的单价,与供应商交易的难易程度不一样,将带来不同的总成本。因此,在采购时务必加强对供应商的管理,进行供应结构的优化,这样才能争取更低的总成本。

知识点二　采购成本分析

降低采购成本是采购核心价值的集中体现,要降低采购成本,首先要学会成本分析,它包括3个核心内容:本公司产品的成本结构分析、本公司制定的分解报价表以及总成本分析表。就生产性材料而言,采购总成本包括6个部分:购买成本、运输成本、检验成本、仓储成本、品质成本与交易成本。

一、采购成本分析

采购是一项专门技术,其中最核心的技术就是成本分析,它对降低采购成本的作用至关重要,成本分析通常要遵循3个步骤:①分析本公司产品的成本结构;②制定本公司的分解报价表;③重点关注总成本分析。

(一) 分析本公司产品的成本结构

每个公司生产的产品种类很多,很难全面分析,一般只对主销产品的成本结构进行分析,以便找准降低成本的方向。简而言之,越是好卖的产品,就越要降低它的成本。比如,雅芳公司在中国市场有几百个品种,每周、每月都会制作销量排行榜,连续3个月都居销量排行榜上前10名的产品,就成为接下来成本降低的重点。

主销产品是指占总销量80%的产品,通常又叫作A类产品。将主销产品的单位成本结构改善一小点,其总节省将被销量放大,就会凸显效果。

削减成本的实质是改善产品的成本结构。弄清楚产品的成本结构,才能确定削减成本的工作方向。每个产品基础库存单位(stock keeping unit,SKU)的成本结构,就叫作单位成本结构,它是指每个单位产品成本中材料成本、直接人工与制造费用各自的比例。

削减成本最好的做法是进一步将材料成本细分到每一种材料,包括原料、辅料与包装材料;将制造费用也细分到厂房设备的折旧、水电的费用、检验费用、维修费用、安全健康环保费用、行政费用等;将人工成本细分成单位工时与工时工资,这就与工时定额联系起来了。

分析主销产品的成本结构,就是确定材料成本、直接人工以及制造费用各自所占的比例,将占比最大的部分作为降低成本的优先对象。

假设原来单位产品的成本是10元,现在要把它降低10%达到9元,怎么做才最有效呢?

10元的成本中,材料成本占了6.5元,制造费用2.5元,直接人工费用1元,就可以确定三者的比例分别是65%、25%和10%,由此就可以画出图9-1所示的单位产品的成本结构。成本占比越大的部分,就越应成为降低成本的重点,因而削减成本的重点就是材料成本,而不是人工成本,将材料成本降低15%,就可使总成本下降10%,效果将十分明显,而要降低材料成本,还需要对材料成本再次细分,将重点放在材料成本中占比最大的材料。

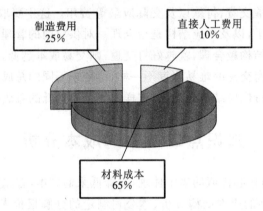

图 9-1 单位产品的成本结构

分析清楚产品的成本结构之后,怎样找准降低成本的方向,确定降低成本的项目?通常又可以采取哪些措施去实现成本降低呢?希望读者可以从以下"可口可乐公司碳酸饮料"的案例中得到启发。

可口可乐公司碳酸饮料

可口可乐公司的经营模式是由美国独资控制浓缩液的生产与供应,然后提供给合资或者外部资本投资的工厂去灌装,所以一般的可乐饮料厂都叫作装瓶厂。

可口可乐饮料的成本结构如图9-2所示,其中材料成本占比最大,达91%,人工成本只占1%,制造费用为8%。材料成本中又以包装物的成本占比最大,因而降低成本就首先从包装物着手。

包装物包括主要包装与外包装,其中主要包装占比45%,外包装占比6%。主要包装是指易拉罐或者是塑料瓶,外包装是纸箱的分摊。

易拉罐生产厂家的固定投资都非常大,一旦投入之后很难退出,供应市场形态是竞争性的,总的产能又大于需求,而客户的分布非常符合20/80原则,即20%的客户消耗了80%的用量。因此,每个易拉罐生产商都希望争取到大客户,从而更充分地利用产能,正所谓"薄利多销"。

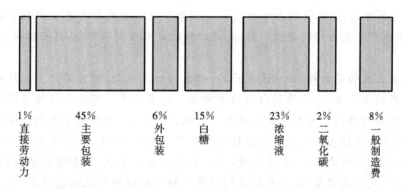

图 9-2　可口可乐饮料成本结构分析

可口可乐公司的采购量非常大，处于强势地位，要降低易拉罐的采购成本，只需用数量作为杠杆去撬动，就可以获得充分的规模效应。所以，通常采取长期稳定的订购就可以降低易拉罐采购成本。

塑料瓶的成本降低则经历了如下几个阶段：

（1）运输阶段。最初可口可乐公司是直接向塑料瓶供应商采购，由供应商生产出来后运输到可口可乐公司使用。塑料瓶是泡货，运输费用与包装费用都比较贵。特别是果汁类的热灌注饮料瓶，因为静电效应非常容易吸尘，为此需要特别增加缠绕膜包装，在运输途中因为颠簸又容易破裂，从而使瓶子受到污染，来料检验不合格的概率大大增加，因此还可能产生重复包装、重复检验的成本。另外，可口可乐公司的生产计划总会发生变化，塑料瓶库存的控制也是个难题，占用的空间也很大。

（2）临近配送阶段。随着可乐业务在中国的发展，采购量快速增加，这就要求塑料瓶供应商将工厂建到可口可乐公司的附近。这样相互间的沟通更加便捷，通过频繁的送货来代替库存，同时降低了运输费用。因为距离缩短，塑料瓶的包装可以更多次地重复使用。

（3）生产联盟阶段。可口可乐公司进一步要求供应商将工厂直接迁移到公司工厂内部，建立"厂中厂"，甚至直接与可乐生产线"连线"。运输费用降到极致，包装也取消了，库存控制实现了真正的 JIT(just in time,准时化)。也就是说，当可口可乐工厂的生产线停机的时候，塑料瓶的吹瓶线也自动停止，塑料瓶的生产变成了整个可乐饮料生产线上的一个环节。

上述三个阶段的变化，主要是通过运输、包装或库存的优化来降低采购成本。塑料瓶的成本主要取决于它的生产原料即树脂颗粒，而树脂颗粒是石油的副产品，价格波动很大，塑料瓶供应商的议价能力比较弱，进行期货采购的风险比较大，最终导致塑料瓶的采购成本也不断波动。而可口可乐公司启动它的全球集中采购，采购规模更大，议价能力显著提高，因此就进入了下一个阶段。

（4）委托加工。由可口可乐公司采购塑料瓶原料即树脂颗粒，提供给塑料瓶供应商代加工，供应商只收取代加工费。这样减少了树脂原料价格波动带来的负面影响。

（5）向上延伸。在上述变化的基础上，不少可口可乐工厂取消了塑料瓶供应商，将塑料瓶的加工拿回来自己做，将更多的利润环节控制在自己手里。

以上五个阶段的成本降低手法不断创新，将供应商的盈利空间不断压缩，而可口可乐公司的利润则持续上升。

当包装物的成本控制好之后，可口可乐公司接着将注意力转向成本占比第二大的项目，即浓缩液。从图9-2可见，浓缩液的占比为23%。但浓缩液是由可口可乐公司独资控制，并且垄断供应的，各装瓶厂无法去讨价还价。所以，浓缩液的成本控制不可行，只好转向成本占比第三的项目上。

成本占比第三大的是白糖，白糖是农产品，价格波动也很大，因为国家实施保护政策，总体处在一个比较高的价格水平，要降低白糖的采购成本也不容易。可乐公司通常实施期货采购，这样可以部分抵消价格波动带来的成本压力。白糖是农产品，中国南方用的是甘蔗糖，北方用的是甜菜糖，农产品往往靠天吃饭。若预估当年丰收，而需求持平、下降或者小幅增长，则供过于求，白糖价格上升的可能性小，甚至下跌，可口可乐公司就采取"批量对批量"的采购策略，即"要多少买多少"，完全按需采购，从而收获相对更低的采购价格与采购总成本；反之，若预估当年减产，而需求持平或者增长，则供不应求，白糖价格上升甚至居于高位的可能性就大，可口可乐公司就会尽早与主产区的农户签署包销协议，锁定涨幅，并保持战略性库存，从而减少价格持续上涨带来的不利影响。

当上述努力都已经兑现之后，就开始重点关注外包装即纸箱成本的降低。这个过程大致又可以分为如下3个阶段。

(1) 全包装改为半包装：可口可乐饮料的包装方式是每箱24罐，最初的外包装是3层瓦楞纸箱，成本比较高，大概每个纸箱2元人民币，后来改为带"耳朵"(即四周有向上的翻边)的半个纸箱包装(half pack, 1.2元左右)，然后在外面覆盖一层热收缩膜(0.3元左右)，这样每个外包装的成本可以节省0.5元。可口可乐公司的生产速度非常快，每分钟至少达到1 200罐，即50箱，这样每分钟就可以节省25元，每个小时节省1 500元，每个班节省12 000元，一年下来，这个节省的费用就相当可观了。

(2) 半包装改为纸托(tray)：尝到甜头之后，可口可乐公司又发现塑料收缩膜比纸箱便宜，就想再少用一些纸，于是将半包装的"耳朵"割掉，变成一个纸板作为底托(0.8元左右)，然后在外面覆盖一层热收缩膜(0.3元左右)。这样每个外包装又可以节省0.4元，每个班节省9 600元，一年下来节省的费用也相当可观。

(3) 全部收缩包装(shrink pack)：持续成功之后，可口可乐公司就想能不能不用纸箱，而全部改成塑料包装，但发现不行，因为不能起到足够的防护作用。后来又想可以将包装方式改变，为什么一定要每箱24罐呢？改成每箱6罐的包装方式，承受力不就可以了吗？于是最终就改成全部使用塑料收缩包装。

这个案例可见，确定降低成本的方向或项目，取决于如下两个方面的因素。

(1) 成本占比。从成本占比大的开始，渐次向比例小的扩展，就像剥洋葱一样。通常材料的占比相对较大。

(2) 可行性。一是技术上是否可行。若没有充分的技术准备，将缺乏可操作性。二是材料供应市场的形态，是相对垄断的还是竞争性的货源。垄断的则别无选择，很难降低成本；竞争性的还可以从中寻求突破。

上述案例也表明，材料成本的占比往往最大。如果技术上可行，且是竞争性货源，则可立项去寻求材料成本的降低，材料成本取决于材料的种类或特性、材料的用量以及价格，因此，降低材料成本通常有如下三种对策。

(1) 采用新材料(或称"新型化")。采用价格更低、功能相近的新材料作为替代，这需要产品开发团队的协作,更换材料的前提是不能牺牲产品的正常功能与质量,这也符合 VA 价值分析的原则。

(2) 减少材料用量(或称"轻量化")。这可能需要调整生产工艺、对设备进行改造,以保证生产过程不受影响,减少材料用量也不能牺牲产品的正常功能与质量,这也是 VA 价值分析的具体应用。减少材料用量还能提高材料的利用率,以及有效控制材料库存。

(3) 降低材料价格(总成本最低)。降低价格主要取决于规模效应,当然也需要熟练的采购技术。降低材料价格不仅要关注单价,更要关注总成本,这就要求学会分解报价与总成本分析。

材料单价与材料总成本的关系:单价只是总成本的一部分。总成本的本质是生命周期成本(LCC),材料的生命周期是指从与供应商谈好单价,到材料交付、运输、检验、储存、使用,转化成相应的产品,直至产品被客户接受或者被客户投诉并处理完投诉的整个过程,而在整个生命周期中附加在单价之上的各种费用支出之和就叫作生命周期成本。

降低材料价格是以总成本最低为导向,再寻求最低的单价。

(二) 制定本公司的分解报价表

要降低单价,就要货比三家,或者货比多家,做好对价格的询、比、议、定,通过多个货源的询价,反复比价,从而找到突破口,充分议价,最后才可能降低单价,其中比价是核心。

但是怎么比价呢?关键是采用分解报价表。

现在我们要求供应商报价,很少仅仅报一个价格,往往还要求对方对价格进行分解,提供分解报价,但是如果由供应商按照各自的格式去分解,里面的项目不同,或者项目的内涵不一致,则不同的报价没有可比性,更何况还有很多供应商并不愿意配合。因此,要尽可能制定专门的分解报价表,提供给不同的供应商,让它们按照统一的格式进行报价,或者,通过对供应商进行专门的深度调查与访问,以及对供应市场进行横向对比,通过企业自身的努力获得最接近真实的分解报价,这样的报价才具有可比性。之后对三方或者多方报价进行差异性分析,就可以从中找准谈判的着力点。例如要采购一个饮料瓶,有三个供应商报价,其中 A 是 0.3 元,B 是 0.32 元,C 是 0.28 元,目标采购价是 0.26 元,我们最可能从哪里得到目标价格呢?当然是 C,但怎么样从 0.28 元谈到 0.26 元呢?统一的分解报价表(见表 9-1)可以帮上忙。

表 9-1 饮料瓶分解报价表

项目			供应商 A	供应商 B	供应商 C
价格/元			0.3	0.32	0.28
成本	材料	瓶身	**		
		瓶盖			
		标签		**	
	工时	单位工时	**		
		工时工资			
	费用	折旧分摊			
		单位电耗		**	

续表

项目		供应商 A	供应商 B	供应商 C
三大费用	销售费用	＊＊		
	管理费用		＊＊	
	财务费用			
税收				
利润				

虽然 C 的报价最低，但并不是报价表中的每一项都是最低。从三家的分解报价中，找出 C 比另外两家高的项目(如表 9-1 中＊＊所示)，逐一分析差异，然后在谈判中要求 C 做出合理解释。如果 C 能说服我们，我们就接受它；如果说服不了，我们不一定要求它比另外两家低，但至少应该与别人趋同。同时，因为我们掌握的信息比 C 要充分，不仅有 C 的分解报价，还有业内相关企业的分解报价，谈判的筹码更多，力量自然更强大。通过这种方式，实现目标价格的机会就增加了，这也是采购专业性的体现。

有些采购人员喜欢用硬砍价的方式去达成目标，有时候是可行的；但更多的时候，这是一种野蛮采购，我们还是鼓励专业采购人士更多地采用专业的做法。

分解报价的八字原则是：分解到底，越细越好。

例如，你要买包装用的纸质彩盒，在进行分解报价时首先要对纸的类别细分：一个彩盒要用多少纸？指定要用进口纸还是国产纸？进口纸是用日本纸还是韩国纸？如果确定要用进口的日本纸，则按照同一个规格来报价，这时要区分是用白版纸、灰版纸还是铜版纸；如果确定用灰版纸，还要看是用 225 克的还是 250 克的；如果确定用 250 克的灰版纸，再对价格进行比较。只有细分到这个程度，报价才真正具有可比性。

分解越彻底，报价越细分，不同报价的差异点就越多；差异点越多，谈判的进攻点就越多；最终获得让步的机会点就越多，最终就越能获得采购优势。当然这需要事前进行充分的市场调查，在反复询价，并且要求个别有意向的供应商初步分解报价之后，将多个供应商的报价进行比较，求同存异，才可逐步制定出详细的分解报价表，然后再要求各个供应商按照分解报价表重新报价，就可以获得所需要的信息。

为什么要分解到底？因为这样差异点、进攻点、机会点就更多。分解报价表是对三方或者多方报价最有用的分析工具。分解报价通常适用于 A 类材料，即占采购金额比例 80％ 的物品。不要单纯地拿几份报价单做比较，要进行价格结构分析，确定可以降低成本的每一个细节。至少每年进行一次竞争性报价，对 A 类物料尤其如此。

(三) 重点关注总成本分析

在采购活动中，采购成本至关重要，在采购时不仅要关注单价，更要关注总成本，并以总成本最低为追求的目标。

弄清楚总成本的组成结构之后，就要在采购时进行总成本分析。

在表 9-2 所示的总成本分析表中，将供应商 A 与供应商 B、C 进行比较。供应商 A 的单价看起来比较高，但是通过对运输成本、检验成本、仓储成本、品质成本及交易成本的逐个分析比较，发现其总成本反而更低。因此，供应商 A 是最优的供应商，毫无悬念。

表 9-2　总成本分析表

供应商	购买成本	运输成本	检验成本	仓储成本	品质成本	交易成本	总成本
A	高						低
B	低						高
C	低						高

采购成本分析的 3A 法：
①产品成本结构的分析通常用在 A 类产品上，即占总销量 80％的产品。
②分解报价通常是用在 A 类材料上，即占采购金额的比例 80％的材料。
③总成本分析首先用在 A 类材料上，即占采购金额的比例 80％的材料。
因此，成本分析的三个步骤又简称采购成本分析的 3A 法。

二、基于价值的采购成本分析

价值分析 VA(value analysis)与价值工程 VE(value engineering)是美国通用电气公司的 Miles L. D. 先生在 1947 年开发出来的，最初用于解决防火材料石棉的问题，其后 Miles 进行相关研究并将之体系化后命名为 VA，到了 1954 年美国国防部将 GE 公司的 VA 观念加以导入，而命名为 VE。日本则在 1955 年，即第二次世界大战后第一次经济大景气时，组团赴美考察得悉此项降低成本的工具，并在 1960 年左右正式导入日本，推而广之。

VA/VE 的主要功用是在保持产品的性能、品质及可靠性条件下，凭借有系统、有条理的改善，改良设计，变更材料种类或形态，变更制造程序或方法，或变更来源，所有努力都是期望以最低成本获得产品必要的功能和品质。

（一）VA 与 VE 的概念与特点

1. VA 与 VE 的概念

价值工程是在产品开发设计阶段即进行的价值与成本革新活动，因为仍在工程设计阶段，故称为价值工程 VE。而一旦开始量产后，往往为了降低成本或缓解利润压力，不进行详尽的价值分析难以发掘可以降低成本或提高价值的改善点。此阶段及以后持续的分析是降低成本的主要手法，就称为价值分析 VA。所以价值工程与价值分析是有细微差别的，将两者混为一谈是不严谨的。

价值工程 VE 与价值分析 VA 两种活动都是对商品的价值、功能与成本不断思考与探索，以小组活动方式，集思广益，朝各个方向寻求最佳方案，再运用体系分工的方式达成价值提升或成本降低的目标。其计算公式如下：

$$V = F/C$$

式中：V 为 value(价值)，F 为 function(机能)，C 为 cost(成本)。

2. VA 与 VE 的五大特点

（1）组织的努力。
（2）机能的研究。
（3）对象为产品或服务。
（4）最低的生命周期成本。

(5) 确保达成必要的机能。

(二) VA 与 VE 提高价值的基本途径

从公式 $V=F/C$ 可以找出提高价值的五种途径：

(1) F 不变，降低 C，V 增加；

(2) C 不变，F 提高，V 增加；

(3) F 增加，C 增加，V 增加；

(4) F 下降（降低次要功能），C 下降，V 增加；

(5) 运用新技术，改革产品，提高 F，降低 C，V 增加。

注意：降低成本产生的利益与增加产出的意义是相同的，但成本的降低以不牺牲品质为上策。

(三) VA 与 VE 的实施步骤

1. 对象的选择

进行 VA/VE 时，首先需要选定对象。一般说来，VA/VE 的对象是要考虑生产经营的需要以及对象价值本身有被提高的潜力。例如，选择占成本比例大的原材料部分，如果能够通过价值分析降低成本提高价值，那么这次价值分析对降低产品总成本的影响将非常显著。当面临一个紧迫的境地，例如生产经营中的产品功能、原材料成本都需要改进时，研究者一般采取经验分析法、ABC 分析法以及百分比分析法来确定分析对象。就采购领域而言，优先选择每年采购金额最大的材料作为 VA/VE 改善的对象。

就对象选择而言，是以能否收到较大的经济效果为基本原则，因此，所选择的对象通常是如下几类：

(1) 产品：

①需求量大的产品；

②正在研制即将投入市场的新产品；

③竞争激烈的产品；

④用户意见大、急需改进的产品；

⑤成本高、利润少的产品；

⑥结构复杂、技术落后、工序繁多、工艺落后、原材料品种多、紧缺资源耗用量大的产品。

(2) 零部件：

①数量多的零部件；

②制造费用高的零部件；

③结构复杂的零部件；

④体积、重量大的零部件；

⑤用料多、消耗稀缺资源的零部件；

⑥不良率高的产品。

(3) 包装物：

产品的内包装与外包装用量较大，从 VA/VE 的角度看，往往都有较大的改善空间。

2. 情报的收集

选定分析对象后需要收集对象的相关情报，包括用户需求、销售市场、技术状况、经济分析以及本企业的实际能力等。价值分析中能够确定的方案的多少以及实施成果的大小与情报的准确性、及时性、完整性紧密相关。

3. 功能分析

有了较为全面的情报之后就可以进入价值工程的核心阶段,即功能分析,在这一阶段要进行功能的定义、分类、整理、评价等步骤。

4. 提出改进方案

经过分析和评价,分析人员可以提出多种方案。

5. 方案评价与选择

从多种备选方案中筛选出最优方案加以实施,通常从有效性、可行性、经济性、可靠性四个维度进行评价,并采取加权平均的方式进行筛选。

6. 试验

在决定实施方案后应该制订具体的实施计划,提出工作的内容、进度、质量、标准、责任等方面的内容,确保方案的实施质量。

7. 提案审批和实施

为了掌握 VA/VE 实施的成果,还要组织成果评价。成果的鉴定一般以实施的经济效益、社会效益为主。作为一项技术经济的分析方法,VA/VE 做到了将技术与经济紧密结合。此外,其独到之处还在于它注重提高产品的价值,注重研制阶段开展工作,并且将功能分析作为自己独特的分析方法。

知识点三 采购成本控制

对于生产制造企业而言,采购成本是构成企业生产成本的主要部分;对于第三方物流企业而言,采购成本同样也是物流成本的主要组成部分。在经济学中,利润的增加需要通过提高收入或降低成本来实现。控制采购成本就是不断降低采购成本从而增加企业效益和提升竞争力。

成本分析的结果显示,降低材料成本为首选,其对策有三点:①采用新材料;②减少材料用量;③降低材料价格。将这三种对策展开并细化,就发展出了降低采购成本最具操作性的三种方式:技术降成本、商务降成本与结构降成本。三种方式组合应用,将产生巨大的经济效益。

一、技术降成本

技术降成本的核心就是运用 VA/VE 价值分析与价值工程,提高各种材料的通用化率,找到性价比更高的替代材料,并且运用技术革新减少生产环节材料的单位耗用量,其前提是保障产品质量与功能实现,包括产品的安全属性。

技术降成本主要应用在产品设计阶段,既包括对新产品的开发,又包括对现有产品的改良;既包括产品本身的设计优化,又包括产品包装的设计优化。因此,它直接影响到产品的成本结构,进而影响到产品利润。

技术降成本需要产品开发部门与技术部门非常紧密的配合,而这两个部门习惯于追求产品技术上的创新与完美,往往对成本不够敏感;同时,技术降成本的周期比较长,需要外部供应商的参与及配合,因此很多企业在技术降成本方面说得多、做得少,落到实处的还很不够。

在实践中,技术降成本的活动通常由采购部门来主导,与研发及技术部门形成跨部门的功能小组(CFT),但必须由公司层级的高级领导介入,进行跨部门的横向协调,才可以顺利推动,并最终产生效果。

技术降成本主要有四种方法:通用化设计、新型化设计、轻量化设计、包装优化。

(一) 通用化设计

通用化设计是以互换性为前提的。所谓互换性,是指在不同的时间、地点制造出来的产品或零件,在装配、维修时,不必经过修整就能任意地替换使用的性能。

通用化的目的是最大限度地扩大同一产品(包括元器件、部件、组件、最终产品)的使用范围,从而最大限度地减少产品(或零件)在设计和制造过程中的重复劳动。通用化的效果体现在简化管理程序,缩短产品设计、试制周期,扩大生产批量,提高专业化生产水平和产品质量,方便顾客和维修方面,最终获得各种人工劳动和物化劳动的节省。

通用化的对象主要有如下两大类。①物,如产品及其零部件的通用化,要使零部件成为具有互换性的通用件必须具备以下条件:尺寸上具备互换性;功能上具备一致性;使用上具备重复性;结构上具备先进性。②事,如方法、规程、技术要求等的通用化。

通用化设计是指通用化的实施应从产品开发设计时开始,这是通用化的一个重要指导思想。通用化设计通常有如下三种情况:

(1) 系列开发的通用化设计。在对产品进行系列开发时,通过分析产品系列中零部件的共性和个性,从中找出具有共性的零部件,能够通用的尽量通用,这是系列内通用,是最基本和最常用的环节。

(2) 单独开发某一产品(非系列产品)。在单独开发某一产品(非系列产品)时,也尽量采用已有的通用件,即使新设计零部件,也应充分考虑使其能为以后的新产品所采用,逐步发展成为通用件。

(3) 老产品改良。在老产品改良时,根据生产、使用、维修过程中暴露出来的问题,对可以实现通用互换的零部件尽可能通用化,以降低生产成本,保证可靠性,使老产品的焕发青春。

通用化设计水平通常采用通用化率来表示,其计算公式如下:

通用化率(%)=通用件件数(或品种数)/零部件总件数(或品种总数)×100%

而就采购成本控制而言,通用化设计就是大力实施材料的标准化,提高材料的通用化率。标准化可以降低成本,这里指的是降低总成本。有时为了总体上更大的节省,在某些环节成本也可能增加。这就要求采购部门在新产品开发过程中一定要早期参与进去,帮助研发部门尽可能多地利用现有的原材料以及包装材料进行新产品的开发。也就是大力推动产品的通用化设计,提高材料的通用化率,从而减少采购的种类,增加每类材料的采购批量,有利于形成规模效应,最终实现采购成本的降低。

在生产过程中,持续推动材料与包装的标准化工作,也能起到相同的作用,比如中性包装的应用,以及致力于将非标准件变成标准件等。材料标准化也包括所用材料与产品定位的匹配,比如高端产品采用高级的材料,低端产品采用更廉价的材料。如果错位配搭,要么损失质量与功能,影响产品形象;要么杀鸡用了牛刀,造成质量过剩,成本上升。

近年来,越来越多的公司关注通用化设计的进程,在对研发人员进行绩效考核时特别强调材料通用化率的提升,这必将使公司积累更多卓有成效的改善手段。

标准化的需求主要体现在新产品开发过程中。在开发新产品时,技术人员倾向于尝试各种不同的技术与材料,很容易让采购的清单越来越长,批量越来越小,从而削弱未来采购的优势,甚至让采购变得非常复杂。通用化设计的具体做法是把已确定的通用件编成手册或计算机软件,供设计和生产人员选用,通用件经过多次生产和使用考验后,有的可提升为标准件。另外,以功能互换性为基础的产品通用,越来越引起广泛的重视,如集成电路和大规模集成电路的应用和互换。产品通用化所产生的社会经济效益,是其他标准化形式所无法取代的,比如汽车行业的通用化设计已经非常普遍。

(二)新型化设计

新型化设计就是在不牺牲产品的正常功能与质量,包括产品安全属性的前提下,采用价格更低、功能相近甚至更优的新材料作为替代,新型化设计的本质是改变材质。

新型化设计的改善点是:①产品开发阶段寻求机会设计尽可能低的材料成本;②产品成熟期或市场竞争激烈时需要提升产品的成本竞争力;③绿色采购趋势需要寻求环保材料;④新技术应积极应用。

在电器行业普遍流行以钢代铜,以工程塑料代替金属材料;在产品包装上以塑料包装代替纸质包装,以铝塑复合材料代替不锈钢或纯铝质材料;在食品、药品行业以本地化的种植或者繁育代替进口原料,以果葡糖浆代替白砂糖,甚至以代糖代替糖浆。这些都是新型化设计的具体应用。

(三)轻量化设计

轻量化设计也是在不牺牲产品的正常功能与质量,包括产品安全属性的前提下,通过改善设计,调整产品结构或者产品配方,减少成本占比较大材料的单位耗用量。同时,减少材料用量还包括提高材料的利用率,以及有效控制材料库存。轻量化设计的本质是减少用量。

轻量化设计往往离不开新型化,没有新技术、新工艺与新材料的支持,轻量化设计通常难以实现。轻量化设计在很多行业都有成熟的应用案例,比如在汽车行业,日系车相较于欧系车或美系车,其经济省油的特征与其轻量化设计密切相关。有报道称,宝马与奔驰目前都在对主销车型进行轻量化的重新设计,以增强其新产品的竞争力。

(四)包装优化

新型化与轻量化在产品包装优化方面运用得非常普遍。包装优化是降低采购总成本的一个重要环节,在采购订单上必须清楚说明包装要求,进出口贸易时尤其重要。

关于包装优化,应始终记住客户最终使用的只是内容物,包装最重要的功能是保障内容物的质量以及运输与搬运的效率,只要实现这些功能就可以了,任何过度的包装都是浪费。包装优化的方法有如下几种:

(1)改变材质,比如塑料包装代替纸质包装。

(2)改变用量,比如包装材料厚度或者重量的改变。

(3)多用标准包装或者中性包装。这样做减少了包装的种类,不仅可以节省印刷费用,更会因为采购量的增加而降低采购成本,同时还可以减少库存,降低仓储成本。改为中性包装后可以贴标签来区分不同的产品。

(4)增加重复使用次数。在不影响产品质量的前提下,包装尽可能多次重复使用。

(5)改变运输方式也有利于包装优化。比如在宝洁公司采购山梨醇的案例中,原来的铁桶包装改为槽车运输之后就大大降低了包装成本。

(6）建立生产联盟也有利于优化包装。可口可乐公司降低塑料瓶采购成本,实现连线生产,以及牙膏生产厂与牙膏管供应商的"厂中厂"或者连线生产,都可以显著降低甚至取消相关材料的包装成本。

二、商务降成本

多数企业在商务降成本方面说得多,做得也不少。商务降成本的方法已经非常成熟,具体包括招标采购、竞争性谈判、鼓励供应商间的竞争、延长付款时间、调整付款方式、优化运输管理、反向拍卖等。

（一）招标采购

采购市场分析包括采购对象的市场供求分析、供应商分析等,进而制订适宜的采购策略和价格策略。

（二）竞争性谈判

与招标采购紧密相关的一个话题就是谈判。有人甚至认为,采购就是做两件事情:货源,再货源;谈判,再谈判。找到合适的货源,谈判合适的条款,这就是采购的主要内容,可见谈判对于采购的重要性。谈判时有多个可选择的货源,就可以开展竞争性的谈判。

（三）鼓励供应商间的竞争

合理竞争可以降低成本,利于持续改善,最终形成双赢的合作伙伴关系。因此,要在供应商之间挑起竞争,并以公平诚实的方式进行。供应商之间的竞争不能简单归结为投标之战,竞争的手段通常有两种:一是差异化,二是低价格。其中低价格用得更加普遍,新的供应商想要和你做生意,在质量认可的前提下,往往会以低价进入,这对于采购方来讲是有利的,但这必须依赖供应商的开发,有了备选的供应商,才可以挑起它们之间的竞争。

经常发生的情况是:采购部门从新的潜在供应商获得一套价格,只是为了要求现有供应商符合新价格,现有供应商在与你做生意的过程中,逐渐会养成一个习惯,想当然地认为你对它会产生依赖性,从而降低配合度,尤其是在你提出降价要求的时候。所以,要注重对新供应商的开发,并且用潜在的新供应商的价格（一定是更低的）来与现有供应商展开竞争性谈判,开发新供应商不一定就要与它做生意,毕竟转换供应商也需要成本,有时甚至是有风险的。

但是,当现有供应商不再满足公司对于质量、成本或者服务要求的时候,就必须从已开发的新供应商处寻求货源。因为不恰当地忠诚于一个供应商会阻碍新的供应商继续提供新的报价,也从反面反映出该采购部门不正直。要执行门户开放政策,才能获得最合适的价格,同时对降低成本有利。

（四）延长付款时间

每个企业在日常运营中都非常关注应收款与应付款的管理,其基本思想就是应收款尽早收回,应付款延迟付出。

降低成本另一个简单的方法就是延长付款时间,大多数供应商宁愿多等一段时间,而不愿失去生意。延长付款时间,先是30天,然后是45天,再是60天,甚至是3~6个月,大多数供应商都拖得起。

延长付款时间可以为公司争取更多的现金流,有利于提高资金效率,减少资金占用成本。

因为当你将货款付出之后,采购回来的材料可能还没有使用完,变成了库存积压在仓库。对于现金周转压力比较大的公司,争取更长的付款时间显得尤其重要。需要注意的是,这里所讲的延长付款时间,是指在与供应商谈判时,要争取更有利的付款条件,尽可能延长付款时间,然后在合同里确定下来。但一旦确定下来,无论是 30 天、45 天、还是 60 天,到期该付款的时候就一定要及时付款。

延长付款时间与拖延付款是迥然不同的,不能混为一谈,毕竟商业信用是一件非常严肃的事,对于维持双方长期友好的合作至关重要,我们鼓励去争取更长的付款时间,但无论付款时间有多长,到了付款期限一定要及时付款,以维持与供应商的长期有效的合作。

有趣的是,有时候提前向供应商付款也可以作为降低采购成本的手段,通常称之为降点付款。如果供应商希望相对于合约更早地收到货款,或者到期后想获得采购方的优先付款,则必须将货款降低一定的比例才可以实现,比如 2% 或者 3%。降点付款通常是一种双赢的结果,供应商在减少风险的同时获得了更好的现金流,而采购方可能增加一点财务费用,但收获了更低的采购总成本。

(五)调整付款方式

调整付款方式有利于降低采购成本。付款方式有如下几种:

1. **先款后货**

签订合同后,立即一次性付款,款到后发货。这种方式基于卖方绝对强势,或是大宗合同,一般是进口物资采购等,比如在对方开 L/C 信用证的时候,就必须全额付款,或者签订合同后,先付一定比例的预付款(一般为 20%~30%),预付款到后才发货。

2. **先货后款**

签订合同或订单后,货到后才付款。这种方式基于买方强势,或者是小额合同。

3. **收取质保金**

一般质保金比例为 10%,质保期到后无问题再付。

调整付款的方式是争取先货后款代替先款后货,即使能先货后款,还要争取用银行承兑代替现金或现金支票,其本质是减少资金事前支付而产生的财务费用。

(六)优化运输管理

优化运输管理是降低采购总成本的一个重要环节,在采购订单上必须清楚说明运输要求。运输优化有利于降低运输成本,运输行业普遍操作不规范,并且价格混乱,鼓励名副其实的竞争有利于获得好价格。

优化运输尤其要控制好报价环节与结算环节,这两个环节都涉及几个关键点:运输量、运输价格、运输距离、运输路线、运输目的地、到达时间、运输单据以及信息交换等。这些关键点最终影响到运输的质量、效率与成本,因此要仔细检查与核实,以防发生错误,所有的内容最后通过运输合同来约定。

(七)反向拍卖

反向拍卖是由采购方和供应商通过互联网共同完成的一种采购方式。该种模式会在适当的范围内,最大限度地激发供应商之间的竞争,在保证质量、交期的前提下,使采购方获得尽可能低的采购成本。这种反向竞价与一般卖方主导的竞价行为恰恰相反,由买方主导,价低者赢。

通常的拍卖以供应商即卖方为主导,卖方给出要拍卖的商品,由多家买方依次出价,价格逐步升高,最后价高者中标,直接受益方为卖方;反向拍卖与此刚好相反,由采购方即买方主导,买方给出要采购产品的详细规格描述,由多家供应商即卖方依次出价,价格越来越低,最后由价低者中标,直接受益方为采购方。

三、结构降成本

结构降成本指通过材料结构、供应商结构以及物流结构的调整与优化,形成更大的采购规模,实现规模效应,降低采购成本。因此结构降成本包括三种具体方式:材料结构优化、供应商结构优化与物流结构优化。

材料结构优化就是指材料的标准化与通用化,减少材料种类,提高每类材料的采购批量,从而形成规模效应。材料结构优化的前提是产品结构优化,也就是产品设计本身要追求通用化与标准化。只有不断优化产品结构,才能持续优化材料结构,这方面的内容与技术降成本的通用化相通。

供应商结构优化指的是在供应商分类管理的基础上,大力推进集中采购,在集中采购的同时强化电子采购。其效果是供应商数目减少,采购集中度提高,显现规模效应。

物流结构优化是指整合物流,实现物流的无缝对接。这涉及优化产业布局,实现供应的本地化,直到整合整个供应链,也包括了采购的全球化。

(一) 集中采购

集中采购又叫作采购的中央化,它与分散采购是相对立的。集中采购最基本的含义是将所有采购的职能集中到采购部门,公司购买任何产品或者服务都通过采购部门来执行,形成采购的规模效应。集中采购早已成为一种采购趋势或者说采购习惯。

(二) 电子采购

集中采购最大的优点是降低成本,最大的不足是效率低下。为了弥补这一不足,集中采购之后必须走向电子化,实施电子采购,从而在降低成本的同时提高效率,更加彰显集中采购的优势。如果说竞争性谈判与招标采购是相辅相成的话,那么电子采购与集中采购就是相伴而生的。

(三) 本地化采购

从物流结构优化来看,其本质就是推进本地化供应,大力开发、培育和发展本地供应商,这就需要:①不断优化产业布局;②实现供应本地化,缩短采购半径;③整合整个产业链。只有当供应商高度聚集在公司周围,形成以公司为中心的工业卫星城,物流整合才可以实现,从而大大降低物流成本,获得更低的采购总成本,显然这是采购规模相当大的集团化公司才可能做到的,比如丰田汽车、海尔集团。而对于一般的中小型企业而言,单个地发展本地供应商也能够获得相应的成本优势。

(四) 全球采购

全球采购是当代采购发展的一种方向,引起人们关注全球采购的因素有很多,集中体现在国际原材料的变化上。改革开放带来了没有国界的市场,经济全球化就要求采购也必须全球化。

实施全球采购的具体原因如下:①价格上可能有优势;②质量上更加稳定;③某些货物在国

内无法买到;④供应的连续性;⑤有时候交货更快;⑥技术优势;⑦更好的技术服务;⑧竞争的影响。

推动全球采购最主要的原因就是价格的优势,而这种价格优势主要来源于以下几个方面:①某些国家的劳动力成本更低;②汇率影响;③国外供应商设备与工艺的效率更高;④供应商集中生产某些商品,对出口商品定价较低以扩大产量。

CMF 模块化平台

CMF 平台全称 common module family,意为"公共模块家族"。其模块架构也正是由 4 大生产模块组成,分别为发动机模块、驾驶舱模块、前部底盘模块以及后部底盘模块。每个模块可根据不同级别的车型进行调整,使其拥有打造跨级别车型的能力,在 CMF 平台中,不同车型也可采用相同零部件,使车型成本大幅降低,这将为雷诺-日产联盟带来 30%～40% 的成本节约,主要节省项目包括零部件的采购与车型设计研发的费用。

日产和雷诺新车共享零部件,可削减成本 30%

据《日本经济新闻》2013 年 4 月 25 日报道,日产与合作伙伴雷诺计划共享通用零部件,用于两家公司旗下新一代车型,此举可将成本削减大约 30%。

《日本经济新闻》称,两家公司准备首先将通用零部件用于日产 March/Micra 和雷诺 Clio 两款小型车。从 2015 年起,新一代 March/Micra 和 Clio 大约有 50% 的零部件将共用,可降低成本 30%。

之后,雷诺和日产将扩大共享通用零部件的范围,当前主要集中在小型车领域,每年销量大约 300 万辆,未来则将拓展到其他车型。不久,两家公司高管召开会议,最终确定从设计阶段采用通用零部件的战略。

雷诺和日产从四年前开始在中级车设计方面展开通用性合作,以新跑车作为第一步。两家公司的采购人员定期会晤,设计共用的零部件。

日产与雷诺结缘已达 13 载,双方在多个领域已达成合作,而随着当今模块化的生产模式已成为发展趋势,日产与雷诺联盟也将共享 CMF 模块架构。在 CMF 通用模块化平台(见图 9-3)上,日产与雷诺将共同打造多款车型,值得一提的是,双方在 CMF 平台打造的两款相同级别的车型零件共通率可高达 80%。大规模的零件共通率可使造车资金利用率提升,未来凭借 CMF 平台的全面应用,雷诺-日产联盟的经济效益也有望进一步提升。

经过几年的运作,日产与合作伙伴雷诺共享通用零部件的计划赢得了丰硕的成果。据美国《汽车新闻》2016 年 7 月 11 日报道,雷诺-日产联盟提前 1 年完成两家公司的经营成本节约目标。戈恩的目标是到 2018 财年,将雷诺和日产两家公司的开支降低 55 亿欧元(约合人民币 406.9 亿元)。

雷诺-日产联盟高级副总裁阿诺德表示,在 2015 财年,雷诺和日产两家公司共节省开支 43 亿欧元(约合人民币 318.2 亿元),比戈恩的计划提前了 1 年。在去年节省的开支中,联合采购

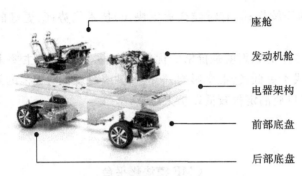

图 9-3　CMF 通用模块化平台

占了 1/3，联合工程占了 26%，联合制造占了 17%。

当今车企将模块化平台作为发展方向，平台模块化能够有效削减开发和制造成本，并缩短工时，对于提高车企利润作用显著。

目前，汽车厂商纷纷推出了全新平台（见表 9-3）以降低成本，其中大众 MQB、MLB 平台是模块化平台的代表，零部件通用化比例最高可达 70%。通用集团的全球平台也拥有打造多款车型的能力，丰田与本田也均推出类似模块化的平台以节约资金，丰田计划基于 TNGA（toyota new global architecture，丰田新全球架构）平台推出新车，其 80% 零部件共享，提高开发效率 20%～30%。日系三巨头中另一家本田则提高最畅销的三款主力车型零部件的通用程度，将采购成本削减了 30%。可见，模块化的生产方式也是未来各车企研发的方向之一。

表 9-3　多家厂商推出全新平台

厂商	新平台	零部位共通率	成本节约	新车型推出时间
雷诺-日产	CMF	最高达 80%	30%～40%	2013 年
大众集团	模块化平台	—	30%	2012 年
丰田	B/C/K 平台	70%～80%	40%	2015 年
本田	共通化平台	40%～50%	20%～30%	2015 年
PSA 集团	EMP2 平台	—	—	—
通用	全球平台	95%	40% 以上	2016 年

注："—"为未公布信息

日产和雷诺新车共享零部件的启示：
(1) 产品通用化所产生的社会经济效益是其他标准化形式所无法取代的。
(2) 汽车行业的通用化设计已经非常普遍。
(3) 模块化的生产方式也是未来各车企研发的方向之一。
(4) 通用化设计与共享通用零部件可大幅降低成本。

重要概念

战略采购成本　价值分析　价值工程

本章小结

采购成本指与采购原材料部件相关的物流费用,包括采购订单费用、采购计划制订人员的管理费用、采购人员管理费用等。采购成本的含义有广义采购成本和狭义采购成本之分。

对一般的生产性材料来讲,总成本包括6个部分:购买成本、运输成本、检验成本、仓储成本、品质成本与交易成本。而对于固定资产类的设备或生产线而言,总成本还包括运行成本、维护成本、售后服务成本以及处置成本。

VA/VE的主要功用是在保持产品的性能、品质及可靠性条件下,凭借有系统、有条理的改善,改良设计,变更材料种类或形态,变更制造程序或方法,或变更来源,所有努力都是期望以最低成本获得产品必要的功能和品质。

复习思考题

一、填空题

1. 狭义的采购成本包括(　　)成本、(　　)成本和(　　)成本。
2. 库存持有成本是指为保持商品而发生的成本。它可以分为(　　)成本和(　　)成本。
3. 材料成本又称材料采购成本,是指企业从外部购入原材料等所实际发生的全部支出,包括(　　)和(　　)。
4. 成本分析包括三个核心内容:(　　)、(　　)以及(　　)。
5. 缺货成本又称亏空成本,是指由于存货供应中断而造成的损失,包括(　　)、(　　)和(　　)等。
6. 采购总成本包括六个部分:(　　)成本、(　　)成本、(　　)成本、(　　)成本、(　　)成本与(　　)成本。
7. 优化运输尤其要控制好报价环节与结算环节,这两个环节都涉及几个关键点:(　　)、(　　)、(　　)、(　　)、(　　)、(　　)以及信息交换等。
8. 结构降成本包括三种具体方式:(　　)结构优化、(　　)结构优化与(　　)结构优化。

二、单项选择题

1. (　　)不属于技术降成本的方法。
   A. 通用化设计　　B. 新型化设计　　C. 标准化设计　　D. 轻量化设计
2. (　　)不属于商务降成本的方法。
   A. 招标采购　　B. 集中采购　　C. 反向拍卖　　D. 延长付款时间
3. (　　)不属于结构降成本的方法。
   A. 招标采购　　B. 电子采购　　C. 本地化采购　　D. 全球采购
4. 价值工程中提高价值的基本途径不正确的是(　　)。
   A. F不变,降低C　　　　　　　　B. F增加,C增加
   C. F减少,C增加　　　　　　　　D. 提高F,降低C
5. 价值分析是(　　)。
   A. VE　　B. VA　　C. VB　　D. VC
6. 价值工程是(　　)。
   A. VE　　B. VA　　C. VB　　D. VC

7. 降低采购成本是采购核心价值的集中体现,要降低采购成本首先要学会( )。
   A. 成本分析　　　　B. 成本计算　　　　C. 成本核算　　　　D. 成本预算
8. 采购是一项专门技术,其中最核心的技术就是( )。
   A. 成本分析　　　　B. 成本计算　　　　C. 成本核算　　　　D. 成本控制

三、判断题

1. 价值分析 VA 与价值工程 VE 是美国通用电气公司 Miles L. D. 先生在 1947 年开发出来的,最初用于解决防火材料石棉的问题。( )
2. 价值工程是在产品开发设计阶段即进行的价值与成本革新活动,因为仍在工程设计阶段,故称为价值工程。( )
3. 分析主销产品的成本结构,就是确定材料成本、直接人工以及制造费用各自所占的比例,将占比最大的部分作为降低成本的优先对象。( )
4. 价值工程与价值分析两种活动都是对商品的价值、功能与成本不断地思考与探索,一般认为两者是一回事。( )
5. 技术降成本主要应用在产品生产阶段,应用技术手段降低产品成本。( )
6. 通用化设计是以互换性为前提的。所谓互换性,是指在不同的时间、地点制造出来的产品或零件,在装配、维修时,不必经过修整就能任意地替换使用的性能。( )
7. 轻量化设计往往离不开新型化,没有新技术、新工艺与新材料的支持,轻量化设计通常难以实现。( )
8. 延长付款时间就是用各种方式、理由和技巧拖延付款,可以为公司争取更多的现金流,有利于提高资金效率,减少资金占用成本。( )

四、简答题

1. 简述狭义采购成本。
2. 简述广义采购成本。
3. 如何进行成本分析?
4. 简述采购成本构成。
5. 简述价值工程与价值分析。
6. 简述控制成本的方法。

五、案例分析

案例1

可口可乐公司瓶装水

大家在生活中都会去买瓶装水,作为消费者,你对瓶装水的价格有什么感受?越来越低是不是?可是十年前或者更早一些,你买一瓶水需要多少钱?2元甚至3元。现在多少钱?1元,甚至8角就够了,当然,花2元钱和花1元钱买的瓶装水内在质量是相同的,但拿在手里捏起来的感觉不一样,1元的瓶装水的瓶子感觉软了很多,为什么会这样呢?

作为消费者,你会不会质疑一瓶水怎么会值2块钱呢?一吨水多少钱?不管是生活用水还是生产用水,通常不超过3元吧?买一瓶水喝掉了多少吨?1/2 000 吨!500 毫升相当于1/2 000 吨!据统计,中国每生产500毫升的产品水实际耗水量(自来水的消耗)需要4倍左右,也就是2 000毫升。这样计算的话,买一瓶水也就喝掉了1/500 吨,自来水的成本不超过1分钱!因为消费者对价格敏感,希望瓶装水降价,瓶装水的生产厂家就要不断满足消费者的愿望。但要降价通常不是直接让利给消费者,而是要想方设法去降低成本,成本降低了,自然价格也低了,但利润还能维持在较好的水平。

厂家稍微分析一下瓶装水的成本结构,就清楚地知道消费者喝掉的水充其量不超过1分钱!产品里面贵的不是水而是包装物,也就是消费者喝完之后很潇洒地扔掉的瓶子。即使自来水的总消耗量不小,厂家也没法把自来水的价格降下来,因为自来水是国家的资源!你不能说今年自来水用量是1 000万吨,明年用量将达到2 000万吨,然后去找自来水公司谈判,要求自来水公司降价供水吧?

自来水价格降不下来,那就只能从包装物想办法。接着再细分瓶装水的包装成本,很容易发现瓶子成本占比最大,所以厂家就要想方设法降低瓶子的价格。

瓶子的材料通常是PET(聚对苯二甲酸乙二醇酯),这符合国家卫生标准,不允许随便使用其他替代材料。材质改变不了,但瓶子的重量国家没有硬性规定,因此要降低瓶子的价格,厂家就不断降低瓶子的重量。以可口可乐公司的瓶装水为例,早期每个瓶子的净重(不含瓶盖)是32克,后来降到28克,再降到22克,接着是19克,每次改变都会维持一段时间,而随着行业技术的发展又不断地改进,从2011年开始,可口可乐公司又强势推出轻量瓶,一下子降至11克,在强调更加环保的经营理念时,将瓶子的成本再次大幅度降低。当然,某些非品牌厂家的瓶子可能更轻,但质量也容易出问题,材料用量在这个过程中最终减少了60%以上,厂家的成本自然大大降低,充分支持了销售价格的调整,从而增强了市场竞争力。

瓶子变薄了,在生产与运输、销售与消费过程中可能会出现一些问题,比如容易变形、溢出等。于是厂家就将瓶子外观的设计进行变更,甚至在生产工艺(加氮灌注)、设备(更精良)上进行调整。所以现在你看到的瓶装水的外观,几乎没有一个瓶子是光滑的,总是坑坑洼洼的,这叫加强筋,主要就是为了防止瓶子变形。

案例1思考题:
(1) 可口可乐公司运用什么理论降低瓶装水成本?
(2) 可口可乐公司采取了哪些措施降低采购成本?

案例2

煤矿装备的采购

抚顺市矿务局老虎台矿需要一批矿灯带。在市场调查中,矿务局定点供应单位出售的黄牛皮矿灯带每条为16元,市劳保商店每条为15元,浙江平阳与该矿联系供应的水牛皮矿灯带每条为9元。从皮质看,水牛皮比黄牛皮的表面光泽度略差些,但使用价值完全一样,规格(皮带的长度、宽度、厚度)均一样。经过功能、价值与成本分析,一致认为选购浙江平阳的水牛皮矿灯带可以大幅度降低成本,于是一次采购灯带15 000条,而且包装、运杂费用均为供方负担,每条降低成本7元,共降低采购成本105 000元。

案例2思考题:
(1) 简述价值工程和价值分析。
(2) 试用VA/VE分析本案例。

第十章 采购绩效管理

◆ 学习目标
①理解绩效评估在采购管理工作中的意义和目的；
②掌握采购绩效评估的内容；
③能够把采购绩效管理的方法运用于实际采购工作中。

艾德西点连锁公司的绩效管理

艾德是艾德西点连锁公司的业主。该公司从一家面包店起家，逐步发展成遍布全国的连锁企业，发展势头良好，现拥有97家店面和10个烘焙中心。鉴于公司良好的发展势头，艾德决定进驻更为高档的闹市街区，扩展业务范围，增开咖啡店和增加外卖服务，从而使营业额和利润额稳步增长。

配餐供应

咖啡店配套产品的供应源搜寻与供应比较复杂，范围大大超出原有西点烘焙的采购。西点烘焙的采购主要是面粉、油脂和调味品，而咖啡店的采购范围更大，包括易腐坏的物品和不易变质的物品，这些物品通常由大型厂家和批发商以大包装的形式批量供货。有些易腐品需要冷藏，且都有保质期限。咖啡店的灌装产品是用24听一捆的塑料薄膜包装。部分产品，诸如鸡蛋和火腿，从就近的小规模专业农户和其他供应商处采购。

公司总部设有一个仓库，批量货物在运往各个门店之前被运送到这个仓库进行储存。艾德西点连锁公司有两辆喷有公司标志的货车，并聘用了两名司机，在工作日（周一至周六）期间隔日轮流送货，总部同时也负责履行集中管理职能。

门面的当地采购

艾德西点的部分采购由门店经理和首席烘焙师在本地进行，他们有时从自己选择的供应商中购买，有时向中央仓库订购。各门店之间通过电话和电子邮件进行联系，但是没有将各店的销售额、订单与库存数据库等信息相联结的系统。其他本地的日常采购包括管理和后勤方面需要的小商品，如纸袋、文具等。

存在的问题

艾德巡查各个门店后发现，烘焙师们在与咖啡相关的订货和催货方面花费了太多时间，这会导致客人需要等待较长的时间，并对质量和品种短缺产生不满。艾德还发现，他所知的在一些门店里很畅销的产品并非每个门店都提供。另外，同个供应商提供的同一种货品，各个门店的采购价格却有高有低。

新采购主管

艾德认为公司需要一个新的采购主管，并正在积极寻找一个合格的专业人员来担任这个职务。艾德正在起草招聘广告的职位描述,他很明白,他需要这个新主管能从根本上改进公司的采购绩效,从而很快为公司带来收益。

绩效评价是企业计划与控制的有机组成部分。近些年来由于工作性质、企业角色、外部需求的变化、竞争的加剧以及信息技术飞速发展所带来的革命性影响,绩效评价受到越来越广泛的关注和日益深入的探讨研究。而采购作为企业最重要的物流活动之一,如何对企业的采购绩效进行评价显得尤为重要。

思考题:
(1) 什么是采购绩效评估?
(2) 绩效评估给公司带来了什么好处?

知识点一　采购绩效评估方案的制订

一、采购绩效评估概述

任何组织都依赖供应商来满足其社会活动的各种需求,以达到最终产出的目的。在社会分工日益细化的趋势下,采购岗位对于一个组织的成本控制、竞争优势以及承担社会公民责任方面起到越来越关键的作用。而采购的职能结构、流程和人员编制应如何适应全球化的趋势,令企业具备持续的发展潜力并优化各项资源?是否能够通过有效的业绩考评系统来改善和提高,达到最终目标?

绩效即业绩、功效,指针对某项或某几项任务的完成情况。采购绩效就是对当初所设定的采购目标的执行情况,达到什么样的业绩和效益,评价对象可以是个人、团队,或者某个项目,这是采购的产出和相应的投入之间的对比关系,是一种全方位、多角度的整体评价体系。

目前许多企业的采购管理仍然停留在日常行政事务层面,主要工作集中在采购订单的执行、跟催与监督、简单的合同归档、更新等环节。价格谈判方面,降低成本的手段主要是通过传统的成本分解或者通过竞价逼迫供应商降价。采购活动是零散的、短期的、被动的,缺乏策略性、预见性和整体性,限制了采购环节的功能的发挥,难以真正实现成本的控制与企业竞争优势的构建。

(一) 采购的利润杠杆效应

物流企业营利能力的提升,同传统产业一样分为两个方面:开源与节流。开源意味着创新,因地制宜地开发新的产品(如多式联运、验货与包装等)、新的合作方式(如整体外包、项目外包或增加维修等附加服务)、新的技术(如无纸化运作、系统植入等),开辟新的市场等;节流意味着挖潜,有效地细化与控制企业各个环节的成本,优化企业现有的各种资源,推行精益采购,降低整体采购成本。

采购部门的成本节约会带来显著的利润杠杆效应。有统计表明,采购环节节约1%,企业利润将增加5%~10%。采购环节管理的好坏已成为企业降低成本、提升运营效益的关键因素。对于一个供应职能已经相当成熟的企业,采购成本的深挖已经很困难,甚至不可能,但对于一家侧重销售而忽视了采购的企业来讲,供应部门可能成为新的利润源泉。

(二) 采购部门的贡献

采购部门的成本节约和利润杠杆都是可以衡量的,是可以横向和纵向比较的指标,是对企业的直接贡献。通过提高企业中其他部门或个人的绩效,采购部门还可以间接地为企业做出贡献,组织的管理团队应从这个方面考虑采购部门的职能。采购部门的贡献来源有如下几种:

(1) 采购部门提供的信息资源。这些关于价格、新技术,甚至是投资、兼并方面的信息对营销和高层决策都具有一定价值。

(2) 采购对本企业竞争力和社会形象的影响。例如采购过程中的童工问题、环境问题等,如果不符合相关规定,会对企业形象产生负面影响,失去公众的信任感。

(3) 培训基地采购领域是培训新经理的一个优良基地,可以使他们很快掌握企业需求。

(4) 采购部门对于企业总体管理战略和社会政策的作用。采购部门也可以作为制订管理战略和社会政策的一个工具,这种贡献是明显的,其实现的程度既取决于高层管理对这种潜力的认识,又取决于公司为实现这一目标动用多少资源的意愿。

(三) 供应管理的目标

供应职能部门总体目标:获得的物资/服务是合适的,数量是合适的,对于发送而言,要求到达合适地点的时间也是合适的,物资/服务必须来源于合适的供应商,同时与之相适应还要获得合适的服务,当然价格也必须是合适的。供应管理的目标可以更具体地表述为以下 9 个小目标。

(1) 提高公司的竞争地位。

供应要确保供应的资源总成本最低,尽量获取新技术,涉及灵活的运输安排应反应迅速,提供高质量的产品或服务,对供应的有效管理会直接或间接地影响最终顾客,从而对收益表和资产负债表产生影响。

(2) 提供不间断的物料流、物资流和信息流,以便使整个组织正常地运转。

物资或服务的缺货或者延迟会使企业的经营发生中断,而企业必须支出的固定成本会带来运营成本的增加和不能实现向顾客做出的交货承诺,这些情况造成的损失极大。

(3) 使存货投资和损失保持最小。

保持物资供应不中断的一个办法就是保持大量的库存,但是库存必然会占用资金,这些资金就不能用于其他方面。保持库存的成本一般每年要占库存商品价值的 20%~50%。通过有效的供应管理,可以使库存资金的占用额大幅减少。

(4) 保持并提高质量。

为了生产所需要的物资或服务,每一项资源的投入都要达到一定的质量要求,否则最终产品或服务将达不到期望要求或是其生产成本远远超过可以接受的程度。提高供应质量是一项必须常抓不懈的工作,这直接关系着企业在全球范围内有效的竞争力。

(5) 发现或者发展有竞争力的供应商。

一个供应部门必须有能力找到适合发展的供应商,分析供应商的能力,选择合适的供应商,并且与供应商一起努力对流程进行持续的改进。只有当最后确定的那个供应商对工作不仅雷厉风行,而且富有责任感的时候,公司才能以最低的成本得到它所需要的物资和服务。

(6) 当条件允许的时候,将所购物资/服务标准化。

标准化指的是对一种常见的服务或者流程达成一致的过程。一家企业、一个行业、一个国家或者是世界都可能会实现型号和流程的标准化。因为在维持同样服务水平的情况下,标准化常常会降低市场风险,降低存货和跟踪成本。由于标准化涉及了很多利益相关者,这通常要求跨职能部门和跨组织团队协作。

(7) 以最低的总成本获得所需的物资和服务。

以最低的总成本获得所需的物资和服务是供应的主要责任,因为在一家典型的企业中,企业所有的资金中采购部门活动消耗的比例最大,所以需要科学的规划和管理。

(8) 在企业内部建立和谐而富有生产效率的工作关系。

在一家企业中如果没有其他部门和个人的合作,供应经理的工作是不可能圆满完成的,因此,检查供应部门和企业内部关键部门的关系非常有用。

(9) 以可能的最低水平的管理费用实现供应目标。

使供应部门正常运转需要耗费企业的资源员工工资、电话费和邮资、办公用品、差旅费用、计算机费用和其他必需的管理费用。只有有效地规划供应流程,管理费用才能得以降低。供应的目标必须最终对企业的短期和长期战略目标以及目的的实现做出贡献。为了尽可能有效和经济地实现供应的作用,可以以不同的方式组织这一流程和职能。

(四) 采购绩效评估的目的

相当一部分企业与机构,到现在仍然把采购人员看作行政人员,对他们的工作绩效还是以工作品质、工作能力、工作知识、工作量、合作、勤勉等一般性的项目来考核,而采购人员的专业功能与绩效未受到应有的尊重与公正的评估。实际上,对采购工作做好绩效评估,通常可以达到下列几个目的:

(1) 确保采购目标的实现。

各企业的采购目标各有不同。例如,政府采购的采购单位偏重"防弊",采购作业以"如期""如质""如量"为目标,而民营或外企的采购单位则注重"兴利"。采购工作除了维持正常的销售活动外,非常注重销售成本的降低。因此,绩效评估让企业将注意力集中在优先考虑的领域,并督促它的实现。

(2) 提供改进绩效的依据。

绩效评估制度,可以提供客观的标准来衡量采购目标是否达成,也可以确定采购部门目前的工作表现如何,效率是否符合预期。正确的绩效评估,有助于指出采购作业的缺失所在,且据此拟订改善措施,可以收到检讨过去、策励将来之效。作为个人或部门奖惩的参考,良好的绩效评估方法能将采购部门的绩效独立于其他部门而凸显出来,并反映采购人员的个人表现,作为各种人事考核的参考资料。依据客观的绩效评估,达成公正的奖惩,可以激励采购人员不断前进,发挥团队合作精神,使整个部门发挥合作效能。

(3) 协助甄选人员与训练。

根据绩效评估结果,可针对现有采购人员的工作能力缺陷拟订改进的计划,如安排采购人员参加专业性的教育训练。若发现整个部门缺乏某种特殊人才,如成本分析员等,则可另行由公司内部甄选或向外界招募。

(4) 促进部门关系。

采购部门的绩效,受其他部门能否配合的影响非常大。故采购部门的职责是否明确,表单、流程是否简单、合理,付款条件及交货方式是否符合公司的管理制度,各部门的目标是否一致等,均可通过绩效评估而予以判定,并可以改善部门间的合作关系,增进企业整体的运作效率。

(5) 提高人员的士气。

有效且公平的绩效评估制度,将使采购人员的努力成果能获得适当回馈与认定。采购人员通过绩效评估,将与业务人员或财务人员同样对公司的利润贡献有客观的衡量尺度,成为受到肯定的工作伙伴,对其士气的提升大有帮助。

二、采购管理绩效衡量指标体系

(一) 采购管理绩效评估指标

绩效评估是企业衡量员工的一种方式,不同企业因管理风格、组织程度、职责不同,在采购的绩效评价方面是不同的。衡量采购绩效的传统方法是效率体系,它强调成本和部门经营效率,如采购材料成本的降低、经营成本和订单处理时间。由于行业不同,采购管理绩效衡量指标也就不同,但是一般都会包括采购总成本、部门经营费用总额以及采购订单的总数。然而,考虑到质量、时效性、服务以及用户需求,在评估采购部门如何以最低的总成本提供所需的产品和服务的时候,这些数据不一定是最佳参考。注意,最低的价格并不一定是最低的成本。

还有的公司会偏向于实效导向的绩效衡量体系,也就是试图衡量事情做得怎么样。这些衡量包括衡量对最终客户满意度、利润、收入增加或者资产管理的直接和间接贡献。中间时期的衡量包括供应商关系的质量或者内部业务合作伙伴满意度水平,效益可以来自降低经营成本或材料成本、提高其他绩效(减少客户投诉,增加附加价值服务)、缩短服务交付时间,使客户认为物超所值而提高的销售额。

(二) 常用的采购管理绩效评估指标

1. 质量绩效指标

质量绩效指标主要是指供应商的质量水平以及供应商所提供的产品或服务的质量表现,它包括供应商服务质量水平、服务质量体系等方面。

1) 服务质量水平

服务质量水平包括准点到货率、运输破损率、仓储报废率、对供应商投诉率及处理时间等,具体如下:

(1) OTD 指标 = 合同规定时间内送货数量/总送货数量。OTD 一般分为两种:一种是净 OTD 率,用于衡量供应商原因造成的不达标,有些公司倾向于对这种不达标采取罚款的方式,还有一部分公司倾向于用书面的改正计划代替罚款,以期找到深层原因,从长期的角度提高 OTD 指标;另一种是毛 OTD 率,用来衡量由于采购方的原因造成的不达标,并作为改进的基础数据和依据。

(2) 破损率 = 破损货物数量/总送货数量。破损率会直接影响公司及其与保险公司之间的保单条款,如果破损率持续上升,一般保险公司会提高免赔额或者增加保费,这就相应地增加了公司的成本。

(3) EDI 数据传输准确性。具有一定规模的物流公司都具备和客户进行 EDI 数据交换的能力。数据传输的准确性、数据传输容量和速度,以及可以承载多少有效信息,都是应该被纳入衡量范围的。

(4) 其他指标。例如供应商发票的准确性和及时性,供应商网站是否支持实时查询,以及处理危险品的能力等。

2）质量体系

质量体系包括通过ISO国际质量体系认证的供应商比例、上市供应商三年来的财务报告信息、开展专项质量改进的供应商数量及比例、参与本公司质量改进小组的供应商人数及供应商比例等。

2. 数量绩效指标

数量绩效指标主要是用来考察采购人员的工作量以及工作处理能力的指标。这个指标往往要结合采购效率指标一起来进行综合评估，互为参考，单一的数量绩效指标衡量往往不能真实地反映被评估人员的情况。数量绩效指标包括：①总采购金额；②处理PO的数量；③新供应商开发个数；④错误采购次数。

3. 价格绩效指标

采购的价格绩效指标包括参考性指标及控制性指标。参考性指标主要有年采购额、采购人员年采购额及年人均采购额、各供应商年采购额及供应商年平均采购额、各采购物品年度采购基价（也称预算价或标准价）及年平均采购基价等。它一般是作为计算采购相关指标的基础，同时也是展示采购规模、了解采购人员及供应商负荷的参考依据，是进行采购过程控制的依据和出发点，常提供给公司管理层参考。而控制性指标则是展示采购改进过程及其成果的指标，如平均付款周期、采购降价、本地化比率等。

1）年采购额

年采购额包括核心业务采购总额、非核心业务（例如仓库叉车、货架、软件、行政采购等）总额、核心业务采购总额占总成本的比例等。它还可以按不同的标准进一步细分为仓储类、报关类、国内运输、国际运输等，也可按采购付款的币种细分为人民币采购额及其比例、不同外币采购额及其比例。核心业务采购总额占采购成本的结构又可划分为基本价值额、保险额、燃油费用、税额等。此外，年采购额还可分解到各个采购员及供应商，算出每个采购人员的年采购额、年人均采购额、各供应商年采购额、供应商年平均采购额等。

2）采购价格

采购价格包括各类业务细目的年度基价（或称标准价、预算价）、所有细目的年平均采购基价（或折算的采购价格指数）、各细目的目标价格、所有细目的年平均目标价格（或折算成采购目标价格指数）、各细目的降价幅度及平均降价幅度、降价总金额、各供应商的降价目标（降价比例金额）、本地化目标（金额与比例）、与兄弟公司联合采购额及比例（尤其适合于大型企业集团、跨国公司、下属企业）、联合采购的降价幅度等。

3）付款

付款包括付费方式、付款币种、平均付款周期、目标付款期等。很多采购体系完善的公司都会制作季度或半年度的APT（平均付款周期）报表，监控目标付款期的完成情况。

4. 采购效率指标

采购效率指标是指与采购能力和采购人员、采购系统等相关的指标。这个指标也是发掘员工潜力、完善培训和晋升制度的一个有效的参考指标。

一般来讲，绝大多数的采购申报都符合帕累托定律，即占公司80%的采购交易占了全部采购金额的20%，所以采购人员能否集中优势资源管理占采购金额80%的那20%的交易量，是提高采购效率的关键。采购效率指标可以通过如下几个指标来反映：

① 采购金额占销货收入的百分比。
② 采购人员，包括采购部总人数以及战略采购、前期采购、后期采购人员的比例，采购人员的年龄、工作经验等教育水平结构，采购人员语言结构，采购人员培训目标及实施情况，采购部人员流失率等。
③ 采购部门的费用，包括出差、培训等。
④ 采购完成率，包括降价承诺完成率。
⑤ 订单处理时间。

5. **管理类指标**

管理类指标包括采购人员的时间利用（处理文件、访问供应商、合同招标周期等）结构及比例、采购人员的纪律执行情况（考勤、收取供应商礼品等）、采购人员的工资级别及费用情况、采购行政管理制度的完整性、软合同管理、权限规定、行为规范、供应商管理程序的完整性（如供应商审核、供应商考评、采购系统的审核及评估目标与水平、系统维护的准确性等）。

还有一个需要关注的指标就是"bypass"，通常一个组织中有两种"bypass"。

1) 非采购部门的"bypass"

任何承诺给供应商的资金，都应该事先得到采购的参与和同意。如果其他部门越过采购部门直接承诺任何形式的购买活动及付款活动，或者当采购部门被告知这样的潜在业务时，已经不能对合同的价格和条款产生影响，那么对于其他部门来说就是"bypass"。采购部需要负责记录这类"bypass"，并根据发生的频率和数量向不同的管理层级汇报。

2) 采购部门的"bypass"

一般公司会根据采购人员的业务范围和合同规模制订一个"clip level"，如果单项采购金额低于这个规定数额，采购人员可以自行决定是否需要订立长期合同，还是通过二次性的采购订单，或是否需要进行 FV（fair value，公平价值）分析。如果单项采购金额高于这个数额，则采购人员必须按规定流程进行 FV 比较，管理层审批，并最终归档。如果没有按规定流程进行，便被称为采购的"bypass"。这样的"bypass"应该计入采购人员的日常效率考评指标中，并于年终提出相应的改正计划。

6. **综合指标**

综合指标包括供应商总数、采购的物品种数及项目数、供应商平均供应的物品项目数、通过 ISO 国际质量体系认证的供应商数目、独家供应的供应商数目及比例、伙伴型供应商及优先型供应商的数目及比例等。

7. **企划指标**

企划指标是指供应商在实现接收订单过程、交货过程中的表现及其运作水平，包括交货周期、交货可靠性以及采购运作的表现，如库存管理等。

1) 订单与交货

订单与交货包括各供应商以及所有供应商平均的准时交货率、首次交货周期、正常供货的交货周期、交货频率，订单变化接受率、季节性变化接受率、订单确认时间、交平均报关时间等。

2) 企划系统

企划系统包括供应商采用企划系统的程度、采购方系统能否进行 EDI 关联、是否支持电子查询和电子发票等。

3) 其他采购效果指标

其他与采购及供应商表现相关的指标有供应商总体水平、综合考核以及参与产品或业务开发、支持与服务等方面的指标。(技术与支持包括采用计算机系统处理行政事务以及采用电子邮件联系处理业务的供应商数量、采用电子商务的供应商数量、参与本公司产品开发的供应商数量及程度、能用英语直接沟通的供应商数量等。)

(三) 评价团队绩效

如果制订了具体目标及评价激励系统,例如增加工资、职位晋升、奖金、鼓励合作的话,那么高效的团队绩效比有效的个人绩效更有可能产生。很多企业的经理努力在不忽视个人绩效的同时,发展鼓励团队合作的绩效评价报酬体系。

评价团队绩效的过程是复杂的,有如下三种可能以供选择:

(1) 每组成员的直接主管评价每个人。

这个模型的弱点是管理者也许不参与团队的任何详细活动,因此它是间隔一段距离来评价的,并且不同的管理者由于主观原因可能对相似的绩效评价不同。在评价同一团队成员时,缺乏一致性将会降低团队成员的凝聚力和斗志。

(2) 团队成员互相评价。

团队成员互相评价可以确保密切参与团队活动的人参与评价。然而,由于团员对其他团员的工作内容不一定能够准确把握,以及专业知识方面的限制,团队成员在评价团队整体的绩效时,也许并不乐观。

(3) 采用360度综合评价。

采用360度综合评价包括团队成员(包括团队领导者)彼此互相评价、团队领导者评价团队成员、由外部的管理者评价团队整体绩效或者成果。相比较而言,这是一种比较能够全面反映团队成绩、发现团队问题的方法。

此时,我们已经能够看出本章开篇的引导案例中缺失的一些问题:

①权责单位不明确。由谁来对这个考评体系负责呢?

——总经理室负责本办法制定、修改、废止之起草工作。

——总经理负责本办法制定、修改、废止之核准。

②采购绩效评估的目的不够完善,建议增加以下几项:

——作为个人或部门的奖惩参考之一。

——作为升迁、培训的参考。

——提高采购人员的士气。

③考评的指标不够全面,可以考虑加上下列指标:

——时间绩效:紧急采购(如包机)的费用差额。

——品质绩效:破损或丢失的情况,以及金额影响。

——效率指标:a.采购部门的费用,含出差、培训等;b.新开发供应商的数量;c.成本降低指标完成率;d.订单处理的时间;e.其他指标。

——数量绩效,可以由以下指标考核数量管理绩效:a.非活动仓储平方数;b.低频率航线数;c.运力完成指数。

④目标管理考核规定不清楚,建议增加目标管理考核。

例如,每年1月,公司制订年度目标,预算采购部根据公司营业目标与预算,提出本部门次年度的工作目标。采购部各级人员根据部门工作目标,制订个人次年度的工作目标。采购部个人次年度的工作目标经采购部主管审核后,报人事部门存档。采购部依《目标管理卡》逐月对采购人员进行绩效评估,《目标管理卡》以个人自建、主管审核的方式进行。

⑤没有清晰地指出绩效评估奖惩规定。

例如,依据公司有关绩效奖惩管理规定给付绩效资金。年度考核分数80分以上的人员,次年度可晋升一至三级工资,视公司整体工资制度规划而定;拟晋升职务等级的采购人员,其年度考核分数应高于85分;年度考核分数低于60分者,应调离采购岗位;年度考核分数在60~80分者,应加强职业能力训练,以提升工作绩效。

三、采购绩效评估体系

(一)传统的采购绩效的评估

我们可以根据采购的不同发展阶段来评估采购效率。在发展的最初阶段,采购部门总是处于很低的地位,在各项业务活动中处于被动状态。采购部门的效率如何,是由采购部门处理交易的能力来判断的。对交易进行高效处理固然非常重要,但实现战略性采购目标常常有助于简化或减少交易,这一点在初期是没有被重视的。

如果管理者把评估的重点放在交易活动本身,就会认为采购主要是一个被动反应的事务性活动。例如,人们可能会发现,某个组织的采购活动要听从财务部长的安排。财务部长可能会认为采购部门可以下大量的询价单,以鼓励竞争;经常更换供应商以支付最低的价格;尽可能推迟对供应商的付款。这些行为可能会导致以下相应的结果:

(1)太多的供应商提供最低价格的原料或服务,所以缺乏长远考虑的动力,而进行长远考虑可能会带来战略性的节约。由于没有按时给供应商付款,所以采购员很可能需要花大量的时间在催货上。

(2)使用过多的、会增加管理方面工作量的短期订单,而没有花时间去做可能长达几年的长期订货安排。

(3)采购员浪费很多时间在日常订货工作上,而没有在必要的时候利用系统来对供应进行计划。

很多在采购方面做得很好的公司,如福特汽车公司、IBM公司、罗孚汽车公司、日产公司,都提出采购人员应该把时间用在谈判、供应商开发、降低成本和发展内部联系上,而不是把时间花费在日常的管理活动中。

(二)采购绩效评估的标准

基准比较是对一个企业工作方法、流程、服务水平或者产品的评估流程,而不是回答"与其他公司竞争,我们该怎么做"这个问题。特殊衡量的平均水平和范围提供了可以分析的数据,这将促使公司按照行业最佳标准不断改进,从而取得更好的成绩。在公开出版的财务报告中会找到公司绩效(如利润、销售额、资产收益率)的行业标准。但是由于存在竞争的原因,并不能获得采购/供应部门的绩效。然而,在当今全球竞争的商业环境中,监控一个企业和其竞争对手的相关绩效非常重要。

目前大多数物流企业一般常见的采购绩效评估的标准有以下几种:

1)历史绩效

选择公司以往的绩效作为评估目前绩效的基础,是相当正确、有效的做法。但只有在公司采购部门(组织、职责或人员等)都没有重大变动的情况下,才适合使用此项标准。

2) 预算或标注绩效

若过去的绩效难以取得或采购业务变化大,则可以把预算或标准绩效作为衡量基础。标准绩效的设定有下列三种原则:

①固定的标准评估的标准一旦建立,则不再做改动。

②理想的标准是指在完美的工作条件下应有的绩效。

③可达成的标准在现况下应该可以做到的水平,常依据当前的绩效加以考量设定。

3) 同业平均绩效

若企业与其他同业公司在采购组织、职责及人员等方面相似,则可与其进行绩效比较,以辨别彼此在采购工作成效上的优势。若个别公司的绩效资料不可得,则可与整个同业绩效的平均水准来比较。

采购绩效标准是评价公司在采购或供应活动中取得的成效,采购过程标准的目标则是确定公司如何在采购和供应过程中确有成效。为了对过程标准进行研究,一个公司可能派出团队到一个被列为标准的公司,以期获得该公司的成功经验。因为没有两个组织是完全一样的,所以直接比较非常困难,这就要求对绩效基准进行研究从而发现成功的企业。

在 1898 年,CAPS 调查中心开始从公司收集数据去发展采购标准、价值和质量衡量标准。在 2004 年早期,CAPS 调查中心已经写出了下列行业的基准报告,包括太空防卫、银行、电信服务、碳钢、化学工业、计算机和电信设备、食品生产、能源部承包商、电子工业、建筑/工程、高等教育、投资回收、人寿保险、机油、药品、半导体、轮船建设、州和县政府、交通运输业。

CAPS 已经建立了如下二十个标准,可以进行跨行业比较:

- 采购额除以销售额的百分比。
- 采购经营成本除以销售额的百分比。
- 采购经营成本除以采购成本的百分比。
- 每位采购员工的采购经营成本。
- 采购员工数除以公司员工数的百分比。
- 每位采购员工的采购花费。
- 采购部门管理/控制的采购花费的百分比。
- 平均每年在每位采购员工身上花费的培训费用。
- 主管引导的培训时间占总培训时间的百分比。
- 以网络/电脑为基础的培训占总培训时间的百分比。
- 总成本的节约费用除以总节约费用的百分比。
- 成本避免节约费用除以总节约费用的百分比。
- 成本缩减节约费用除以总节约费用的百分比。
- 占采购 80% 费用的活跃供应商的百分比。
- 各个供应商采购花费的百分比。
- 能够进行电子采购的供应商的百分比。
- 通过电子采购的费用的百分比。
- 通过电子拍卖采购的费用的百分比。
- 通过电子采购卡采购的费用的百分比。

- 通过战略联盟采购的费用的百分比。

4）目标绩效

预算或标准绩效代表在现况下，"应该"可以达成的工作绩效；而目标绩效是在现况下，若非经过一番特别的努力，否则无法完成的较高境界。目标绩效代表公司管理当局，对工作人员追求最佳绩效的"期望值"。这些绩效标准并非各自独立的，而是可以结合部门情况混合使用。例如，在评价员工的成本节约承诺时，可以采取目标绩效的方式，在评价年度采购金额等方面时，可以采用同业平均绩效，而一些效率和管理方面的指标则可以通过历史绩效进行评估，至于付款周期和供应商比例等则可以通过目标绩效来衡量。总之，要根据本企业、本部门以及员工组成等各方面的特点来规划绩效评估的标准，尽量避免管理盲点。

当评估结果出现时，应该通过有效的评估机制抓住结果。很多传统的评估标准更多侧重于效益衡量，例如侧重单位价格，或是处理一份采购订单的成本而不是效率测量。在快速变化的环境中，我们必须积极探索，制订综合的计划和体系，评价优势和劣势，持续测试效果，那么产品和服务的革新与进步就可能实现。

知识点二 采购绩效评估的实施

一、采购绩效评估的流程

1. 确定需要评估的绩效类型

在采购绩效评估中，第一步就要确定公司所需评估的绩效类型。一个企业要根据自身的实际情况选择不同的绩效类型进行组合，所选择的绩效类型必须与公司及采购部门的目标和任务相结合，选择绩效类型是开发采购绩效评估系统的关键一步。

采购绩效评估通常分为三个方面的评估：采购职能部门绩效评估、采购人员绩效评估和供应商绩效评估。这三个方面的绩效均包括多个绩效类型。例如，采购职能部门的绩效类型包括财务节约、客户服务和采购系统能力，每个绩效类型可以设定不同的指标进行评估。

2. 具体绩效评估指标设定

一旦确定了绩效评估类型，接下来的工作就是确定具体的绩效评估指标。成功的采购绩效评估指标必须清晰、可衡量。所谓的清晰就是员工必须正确理解该指标的含义，并认同该指标，这样才能引导绩效按期望的结果发展。所谓可衡量是指建立的估计指标必须是能够准确测量、估计和计算的。

3. 建立绩效评估标准

为每一项指标建立相应的绩效标准也是十分重要的，制定不可能完成的标准会打消积极性，太容易达到的标准又不能发挥潜能，因此，好的绩效评估标准一定要适度。绩效评估标准必须是现实的，能够反映企业内外部的实际情况，这意味着标准是具有挑战性的，并且经过刻苦努力是可以实现的。

4. 选定绩效评估人员

参加采购绩效评估的人员要有代表性，不能只有领导参加，不能只由采购部门的人员来进行评估，还应当有财务、生产、技术等部门的人员，必要时可邀请专家参与。这样，评估结果才能公正、科学，有说服力。

5. 确定绩效评估时间和评估频率

确定绩效评估频率是每年,还是每半年,抑或是每一个季度评估一次。

6. 实施评估并将结果反馈

评估结束后,评估结果应向被考评员工、采购部门、供应商等反馈,并听他们的反映、说明、申诉。通过上下级之间的沟通,管理者可以及时了解员工的实际工作状况和更深层次的原因,员工也可以了解上级对自己工作的看法、评价及要求,及时采取纠正措施;通过与供应商的沟通,可以加强理解,增强信任,促进供应商改进服务质量和服务水平,共同提高采购绩效。

二、采购绩效评估的方法

采购绩效评估方法直接影响评估计划的成效和评估结果的正确与否,常用的评估方法有以下几种:

(一)直接排序法

直接排序法是一种较为简单的岗位价值评估方法,它根据总体上界定的岗位的相对价值或者岗位对于组织成功所做出的贡献来将岗位进行从高到低的排序,主管按照绩效表现从好到坏的顺序依次给员工排序,这种绩效表现既可以是整体绩效,也可以是某项特定工作的绩效。这种方法比较适合人数较少的组织或团队,如某个工作小组或项目小组。其优点是比较容易识别好绩效和差绩效的员工,如果按照要素细分进行评估,可以清晰地看到某个员工在某方面的不足,利于绩效面谈和改进。但是如果需要评估的人数较多,超过20人时,此种排序工作就比较烦琐,尤其是要进一步细分要素展开时,而且严格的名次界定会给员工造成不好的印象。最好和最差比较容易确定,但中间名次是比较模糊和难以确定的,不如等级划分那样容易比较。

(二)两两比较法

两两比较法指在某一绩效标准的基础上将一个员工与其他员工相比较来判断谁更好,记录每一个员工和任何其他员工相比较时认为更好的次数,根据次数的多少给员工排序。由于两种职务的困难性对比不是十分容易,所以在评价时要格外小心。

(三)等级评定法

等级评定法是最容易操作和普遍应用的一种绩效评估方法。这种评估方法的操作形式是,给出不同等级的定义和描述,然后针对每一个评价要素或绩效指标按照给定的等级进行评估,最后再给出总的评价。

应用等级评定法时每个评价者需对N件事物排出一个等级顺序,最小的等级序数为1,最大的为N,若并列等级时,则平分共同应该占据的等级。如平时所说的两个并列第1名,他们应该占据1、2名,所以他们的等级应是1.5。又如一个第1名,两个并列第2名,三个并列第3名,则他们对应的等级应该是1、2.5、2.5、5、5、5,这里2.5是2、3的平均数,5是4、5、6的平均数。等级评定的方法简便易操作,但也容易遇到一些问题。首先,由于操作上的简便,人们容易做表面工作,在进行等级评定时敷衍了事;其次,较多的主管人员习惯于将员工评定为比较高的等级,因此常常出现大量的绩效评定为优秀的员工。另外,有时候对等级评价标准表述得比较抽象和模糊,令人产生歧义,从而导致不同的人在评估时标准可能会不统一。使用等级评定法应注意以下几点:

(1)等级评定法应在多次观察的基础上进行。

(2) 整体评定和分析评定应结合起来使用。
(3) 最好在两个或两个以上条件相当的评定者之间进行评分。
(4) 要防止评分过高或过低,或都给予平均分的倾向。

为了使等级评定法更好地发挥效果,可注意在以下几方面进行改进:在让评估者做出等级评定时,请他们对评定的结果做一个简单的评语,用一些事实来说明被评估者的绩效水平。

(四) 强制比例法

强制比例法即在绩效考评开始,对不同等级的人数有一定的比例限制,具体是指,根据被考核者的业绩,将被考核者按一定的比例分为几类(最好、较好、中等、较差、最差)进行考核的方法。强制比例法可以有效地避免由于考评人的个人因素而产生的考评误差。根据正态分布原理,优秀的员工和不合格的员工的比例应该基本相同,大部分员工应该属于工作表现一般的员工。所以,在考评分布中,可以强制规定优秀人员的人数和不合格人员的人数。比如,优秀员工和不合格员工的比例均占20%,其他60%属于普通员工。强制比例法适合相同职务员工较多的情况,或规模较大或相同岗位人数较多的组织企业。

(五) 等级换分法

等级换分法就是把具体项目的等级评定换算成分数,然后将各项分数相加,满分是100分。等级换分法的具体做法为:

(1) 首先规定若干大项目的分数,各大项目分数之和为100分。
(2) 在各个大项目下,分列具体项目,并规定满分分数。
(3) 将各具体项目分为若干个等级进行评定。有些项目可分二等级,如合格、不合格;有的项目可分三等级,如优、中、劣;有的项目可分成四等级,如优、良、中、差。每一等级需确定具体的评价标准。
(4) 将各等级折算成分数,如某一项目的满分值为11分,可定为优——11分,良——9分,中——7分,差——5分。
(5) 将各项目得分相加,即为评价对象总体的评价分数。

由于评价分数是根据客观的等级标准转换的,所以该法比指标评分法更为精确。

(六) 小组评价法

小组评价法是指将小组所有成员的工作看作一个整体来评价。小组评价是个人评价的延伸,在一个小组内是很难将每个人的贡献单独区分开来的,而个人评价所关注的重点可能不是小组的工作重点,所以个人评价可能会造成评价系统的紊乱。小组认同的不是个人的表现,而是整个小组共同的成就。采用小组评价的目的就是让小组成员学会合作,学会关心,学会以团队的力量去竞争。这样的评价,对于形成小组成员的集体观念、促进团队成员的合作是十分有效的。现在波音公司、Jostens & Otis Engineering公司、德州仪器公司等组织已经开始采用小组评价的方法。

小组评价贯彻了全面质量管理的原则和精神。全面质量管理的基本原则是只有在将系统看成一个整体的前提下,绩效才能被最好地理解和评估。但传统的绩效评估却只是将重点放在对个人工作的评价上。因此,小组评价提供了一种发挥集体力量的途径。

(七) 关键事件法

关键事件法是由美国学者福莱·诺格(Flanagan)和伯恩斯(Baras)在1954年共同创立的,

它是由上级主管者记录员工平时工作中的关键事件:一种是做得特别好的,一种是做得不好的。在预定的时间,通常是半年或一年之后,利用积累的记录,由主管者与被测评者讨论相关事件,为测评提供依据。其包含了三个重点:第一,观察;第二,书面记录员工所做的事情;第三,有关工作成败的关键性事实。其主要原则是认定员工与职务有关的行为,并选择其中最重要、最关键的部分来评定其结果。它首先从领导、员工或其他熟悉职务的人那里收集一系列职务行为的事件,然后,描述"特别好"或"特别坏"的职务绩效。这种方法考虑了职务的动态特点和静态特点。关键事件法对每一事件的描述内容包括以下几点:①导致事件发生的原因和背景;②员工的特别有效或多余的行为;③关键行为的后果;④员工自己能否支配或控制上述后果。

关键事件法既能获得有关职务的静态信息,也可以了解职务的动态特点。在职务分析信息的搜集过程中,往往会遇到工作者有时并不十分清楚本工作的职责、所需能力等问题。此时,职务分析人员可以采用关键事件法。具体的方法是,分析人员可以向工作者询问一些问题,比如"在过去的两年中,您在工作中所遇到的比较重要的事件是怎样的?您认为解决这些事件的最为正确的行为是什么?最不恰当的行为是什么?您认为要解决这些事件应该具备哪些素质?"等。对于解决关键事件所需的能力、素质,还可以让工作者进行重要性评定。比如,让工作者给这些素质按重要性排序,按五点量表打分,或给定一个总分(如 20 分)让工作者将其摊到各个能力、素质中去。

关键事件法的主要优点是研究的焦点集中在职务行为上,因为行为是可观察的、可测量的。同时,通过这种职务分析可以确定行为的任何可能的利益和作用;它为你向下属人员解释绩效评价结果提供了确切的事实证据;它还会确保你在对下属人员的绩效进行考查时,所依据的是员工在整个年度(因为这些关键事件肯定是在两年中累积下来的)中的表现,而不是员工在最近一段时间的表现;它也保存一种动态的关键事件记录,还可以使你获得一份关于下属员工是通过何种途径消除不良绩效的具体实例。但缺点是太费时,需要花大量的时间去搜集那些关键事件,并加以概括和分类,而且关键事件的定义是对工作绩效显著有效或无效的事件,这就遗漏了平均绩效水平。而对工作来说,最重要的一点就是要描述"平均"的职务绩效。利用关键事件法,对中等绩效的员工就难以涉及,因而全面的职务分析工作就不能完成。

(八)评语法

评语法是最常见的以一篇简短的书面鉴定来进行考评的方法。评语的内容包括被考评者的工作业绩、工作表现、优缺点和需努力的方向。考评的内容、格式、篇幅、重点等均不受约束,完全由考评者自由掌握,不存在标准规范。被考评人按组织要求递交两份自我鉴定,主考人以此为基础材料对被考评人做出绩效考评。这是种古老的方法,可以作为其他考评方法的辅助。

考评内容通常会涉及被考评者的优点与缺点、成绩与不足、潜在能力、改进的建议以及培养方法等。所以,运用此法做出的评价语,一方面缺少特定的维度(即使划分维度,也很粗略),另一方面,评价语很随意,缺乏明确的定义,且行为对照标准几乎全部使用定性式描述,缺乏量化数据,因此难以相互比较和据此做出评估。

三、采购绩效评估的基本要求

美国采购专家威尔兹对采购绩效评估的问题,曾提出下列看法。

(一)采购主管必须具备对采购人员工作绩效进行评估的能力

采购主管对商品采购工作负有领导和监督的责任,因此采购主管的业务素质和道德素质对整个采购工作的优劣起到非常重要的作用,有效合理地对采购人员的工作绩效进行评估是一名采购主管所必备的能力。

(二) 采购绩效评估必须遵循以下基本原则

1. 持续性

评估必须持续进行,要定期地检讨目标达成的程度,当采购人员知道会被评估绩效,自然能够致力于绩效的提升。

2. 整体性

必须以企业整体目标为观点进行绩效评估,这样能确保采购部门同公司整体策略保持一致。

3. 开放性

采购作业的绩效会受到各种外来因素左右。因此,评估时不但要衡量绩效,也要检讨各种外来因素所产生的影响,当外来因素的影响超过一定范围时,应该适时调整采购指标和评估策略。

4. 评估尺度

评估时,可以使用过去的绩效为尺度作为评估的基础,更可以使用与其他企业的采购绩效相比较的方式来进行评估。

知识点三　采购绩效的改进途径

采购绩效评估后一般会做出相应的改进,具体的改进途径有如下几点:

一、营造良好的采购组织氛围

若采购组织内部存在激烈的矛盾与冲突,采购人员与供应商之间互相不信任,缺乏合作诚意,采购人员会感觉如履薄冰,处处小心行事,本来全部精力应投入在工作上,但实际上却分散了注意力。因此,任何采购组织,包括供应商,融洽、和谐的工作氛围是做好各项工作的基础。采购组织的管理职能部门,应定期对采购人员的业绩进行评估,并进行排名,再配以相应的奖励制度,使采购业务不断改善。

二、强化内部管理,提升采购绩效

管理的根本是管人,与其他部门相比较,采购部门对人的依赖性更大,采购工作的大部分内容是人与人的交往。从管理角度去提升采购绩效主要要做好如下几个方面的工作:

(1) 建立合格的采购团队,提供必需的资源。

(2) 选聘合格人员担任采购人员,并给予必要的培训。

(3) 给采购部门及采购人员设立有挑战性且又可行的工作目标。

(4) 对表现突出的采购人员及时给予物质及精神上的奖励。

三、应用科学技术提升采购绩效

(一) 建立企业内部网

企业规模越大,就越有必要建立内部网络。内部网络的建立使得众多部门之间无须见面,但又能迅速沟通,特别是一个部门或高级管理者需要向企业大部分人发布消息且又不想兴师动众时,电子邮件便成了更好的选择。

电子邮件、QQ、MSN 对于采购人员来说作用是非常明显的,因为采购人员大部分的工作就是与企业内部相关人员及供应商沟通。对内部来讲,它免去了频繁召集会议的辛苦,同时也方便了需要获得信息的人;对外部来说,用电子邮件、QQ、MSN 传送工程图样或技术文件给供应商,不仅快,而且能让供应商获得清晰的原件。

（二）使用互联网

如今,很多企业办公室的计算机能方便地访问互联网,特别是宽频上网,使采购人员经常能从网上获取供应商信息或发布求购信息。互联网为采购人员展示了一个巨大的虚实结合的市场,合理利用它将会有效提升采购绩效。

运用网上采购,其优点主要体现在以下几个方面：

（1）节约采购成本。视采购物品的不同,将节约 2%～25% 的采购成本和与采购相关的多项开支。

（2）缩短采购周期。网上采购将使采购周期缩短 10%～50%。

（3）增加采购流程透明度。通过先进的电子商务手段可滤除采购中的不良因素。对于已有的固定供应渠道,可能还会获得更低的价格。

（4）增加有效供应商。全国背景的专业数据库使企业可跳出本地、本行业的限制,在全国范围内寻找更适合的供应商。对于难以采购到的产品或服务,可能会找到更多的供应渠道。

（5）促进企业现代化。用电子商务的手段改造企业内及企业间的每个沟通环节是时代的必然。对于具有大量供应渠道的产品或服务,可以对众多的供应商进行资格预审和优化。

（6）知己知彼,百战百胜。互联网上根据近万种产品的分类,保存了几百万家商家的资料信息,为企业会员的决策提供了有效的保证。

（三）推行 MRP 系统

MRP 系统的使用对规范采购作业、提升采购绩效有不可替代的作用。MRP 系统中的数据不仅全面而且实时性好,许多采购人员所需的数据,如采购历史数据(以前的采购量、历史价格、以前向哪家供应商采购等)、某种物资可以采购的合格供应商、供应商的基本情况(地址、联系方式等)、采购前置时间、采购申请单、收货状态、库存量、查询供应商货款的支付状况等,均可从 MRP 系统中查询到,这些数据对采购人员是很重要的,没有这些数据就无法做出适宜有效的采购决策,甚至无法开展工作。

MRP 系统的推行与采购绩效的提升有很大关系。供应商的货款支付,在没有 MRP 系统的企业,采购人员要花很多时间在该不该付款及何时付款的问题上。在与财务人员的沟通上,有了 MRP 系统就大不一样,对于什么时候付款、可不可以付款这些问题,MRP 系统会主动提示财务人员,采购人员可从系统中查到某供应商的某笔款项有没有支付,免去了月底对账,从而把采购人员从付款这项本属于财务部门的工作中解放出来。

（四）使用条码

越来越多的产品包装上使用了条码。条码包含了物料名称、物料编号、价格、制造商等信息,工作人员只需用读码器扫描一下便可得到这些信息并自动输入计算机中。对于采购来说,条码在收货时特别有用,不仅迅速快捷,而且避免了手工输入容易出错的缺点。

(五)与供应商进行电子数据交换

与供应商之间建立电子数据交换(electronic data interchange,EDI)可极大地缩小采供双方的时空距离,从而更容易将企业内部的优秀管理延伸到供应商,把供应商作为企业的一个部门来管理。

实行 EDI 的好处可以归纳为多、快、好、省四个字。

(1)多。这主要表现在以下两方面:①传递的信息多,采购方可以通过 EDI 获得供应商的报价,查询供应商的库存,发放订单,发布需求量或交货期更改计划,发放通知或备忘录或电子合同等;②采购人员可以做更多的事,由于采购人员从烦琐、机械的文书工作中得到了一定的解放,所以采购人员能把更多的精力与时间用在可以增值的采购活动上,从而把采购工作做得更多、更好。

(2)快。这是指信息能更迅速地在采供双方之间交换,所以采购人员及供方业务人员能更快地处理相关事务,这样为采购工作赢得了宝贵的时间,由于某些事务的及时处理就可以避免一些不必要的损失。

(3)好。使用 EDI 能大幅减少数据的重复输入,从而使出错的机会变少,保持了资料或数据的准确性。

(4)省。EDI 向无纸化采购靠拢,符合国际环保潮流;EDI 的使用可降低采供双方的库存量,供应商能根据采购方的最新需求来生产与交货;货款支付也可采用电子转账,从而可降低采购总成本。

(六)与供应商建立合作伙伴关系

供应商的表现在很大程度上制约着采购绩效的提升,而供应商的表现与采供双方之间的关系又有很大的关系。一般来说,与企业建立了长期合作伙伴关系的供应商能有较好的表现,这种供应商能较好地配合企业的降价计划。与供应商联手实现降低商品采购成本的途径有如下几点:

(1)与供应商共同制订可行的成本降低计划。

企业欲达到成本降价目的就必须与供应商共同制订一个成本降低计划,并且与供应商一起寻找可行的途径。比如,与供应商一起开发更便宜的原材料,互相检讨对方的生产设备及工艺,同意供应商采用便宜的包装材料等。

(2)与供应商签订长期的采购协议。

长期的采购协议会大大激发供应商的合作欲望。如果采购方不能给予供应商具体的需求预测,而又要求供应商购买原材料进行储备或要求供应商生产较大数量的库存等着出货时,一旦采购方的这些产品停产,采购方应与供应商共同承担这些库存原材料或零部件带来的损失。

(3)供应商参与到产品设计中去。

由于供应商对企业要购买的物料可能有数年甚至几十年的经验,如果供应商能更早地参与到产品设计中去,就有可能提出一些合理的建议,比如简化产品结构、使用更便宜的原材料等。

(七)通过开发优秀的新供应商来降低采购总成本

为了降低采购总成本,许多采购人员把相当部分的精力放到了开发优秀的新供应商上,许多大企业的采购部门成立了"供应商开发小组",有的企业甚至把它作为一个独立的部门来运作。新供应商的地理位置一般要求离采购方生产厂比较近,若采购方主要供应商或大部分供应商在海外,那么其供应商开发工作其实就是"本地化"。本地化不仅可以大大缩短交货期,而且采购单价一般可降低 20%~40%。

(八)建立绩效标杆

改进采购绩效可以通过建立绩效标杆的方法来实现。所谓绩效标杆,就是拿自己去与最好的相比较。而标杆管理就是一种建立绩效标准、过程、测量方法和目标的方法。标杆管理本身并不是一种专门用于采购或者供应链管理的方法,而是企业和部门层次的管理者使用的一种方法。

1. 标杆管理的含义与类型

标杆管理是一种通过和该企业最大的竞争者或者行业领导型企业进行比较,对产品、服务、流程、行动和方法进行连续评价的方法。一般来说,标杆管理过程要求通过和最好的公司比较获得测量绩效,发现最好的企业是如何实现它们的绩效水平,并且把这些信息作为建立企业目标、行动和战略计划的基础。

标杆管理包括有战略标杆管理、运营标杆管理以及支持性活动的标杆管理三种类型。

(1)战略标杆管理。它要求将自己企业的市场战略和其他企业的市场战略进行比较。利用这些知识,企业可以建立战略和计划以便对抗竞争者,预测竞争者的情况。

(2)运营标杆管理。它是指采购部门进行标杆管理比较后,所应采取的活动。选择建立标杆的部门和活动是运营标杆管理成功的关键,企业应该选择获得最高收益率的职能活动作为标杆。

(3)支持性活动的标杆管理。在这个过程中,企业内部的支持性部门可以通过与外部供应商提供同样的支持性活动或者服务比较,表明自己活动的成本效用。

2. 标杆管理成功的影响因素

在实施过程中,有一些因素对标杆管理的成功起到了重要的作用。员工必须把绩效目标管理看作企业建立目标和竞争战略的一个永久部分,管理层需支持绩效管理。企业必须做一些收集数据信息的必要工作,找出对于某项活动哪个企业做得最好,发现为什么该企业做得最好,并且量化标杆管理的绩效考核方法。标杆管理过程的成功依赖于详细而准确的标杆管理数据和信息,它们转而成为企业活动计划和绩效目标的一部分。管理层必须把标杆管理看作向外部公司学习和持续提高企业内部运行水平的有效途径。

3. 标杆管理的实施过程

罗伯特·坎普提出了标杆实施的五个阶段,如表 10-1 所示。

表 10-1 标杆管理实施的五个阶段

过程	阶段名称	工作内容
阶段一	计划阶段	确定哪些产品、过程或者职能部门要实施标杆管理
		确定实施标杆管理的目标
		确定需要的数据和信息资源
阶段二	分析阶段	确定为何标杆企业会更成功
		怎样把标杆企业的做法引进到本企业中
		确定未来的趋势和绩效水平

续表

过程	阶段名称	工作内容
阶段三	整合阶段	和企业的主要负责人沟通标杆实施中的新情况
		建立运作层的工作目标和具体的职能目标
阶段四	实施阶段	确定具体行动的负责人员
		制订一套对标杆计划的目标进行评审和修改的程序
		建立标杆管理的沟通机制
阶段五	成熟阶段	在企业各个层次继续坚持标杆活动
		在标杆管理过程中不断提高绩效的水平

(1) 计划阶段。计划是首要的,也是最关键的一个阶段。在此阶段中,企业要提出哪些产品、过程或者职能部门实施标杆管理法,选择哪一家企业作为标杆目标,需要什么样的数据和信息来源等。标杆计划应该集中精力解决标杆实施的过程和方法问题,而不是追求某些数据指标。

(2) 分析阶段。本阶段的主要工作是数据和信息的收集与分析。企业必须分析为什么被定为标杆的企业更好一些,它在哪些方面真正是优秀的,标杆企业与本企业的差距到底有多大,怎样把标杆企业的成功经验用于本企业的改进上来等问题。这些问题很关键,因为若目标定位不准,将导致后续工作偏离预定目标。

(3) 整合阶段。整合是一个沟通的过程,是标杆管理在整个企业内得到认可的过程,具体地讲,也就是将标杆实施中的新发现在组织内进行沟通,使有关人员了解和接受这些新的发现,然后基于新发现建立企业的运作目标和操作目标。

(4) 实施阶段。实施阶段需要把标杆管理的发现落实为具体的实施计划。这个阶段中的重要问题包括确定实施项目、子项目的负责人,具体落实绩效标杆计划和目标,建立一个时间表以及时更正计划和目标,以及建立一套报告系统,能够对计划和目标进行修改和更新。

(5) 成熟阶段。当标杆管理在建立绩效计划和目标的过程中达到了被广泛接受的程度时,企业就到了成熟阶段。企业标杆管理达到成熟阶段的另一个特征是企业意识到绩效的不断提高是标杆管理的直接结果。

知识点四　采购人员绩效评价

一、采购绩效评价组织

1. 采购部门主管

由于采购部门主管对采购人员最熟悉,且所有工作任务的指派或工作绩效的好坏均在其督导之下,因此,由采购主管负责评估,可注意人员的个别表现,并可同时收到监督与训练的效果。

2. 会计部门或财务部门

会计部门或财务部门掌握公司产销成本数据,对资金的取得与支出进行全盘管制,因此可以参与评估采购部门的工作绩效。

3. 工程部门或生产管制部门

如果采购项目的品质及数量对企业的最终产出影响重大,则有时可由工程部门或生产管制部门评估采购部门的绩效。

4. 供应商

有些公司通过正式或非正式渠道,向供应商探询其对于采购部门或人员的意见,以间接了解采购作业的绩效和采购人员的素质。

5. 外界的专家或管理顾问

为避免公司各部门之间的本位主义或门户之见,可以特别聘请外界的采购专家或管理顾问,针对全盘的采购制度、组织、人员及工作绩效做出客观的分析与建议。

二、采购绩效评价方式

采购绩效评价方式可分为定期评价方式和不定期评价方式。

1. 定期评价

定期评价是配合公司年度人事考核制度进行的。一般而言,以人的表现,如工作态度、学习能力、协调精神、忠诚程度为考核内容。定期评价对采购人员的激励及工作绩效的提升并无太大作用。若能以目标管理的方式,即从各种工作绩效指标当中,选择当年度重要性比较高的3~7个项目定为目标,年终按实际达成程度加以考核,则必能提升个人或部门的采购绩效。并且因为除了"人"的抽象因素,以"事"的具体成就为考核重点,也比较客观、公正。

2. 不定期评价

不定期评价以专案方式进行。例如,公司要求某项特定产品的采购成本降低10%,当设定期限结束时,评估实际的成果是高于还是低于10%,并就此成果给予采购人员适当的奖惩。这种评价方式对采购人员的士气有相当大的提升作用。不定期评价方式特别适用于新产品开发计划、资本支出预算、成本降低专案等。

三、影响采购人员绩效评估的因素

影响采购人员绩效评估的一个重要因素是管理人员如何看待采购业务的重要性及它在企业中所处的地位。关于采购业务,目前主要有如下四种管理观点。

1. 业务活动管理

根据业务活动管理观点,评估采购业务的绩效主要取决于与现行采购业务有关的一些参数,比如订货量、订货周期、积压数量、现行市价等。

2. 商业活动管理

商业活动管理观点把采购业务看作一种商业活动,管理人员主要关注采购所能实现的潜在节约额。采购部门的主要目的是降低价格以减少成本的支出。采购时要关注供应商的竞争性报价,以便保持一个满意的价位。商业活动管理采用的主要参数是采购中的总体节约量(通常用某一产品组和某一客户表示)、市价的高低、差异报告、通货膨胀报告等。

3. 综合物流的一部分

管理人员也清楚,片面追求低价格有一定的缺点,它可能导致次优化决策,太关注价格会引诱客户因小失大。降低产品的价格通常会使供应商觉得产品的质量可能会降低,并会降低供应的可信度。因此,管理人员要向供应商介绍产品质量改进目标情况,尽量减少到货时间并提高供应商的供货可靠度。

4. 战略性活动管理

战略性活动管理观点认为,采购业务对于决定公司的核心业务及提高公司的竞争力将产生积极的作用,因为采购业务积极地参与到了产品是自制还是外购决策的研究中。地区性供应商已卷入国际竞争之中,在这种情况下,管理人员评估采购绩效主要考虑以下几个方面:基本供应量的变化数量(通常是减少量),新的、有联系的(国际)供应商(订有合同的)的数量及依据已实现的节约额对底线的贡献大小等。

根据目前比较流行的观点,在企业结构体系中,采购部门所处的地位不同,用于评估采购绩效的方法也有很大的区别。当把采购看作一项业务职能时,采购绩效的评估方法是要从特征上进行定量的管理性分析;当采购被看作一项策略时,这时会采用更加定性和评判性的方法,这种情况下,通常使用复杂的程序和指导体系来监控采购过程,提高采购效率,防止背离特定的采购计划。

由于外在因素的影响,那些把采购看作一项商业活动的公司必须思考哪些因素决定着当前比较流行的采购评估模式,这些外在因素主要有价格和毛利上的压力、丧失市场份额的压力、材料成本显著降低的要求、供应市场上价格的剧烈波动等。这些问题使各个管理人员必须关注高水平的采购绩效。另外,一些内在因素也会影响管理人员对采购业务所持有的观点,主要的内在因素有公司实行的综合物流程度、引进和应用现代质量概念的程度、材料管理领域的计算机化程度等。

总之,可以说,由于每个公司的采购绩效评估方法不同,形成一种统一的评估系统来评估采购绩效是不可能的。

广东 SW 消防设备有限公司(以下简称 SW 公司)是一家专业生产消防器材的中小型制造企业。SW 公司于 1993 年成立,在创业之初,公司抓住机遇,迅速发展,仅用 9 年的时间就从一个十几个人的小作坊发展成为一个拥有 400 名员工的制造企业,成为消防行业的后起之秀。目前,SW 公司具备产品科研设计、开发研制、开通调试的能力,能根据客户对各种使用方式、场所的要求,进行产品设计、制造、安装、维护的一条龙服务。SW 公司现有灭火器、消防箱、气体灭火系统和电子产品 4 大类产品,年销售额达 1.5 亿元。对 SW 公司采购工作实践进行分析和总结后,发现公司采购管理工作主要存在以下问题:

1. 业务优先原则混乱

采购部门处理业务有时按照下采购申请单的部门员工职位的高低,有时按照订单交货期的紧急程度,有时又取决于物料申请部门的跟踪力度,长期以来没有一个正规、合理的处理原则。

2. 采购效率低

SW 公司的采购工作从接到用料单位采购申请单起到物料到货检验入仓库为止。目前,采购部门没有得到充分授权,SW 公司现行的采购审批制度规定,所有采购物料无论金额大小,都必须报总经理批准,审批手续烦琐。因而,公司采购部门虽然忙忙碌碌,但工作效率并不高,加之公司生产规模急速扩张,采购部门的工作已成为公司正常经营活动的严重瓶颈。

3. 内部协调不充分

SW公司的营销部门对客户订单的交货期没有经过采购部门等相关部门的评审。目前,由于客户订单没有评审,采购部门多数时候接到的物料采购申请都是非常紧急的,采购部门为此叫苦不迭,可能导致的产品延迟交货将极大损害公司的经济利益和整体形象,同时也严重挫伤采购部门员工的工作士气。

4. 外部管理不足

SW公司采购部门对外管理工作主要是指对供应商的管理。目前,采购部门还没有一套完整的关于合适供应商寻找、供应商调查、供应商分析、供应商甄选、供应商考核以及供应商奖惩等的供应商管理体系。现有供应商整体管理水平不高,供应商履约情况不良等问题频频发生,而且经常发生供应商已承诺准时交货,到需要时间又未能交货的现象。

5. 缺乏持续改进

伴随SW公司的快速发展,但采购部门没有根据新的管理要求对相应管理制度和流程不断进行适应性的变革和调整以和公司发展对采购部门的新工作要求相匹配。直到目前,采购部门也没有较科学的途径对不适应的采购管理制度和流程进行定期修订和完善。部分原因是部门领导管理能力不强,发现问题但不知如何解决,根本原因还是公司主要领导没有对持续改进给予足够重视。鉴于以上原因,SW公司决定实施采购管理方案评估,要求管理者建立一套符合公司绩效的指标体系。

思考:SW公司在采购业务上存在哪些问题?是什么原因造成的?应该怎么解决?

重要概念

采购评估　采购评估方式

本章小结

采购绩效就是对当初所设定的采购目标的执行情况,达到什么样的业绩和效益,评价对象可以是个人、团队,或者某个项目,这是采购的产出和相应的投入之间的对比关系,是一种全方位、多角度的整体评价体系。

采购绩效评估的流程包括:确定需要评估的绩效类型、具体绩效评估指标设定、建立绩效评估标准、选定绩效评估人员、确定绩效评估时间和评估频率、实施评估并将结果反馈。

复习思考题

一、填空题

1. (　　)会占用大量现金并且降低了资金流动性。(　　)则降低了服务水平。
2. 采购人员有机会根据各种环境和需要应用(　　)来进行提议或就交易进行谈判。
3. 采购人员能够根据他们的技巧和能力,通过谈判获得降低成本或提高服务的采购合同的商业条款和条件,在货物和服务的(　　)和(　　)上增值。
4. 判断测量指标是否达到目标指的是(　　)。

二、单项选择题

1. 在供应商绩效评价的指标体系中,对供应商的准时交货率和交货周期的考核属于( )。
A. 质量指标 B. 供应指标
C. 经济指标 D. 支持配合与服务指标

2. 小王是一家企业的采购部门主管。今年该企业产成品销售价格预计为1 000元,其目标利润率为30%,采购成本占产品总成本的50%,则小王对原材料的目标采购为( )。
A. 350元 B. 300元 C. 400元 D. 450元

3. 已采购计划完成率指标在采购绩效评估指标分类中属于( )。
A. 质量绩效指标 B. 时间绩效指标
C. 效率绩效指标 D. 战略绩效指标

4. 实际采购金额与基准采购金额的比率称为( )。
A. 指标完成率 B. 采购成本率 C. 准时交货率 D. 错误采购率

5. 采购过程中,物料定价的方法有很多种,其中最为常见的有两种,即( )。
A. 平均价和标准价 B. 标准价与谈判
C. 竞争性报价和谈判 D. 平均价与竞争性报价

6. 下列关于采购绩效评估原则的叙述中,错误的是( )。
A. 评估工作要有全局意识
B. 绩效指标的目标值要科学合理
C. 评估工作的持续与长期化
D. 绩效指标的目标值必须达到国际先进水平

7. 当采购时间紧迫、投标单价低、竞争程度小、订购物资规格和技术条件复杂时,供应商评估可采用( )。
A. 直观判断法 B. 协商法 C. 招标法 D. 应商走访法

三、判断题

1. 在发展的最初阶段,采购部门总是处于很高的地位,在各项业务活动中处于主动状态。( )

2. 选择公司以往的绩效作为评估目前绩效的基础,是相当正确、有效的做法。( )

3. 采购绩效通常分为三个方面评估:采购职能部门绩效评估、采购人员绩效评估和开发商绩效评估。( )

4. 直接排序法是一种较为简单的岗位价值评估方法,它根据总体上界定的岗位的相对价值或者岗位对于组织成功所作出的贡献来将岗位进行从高到低的排序。( )

5. 评估必须持续进行,要定期地检讨目标达成的程度,当采购人员知道会被评估绩效,自然能够致力于绩效的提升。( )

四、简答题

1. 简述衡量库存成本的三个标准。
2. 简述采购绩效评价方式。
3. 什么是标杆管理?

五、案例分析

案例1 非尔通航空结构企业的航空器生产部门正在开展战略性调整,为适应本企业重组改制后的新体制的规定,将加强采购管理,实现采购与供应效益最佳化,进一步深化采购管理绩效改革,开发并实施采购绩效评估。

请你就如何实施采购绩效评估,提供一些建议。

案例 2　假定你是公司的仓储和库存经理,你的总经理很关心库存的水平和存货的成本,存货在公司中被看成一个成本中心,你需要识别所有的存货成本,以便设置存货成本的比例。

描述你将如何计算持有库存的真实成本,为了将来的绩效,你将如何管理仓储和库存绩效指标。

参 考 文 献

[1] 徐杰,鞠颂东.采购管理[M].3版.北京:机械工业出版社,2014.
[2] 杨赞,寨令香.采购与库存管理[M].大连:东北财经大学出版社,2008.
[3] 周鸿.采购部规范化管理工具箱[M].北京:人民邮电出版社,2010.
[4] 董千里.采购管理[M].重庆:重庆大学出版社,2008.
[5] 王炬香,温艳,王磊,等.采购管理实务[M].2版.北京:电子工业出版社,2011.
[6] 彼得·贝利,大卫·法摩尔,巴里·克洛克,等.采购原理与管理[M].11版.王增东,王碧琼,译.北京:电子工业出版社,2016.
[7] 张碧君,张向阳.采购管理[M].上海:上海人民出版社,2014.
[8] 陈鸿雁.采购管理实务[M].北京:北京交通大学出版社,2011.
[9] 李政,姜宏锋.采购过程控制:谈判技巧·合同管理·成本控制[M].北京:化学工业出版社,2010.
[10] 尤建新,蔡三发,李奭.采购运作管理实务[M].北京:中国物资出版社,2011.
[11] 梁军,王刚.采购管理[M].3版.北京:电子工业出版社,2015.
[12] 中国物流与采购联合会.中国采购发展报告[M].北京:中国财富出版社,2015.
[13] 马士华,林勇.供应链管理[M].4版.北京:高等教育出版社,2015.
[14] 刘宝红.采购与供应链管理[M].2版.北京:机械工业出版社,2015.
[15] 肯尼斯·莱桑斯,布莱恩·法林顿.采购与供应链管理[M].8版.莫佳忆,曹煜辉,马宁,译.北京:电子工业出版社,2014.
[16] 宋玉卿,沈小静.采购管理[M].北京:中国物资出版社,2009.
[17] 霍红,华蕊.采购与供应链管理[M].2版.北京:中国财富出版社,2014.
[18] 道格拉斯·A.思默克,罗伯特·A.鲁兹基,史蒂芬·C.罗格斯.基于需求的供应管理[M].王鹏,陈向东,于晓丹,等,译.北京:中国财富出版社,2015.
[19] 骆建文.采购与供应链管理[M].2版.北京:机械工业出版社,2016.
[20] 王志毅.供应链视角下企业物资采购问题的研究[J].商业文化(下半月),2012(10):127.
[21] 宋玉卿.需求管理:提升采购竞争力之源[J].中国流通经济,2008,22(3):23-25.
[22] 李随成,李静,杨婷.基于供应商参与新产品开发的供应商选择影响因素分析及实证研究[J].管理评论,2012,24(1):146-154.
[23] 唐纳德·J.鲍尔索克斯,戴维·J.克劳斯,比克斯比·库伯.供应链物流管理(原书第2版)[M].马士华,黄爽,赵婷婷,译.北京:机械工业出版社,2007.
[24] 中国就业培训技术指导中心.助理采购师[M].北京:中国劳动社会保障出版社,2013.
[25] 中国就业培训技术指导中心.助理物流师[M].2版.北京:中国劳动社会保障出版社,2013.
[26] 李荷华.采购管理实务[M].2版.上海:上海财经大学出版社,2014.
[27] 丁宁.采购与供应商管理[M].北京:清华大学出版社,北京交通大学出版社,2012.
[28] 裴凤萍.采购管理与库存控制[M].大连:大连理工大学出版社,2007.
[29] 李方峻,浦震寰.采购管理实务[M].2版.北京:北京大学出版社,2015.
[30] 周云.采购成本控制与供应商管理[M].2版.北京:机械工业出版社,2014.
[31] 徐杰,田源.采购与仓储管理[M].北京:清华大学出版社,北京交通大学出版社,2004.

[32]伍蓓,王姗姗.采购与供应管理[M].杭州:浙江大学出版社,2010.
[33]邓莉.采购管理[M].重庆:重庆大学出版社,2013.
[34]吴振兴.采购经理工作手册[M].哈尔滨:哈尔滨出版社,2006.
[35]冯启态,王俊杰.采购供应理论与管理[M].北京:中国劳动社会保障出版社,2006.
[36]胡松评.企业采购与供应商管理七大实战技能[M].北京:北京大学出版社,2003.
[37]郭锋.中原房地产公司采购管理研究[D].武汉:华中科技大学,2004.
[38]王元月.跟我学做采购主管[M].北京:北京工业大学出版社,2004.
[39]钱锋.战略性供应商的选择与评价[D].杭州:浙江大学,2002.
[40]杨吉.基于供应链的泰利福采购管理策略研究[D].重庆:重庆大学,2009.
[41]汪宏.供应链管理下制造业供应商选择的研究[D].南宁:广西大学,2007.
[42]周毅.长城信息产业股份有限公司采购管理优化研究[D].长沙:湖南大学,2010.